ACCESO GRATIS ***a la Lectura en la Nube***

Para visualizar el libro electrónico en la nube de lectura envíe junto a su nombre y apellidos una fotografía del código de barras situado en la contraportada del libro y otra del ticket de compra a la dirección:

ebooktirant@tirant.com

En un máximo de 72 horas laborales le enviaremos el código de acceso con sus instrucciones.

La visualización del libro en **NUBE DE LECTURA** excluye los usos bibliotecarios y públicos que puedan poner el archivo electrónico a disposición de una comunidad de lectores. Se permite tan solo un uso individual y privado

EL TIEMPO EN EL TRABAJO Y SUS BRECHAS DE GÉNERO

Procedimiento de selección de originales, ver página web:
www.tirant.net/index.php/editorial/procedimiento-de-seleccion-de-originales

EL TIEMPO EN EL TRABAJO Y SUS BRECHAS DE GÉNERO

PAULINA ALVARADO BARRIENTOS
LUCÍA PLANET SEPÚLVEDA
FELIPE LAGOS ROJAS
Coordinadores

tirant lo blanch
Valencia, 2025

En caso de erratas y actualizaciones, la Editorial Tirant lo Blanch publicará la pertinente corrección en la página web www.tirant.com.

© TIRANT LO BLANCH
EDITA: TIRANT LO BLANCH
C/ Artes Gráficas, 14 - 46010 - Valencia
TELFS.: 96/361 00 48 - 50
FAX: 96/369 41 51
Email: tlb@tirant.com
www.tirant.com
Librería virtual: https://editorial.tirant.com/cl
ISBN: 979-13-7010-286-9

Si tiene alguna queja o sugerencia, envíenos un mail a: *atencioncliente@tirant.com*. En caso de no ser atendida su sugerencia, por favor, lea en *www.tirant.net/index.php/empresa/politicas-de-empresa* nuestro procedimiento de quejas.

Responsabilidad Social Corporativa: http://www.tirant.net/Docs/RSCTirant.pdf

Listado de autores por orden alfabético

Paulina Alvarado Barrientos
Loreto Barrera Pedemonte
María José Espinoza Ramírez
María Soledad Jofré Bustos
Diego Ramón León Quintana
Victoria Martínez Placencia
Verónica Munilla Espinoza
Allison Pastén Henríquez
Lucía Planet Sepúlveda
Nataly Rodríguez Bessio
Tania Rojas Muñoz
Irene Rojas Miño
Dagmar Salazar Mesa
Andrea Serrano España
Karla Varas Marchant

ÍNDICE

Prólogo

Lieta Vivaldi Macho*
Felipe Lagos Rojas**

El presente libro es el resultado de una serie de complicidades y redes que han venido siendo enhebradas a través de los años, y que en 2023 se dieron cita en la ciudad de Punta Arenas en torno al II Congreso de la Red Feminista de Profesoras de Derecho del Trabajo y Seguridad Social. Este encuentro, titulado *"El tiempo de trabajo y sus brechas"*, constituyó un potente espacio de reflexión, debate y construcción colectiva acerca de las desigualdades en la organización del trabajo y su impacto en las trayectorias vitales de mujeres y diversidades. Destaca el hecho de que el Congreso se desarrollara en la región de Magallanes, la que justamente es una de las regiones piloto para el Sistema Nacional de Cuidados.

Desde distintas perspectivas y enfoques disciplinares, las ponencias y discusiones abordaron los desafíos que enfrenta la agenda feminista en el ámbito laboral, poniendo en el centro la importancia de la corresponsabilidad, la conciliación y el derecho al cuidado. Como se ha repetido tantas veces por parte de los feminismos, fueron las mujeres las que salieron a trabajar fuera del hogar pero los hombres no asumieron trabajos dentro de este. Lo anterior, implica que hay una carga respecto a los cuidados y trabajos reproductivos que es desigual y que tiene una serie de consecuencias importantes de considerar para entender y expandir los límites del derecho laboral. Este volumen compila las contribuciones presentadas en el Congreso, las

* Lieta Vivaldi Macho, Doctora en Sociología, Goldsmiths College, University of London, encargada del programa "Género, derecho y justicia social", Universidad Alberto Hurtado. Correo electrónico: lvivaldi@uahurtado.cl

** Felipe Lagos Rojas, Doctor en Sociología, Goldsmiths College, University of London, Jefe del Centro de Estudios Regionales de la Vicerrectoría de Vinculación con el Medio de la Universidad de Magallanes. Correo electrónico: felipe.lagos@umag.cl

que ponen de manifiesto un firme compromiso desde el derecho laboral con la equidad de género en el mundo del trabajo.

Los ejes vertebrales del Congreso —corresponsabilidad, impacto de las nuevas tecnologías y regulación del trabajo remunerado y no remunerado, entre otros— evidencian la urgencia de transitar hacia un paradigma de derechos que garantice condiciones laborales dignas y justas para todas las personas. Las investigaciones incluidas en este volumen presentan análisis profundos y contingentes desde el derecho laboral acerca de brechas de género y limitaciones de las políticas actuales, además de la necesidad de reconocer el cuidado como derecho fundamental, responsabilidad social y colectiva.

Los textos aquí reunidos interpelan a quien los lee a repensar las estructuras normativas, institucionales y culturales que mantienen las desigualdades y a imaginar y ensayar prácticas e instituciones alternativas que promuevan transformaciones profundas y duraderas. Las reflexiones recogidas en este volumen sostienen la urgencia de fortalecer políticas públicas que reconozcan y redistribuyan de manera equitativa las cargas de trabajo, garantizando un plano de igualdad laboral sustantiva y promoviendo mayor corresponsabilidad social en torno a los cuidados.

Se puede afirmar que las luchas femeninas por el derecho al trabajo digno, a la protección social y al cuidado muestran su vigencia y potencia por medio de espacios y resultados como los de este Congreso, donde se encontraron pensamiento crítico y acción colectiva para avanzar hacia sociedades más justas y equitativas.

Las experiencias de Uruguay y Chile en materia de políticas de corresponsabilidad, como lo expuesto por Nataly Rodríguez y Verónica Munilla, nos permiten comprender cómo las legislaciones pueden avanzar o, por el contrario, reforzar las desigualdades estructurales. Por su parte, las reflexiones de Tania Rojas desde la economía feminista nos invitan a revalorizar los cuidados como una dimensión central del desarrollo económico y social. Asimismo, la ponencia de Lucía Planet cuestiona la exclusividad de la maternidad como fundamento de los derechos de conciliación, promoviendo una visión más inclusiva que abarque distintas formas de parentalidad y cuidado.

La hiperconectividad laboral y sus efectos diferenciados en mujeres y hombres, abordados por Karla Varas, así como el análisis de la nueva paternidad de Paulina Alvarado, revelan las tensiones entre el avance de derechos y la permanencia de imaginarios patriarcales que continúan asignando a las mujeres el rol principal en las tareas de cuidado y reproducción social. Irene Rojas, por su parte, analiza la vigencia de medidas de flexibilidad de cargo del empleador que constituyen un obstáculo para la conciliación y poder organizar la vida personal. En una sintonía similar, Victoria Martínez advierte sobre las bondades y las desventajas de las medidas de flexibilidad laboral y sus efectos sobre la mujer trabajadora.

Luego, Dagmar Salazar, al explorar los efectos de la incorporación de las labores de cuidados al mercado de trabajo, muestra cómo las relaciones desiguales siguen impidiendo mayor reconocimiento y justicia. Las consecuencias de la invisibilización de la menstruación en el derecho laboral son ahondadas en el trabajo de Diego León Quintana mostrando las desigualdades que eso genera. La minería es un área en que se desincentiva la contratación y permanencia de las mujeres y Alison Pastén nos invita a pensar políticas que involucren conciliación, trabajo organizacional y trabajo desde sindicatos. El teletrabajo, por su parte, es un arma de doble filo como analiza Loreto Barrera, ya que es crucial considerar las vulnerabilidades concretas de las personas para no profundizar desigualdades.

Por su parte, María José Espinoza nos invita a reflexionar acerca de los riesgos laborales que entraña la agricultura, espacio en el que desempeñan mayoritariamente mujeres, siempre expuestas al uso de agroquímicos y pesticidas, elementos que han demostrado tener efectos dañinos para la salud. Asimismo, María Soledad Jofré nos muestra el rostro del trabajo doméstico y la asincronía normativa que se produce en torno a la regulación nacional y aquella que contempla la Organización Internacional del Trabajo.

Es a través de reflexiones situadas que podemos pensar e imaginar formas en que podamos realmente garantizar y disfrutar las tres dimensiones del cuidado: derecho a cuidar, a ser cuidados/as, y al autocuidado. En este sentido, agradecemos a todas las personas que participaron en este encuentro y de este libro, contribuyendo con sus investigaciones, experiencias y reflexiones a una materia ineludible de nuestro tiempo. Esperamos que esta obra sea una herramienta para seguir construyendo conocimiento y *praxis* feminista, problematizando las estructuras opresivas y promoviendo cambios profundos en nuestros modos de vida.

Febrero del año 2025, Santiago - Punta Arenas, Chile.

Nuevas tecnologías e hiperconectividad laboral desde un enfoque de género*

KARLA VARAS MARCHANT**

I. INTRODUCCIÓN

¿Nos desconectamos del trabajo una vez que termina la jornada laboral?

Inicio el presente trabajo con esta pregunta, porque en la actualidad la idea de desconectarse del trabajo parece ser algo complejo, especialmente porque por medio de diversos dispositivos tecnológicos que se han incorporado a nuestra cotidianiedad, seguimos conectados al trabajo pese al término formal de la jornada laboral.

De hecho, en los tiempos que corren, son pocas las ocasiones en las que podemos vivir al margen de la tecnología. Casualmente, hace un tiempo atrás experimenté la verdadera desconexión digital del trabajo. Tuve un viaje a Brasilia para participar de un seminario y el lanzamiento de un libro. Cuando iba de camino al aeropuerto para regresar a Chile, dejé mi celular en el auto de la persona que nos trasladó. Desde ese momento perdí la conexión, a veces buena y muchas veces nociva, que facilita el celular.

Como solo fue una pérdida temporal (los organizadores del evento conocían a la persona que me trasladó), decidí esperar a que me pudieran enviar el celular a Chile. El WhatsApp lo tenía instalado en el computador de mi oficina, así que lo ocupaba dentro de mi jornada de trabajo, y para cuestiones familiares de urgencia, estuve con un celular viejo que solo es útil para hacer o recibir llamadas.

---

* Artículo elaborado en el marco del proyecto Fondecyt de Iniciación N° 11231118.

** Abogada, Licenciada en Ciencias Jurídicas y Sociales por la Universidad de Chile, Doctora en Derecho por las Universidades de Salamanca y Diego Portales. Profesora de Derecho del Trabajo de la Pontificia Universidad Católica de Valparaíso, correo electrónico: karla.varas@pucv.cl

Fueron tres semanas en las que imprevistamente experimenté lo bueno que es desconectarse una vez que terminas la jornada de trabajo. Me iba a buscar a mis hijos, y desde ese momento no estaban a mi vista las notificaciones de correo de mi mail institucional, así como tampoco, las notificaciones de la entrada de mensajes de WhatsApp. Al principio fue extraño, porque de alguna manera, perdía la conexión con una parte importante de mi vida: el trabajo, pero a la vez, disfrutaba de aquella conquista tan relevante de la clase trabajadora, el descanso efectivo y disfrute del tiempo libre.

Una mañana, mientras iba en el auto a dejar a mis hijos al colegio para posteriormente dirigirme al trabajo, una de mis hijas me pregunta que cómo me siento sin mi teléfono. Fue una pregunta que me dejó en silencio unos minutos, y luego de respirar le dije: la verdad me siento muy bien, porque cuando salgo del trabajo, realmente me desconecto y los disfruto mucho más, porque realmente estoy con ustedes. Cuando tenía el teléfono celular, tenía un ojo en ustedes y otro en los mensajes y mails que me llegaban, conectada en todo momento a los asuntos laborales.

Esta casual experiencia, en medio del desarrollo de un proyecto de investigación sobre el impacto de las tecnologías en el tiempo de trabajo, me sirvió para comprobar aquella afirmación con la que se inician la generalidad de los estudios académicos sobre la temática: que si bien las tecnologías de la información y comunicación (en adelante TIC) han agilizado procesos y han permitido una mejor organización del trabajo, también han contribuido a mermar la calidad de vida de las personas trabajadoras, toda vez que han posibilitado el contacto con el trabajo fuera de la jornada laboral, afectando con ello el derecho al descanso, garantía que es indispensable no sólo para recuperar energías, sino que para disfrutar de otros aspectos de la vida, como la familia, amigos, proyectos personales, entre otros.

Y es que la irrupción y vertiginoso avance de las TIC han puesto en jaque los elementos que tradicionalmente caracterizaron la forma de desarrollo de la prestación de servicios dependiente. En efecto, por mucho tiempo, la realización de la actividad laboral se situó en un espacio físico determinado —el centro o local de trabajo—, lo que facilitaba la delimitación y diferenciación entre tiempo de trabajo y tiempo de no trabajo. De esta manera, cuando el trabajador registraba el término de su jornada y salía de dicho espacio físico, se iniciaba sin duda alguna su tiempo de descanso[1].

En la actualidad, sin embargo, a partir del uso que se ha dado de las TICs en los contextos laborales, se han difuminado las fronteras de esos dos aspectos cruciales de nuestra existencia: la vida laboral, por un lado, y la vida personal y familiar, por otro. En efecto, más allá de los límites espaciales y temporales[2], con el uso de internet y diversos dispositivos digitales, el trabajo traspasa muros y horarios, invadiendo aquel espacio de tiempo que estaba destinado al no trabajo, con lo cual se pone en riesgo dos clásicos derechos de las personas trabajadoras: el derecho a la limitación de la jornada de trabajo y el derecho al descanso[3].

Ahora bien, esa invasión del trabajo que se genera a partir de los usos que le hemos dado a las TICs, se ve agudizada cuando quien trabaja es una mujer.

Recordemos que uno de los cambios sociales más relevantes de la segunda parte del siglo XX fue la incorporación de la mujer al trabajo[4]. Sin embargo, el nuevo rol que poco a poco fueron asumiendo las mujeres en la sociedad, no vino aparejado de cambios sustantivos en relación a las tareas domésticas y de cuidado, en el sentido de redistribuirlas de forma igualitaria entre hombres y mujeres. Esto generó que la incorporación de la mujer al mundo del trabajo haya sido desigual, puesto que tienen una carga de trabajo duplicada o triplicada[5], lo que se explica porque junto con las tareas asociadas al

---

1 Rosenbaum, 2022, p. 53; Gamonal, 2021, p. 203; Ugarte, 2018, p. 192.

2 Como explica Igartua, el uso masivo de las TIC en el ámbito laboral ha alterado y modificado dos aspectos claves de la relación laboral: el lugar y el tiempo de trabajo. Igartua, 2018, p. 325.

3 Como expresan algunos autores, las TIC han revivido una de las preocupaciones iniciales del derecho del trabajo: la cuestión de los límites de la jornada de trabajo (Gamonal, 2021 y Rojas, 2015)

4 Avolio y Di Laura, 2017, p. 36.

5 Por otro lado, que el trabajo doméstico y de cuidados esté radicado mayormente en las mujeres impacta también en el acceso al mercado de trabajo, siendo una de las principales causas de la menor participación laboral de la mujer en comparación con los hombres. Además, como explica Perán, las actuales expectativas y exigencias del mercado de trabajo, donde principalmente se valora la disponibilidad y adaptación de las personas trabajadoras, encajan más con el

trabajo remunerado, deben asumir los quehaceres domésticos y/o las tareas de cuidado de hijos e hijas y familiares con algún grado de dependencia[6]. Junto con ello, deben cargar con la tensión que se produce por la interacción entre el ámbito laboral y familiar[7], todo lo cual refuerza las desigualdades en este ámbito.

De esta manera, para el caso de las mujeres trabajadoras, la problemática derivada de la conectividad constante y permanente al trabajo se ve agudizada por la desigual distribución de las tareas domésticas y de cuidado, lo que implica que una vez que finaliza la jornada de trabajo remunerado, las mujeres inician la jornada de trabajo doméstica y de cuidados (no remunerado), siguiendo muchas veces conectadas a sus responsabilidades laborales producto del mal uso que se ha dado de las TICs.

II. LA FALACIA DE LA NEUTRALIDAD DEL TIEMPO

Es innegable que disponemos de 12 meses en el año, 30 días al mes, 7 días a la semana y 24 horas al día. Desde esta perspectiva, pareciera que el tiempo es neutral e intrínsicamente igualitario. No obstante, la soberanía sobre ese tiempo y, por, sobre todo, la disponibilidad de tiempo libre es desigual, cuestión que se ve agudizada por la conectividad constante con el trabajo que facilitan las TICs.

---

prototipo masculino de trabajador mientras sigamos siendo las mujeres las que nos avoquemos al trabajo doméstico y de cuidado. Perán, 2014, p. 166.

6 La primera Encuesta de Bienestar Social desarrollada el año 2021 por el Ministerio de Desarrollo Social y Familia da cuenta de esta realidad. Mientras que en un día habitual de la semana los hombres dedican en promedio 12.4 horas para el trabajo remunerado y no remunerado, las mujeres dedican 13.1 horas. Se debe considerar, además, que los hombres dedican más horas que las mujeres al trabajo remunerado y, a la inversa, las mujeres dedican más horas que los hombres al trabajo no remunerado. Observatorio Social, "Informe sobre la situación de bienestar de las mujeres: Conciliación entre la vida personal y el trabajo remunerado y no remunerado", Subsecretaría de Evaluación Social, 2022, p. 8.

7 De acuerdo a los datos de la Encuesta de Bienestar Social, mientras que un 50.4% de las mujeres ocupadas declara que piensa bastante o mucho en las tareas domésticas y/o familiares mientras trabaja, en el caso de los hombres un 33% declara que piensa bastante o mucho en estas tareas durante el trabajo. Observatorio Social, 2022, p. 7.

Diversos son los factores que explican esta desigualdad. Por un lado, hay factores socioeconómicos que constriñen a las personas más vulnerables, con empleos menos calificados, a aceptar jornadas de trabajo más prolongadas, disponiendo de menor tiempo libre para dedicarse a la familia, la recreación, participación en actividades cívicas, culturales, etc.[8].

Por otro lado, la configuración de las relaciones domésticas incide también en esta desigualdad, toda vez que la realidad de una familia biparental con hijos será distinta a la de una sin hijos, así como también la de una familia monoparental. Probablemente, una pareja sin hijos dispondrá de más tiempo que una pareja con hijos/as y, a su vez, una madre o padre sin pareja, dispondrá de menos tiempo libre de aquellos que crían en conjunto. Finalmente, el género es otro factor que incide en las desigualdades del uso del tiempo, ya que si bien los hombres se han ido involucrando más en las tareas de cuidado y domésticas, seguimos siendo nosotras las mujeres las que dedicamos mayor tiempo a las mismas.

De esta manera, ese tiempo, aparentemente neutral, se distribuye desigualmente entre hombres y mujeres. En nuestro caso, al tener que cubrir el trabajo remunerado y no remunerado, disponemos de menos tiempo libre para el ocio, recreación, vida social, cívica, estudios o descanso, lo que tiene repercusiones para nuestro bienestar y calidad de vida.

Al respecto, la encuesta nacional sobre uso del tiempo (ENUT) nos aporta interesantes datos[9].

En cuanto al tiempo que destinan hombres y mujeres al trabajo no remunerado[10], la última ENUT nos indica que los hombres destinan 2.74 horas en promedio, en tanto que las mujeres desti-

---

8 En palabras de Gamonal, los bajos salarios existentes en Chile, impulsan a los trabajadores a prolongar su jornada de trabajo vía horas extras. GAMONAL, 2021, p. 217.

9 Lamentablemente, a la fecha sólo contamos con los datos proporcionados por la primera encuesta sobre uso del tiempo del año 2015.

10 Para la ENUT 2015, el trabajo no remunerado comprende tanto el trabajo doméstico y de cuidado en los hogares, como el trabajo voluntario de servicios y el trabajo para la comunidad. La nota común es que estos trabajos no son remunerados ni se transan por un bien en el mercado (INE, 2016, p. 15).

nan 6.07 horas en promedio. En un fin de semana, esta diferencia sigue presente. Mientras las mujeres destinan 6.12 horas en promedio al trabajo no remunerado, los hombres solo destinan 3.5 horas.

Ahora bien, si miramos el dato vinculado exclusivamente con el trabajo de cuidado no remunerado, nuevamente se evidencia que las mujeres destinan más tiempo que los hombres. En la semana, las mujeres destinan en promedio 3.27 horas, mientras que los hombres destinan 1.79 horas. En los fines de semana, si bien los hombres aumentan las horas destinadas al trabajo de cuidado no remunerado, 2.37 horas en promedio, siguen existiendo diferencias, ya que las mujeres destinan 3.44 horas en promedio.

Lo mismo ocurre en relación al trabajo doméstico no remunerado. Mientras las mujeres destinan en promedio 3.99 horas en un día de la semana, los hombres dedican 1.91 horas. En día de fin de semana, en tanto, las mujeres destinan 4.17 horas en promedio y los hombres 2.36 horas.

Esta diferencia en el uso del tiempo y distribución del trabajo no remunerado también se advierte en los casos de desocupación de ambos sexos. Así, las mujeres desocupadas dedican 7.11 horas en promedio en un día tipo al trabajo no remunerado, en tanto que los hombres desocupados sólo destinan 3.49 horas en promedio.

En cuanto al tiempo destinado al trabajo remunerado y traslados asociados (tiempo necesario para cumplir con las obligaciones derivadas de él), los hombres destinan en promedio 7.61 horas y las mujeres 6.54 horas. Con esto se advierte que hay una menor diferencia en el trabajo remunerado y traslados asociados, en cuanto a número de horas destinados por hombres y mujeres, en comparación con el trabajo no remunerado, en el que la diferencia se extiende a 3.3 horas.

La ENUT analiza también la carga global de trabajo[11], indicador donde nuevamente son las mujeres las que destinan más tiempo en

[11] Tiempo destinado a dos tipos de trabajo: el trabajo en la ocupación y traslados asociados (trabajo remunerado) y el trabajo no remunerado (trabajo doméstico, de cuidados y el trabajo para otros hogares, la comunidad y voluntario).

comparación a los hombres. En efecto, mientras los hombres destinan 8.64 horas en promedio, las mujeres destinan 10.54 horas en promedio al día.

Estos datos nos muestran que, pese a que la participación de la mujer en el mundo del trabajo ha ido en aumento, no se han redistribuido de forma equitativa las tareas domésticas y de cuidado, manteniéndose la tradicional asignación de roles de género: mujer naturalmente apta para la realización del trabajo no remunerado (doméstico y de cuidados). Además, dan cuenta que las mujeres destinan más tiempo al trabajo, entendido en un sentido amplio[12], en comparación con los hombres, lo que deriva en que dispongamos de menos tiempo libre, esto es, tiempo dedicado para las actividades de ocio y vida social.

A esto se suma que el marco normativo que regula el trabajo dependiente en Chile ha sido construido con un sesgo de género[13]. En primer lugar, porque el derecho del trabajo parte de la premisa que la mujer no debe abandonar su rol de cuidadora, para lo cual consagra una serie de derechos de "ausencia", a efectos que la mujer pueda combinar su rol de trabajadora dependiente y su rol de cuidadora[14].

Por otro lado, porque el modelo de relaciones laborales se construye sobre la base de un "prototipo ideal de trabajador" (sin responsabilidades familiares), cuyo cuerpo y mente esté entregado en un 100% a su trabajo. Ese prototipo ideal no calza con la realidad de la mujer trabajadora, la que no solo debe atender a su trabajo remunerado, sino que adicionalmente a las tareas domésticas y de cuidado, a partir de lo cual se construyen prejuicios sobre nuestra calidad profesional y compromiso con el trabajo[15].

En su análisis, sólo se considera a las personas ocupadas de 15 años y más. INE, 2015, p. 50.

12 En la 19° Conferencia Internacional de Estadísticos del Trabajo de la OIT, se definió trabajo como "(...) todas las actividades realizadas por personas de cualquier sexo y edad con el fin de producir bienes o prestar servicios para el consumo de terceros o para uso final propio" (OIT, 2013, p. 64).

13 Caamaño, 2009, pp. 175 y ss.

14 Para un mayor análisis de esta temática ver: Varas, 2024, pp. 42 y ss.

15 En ese sentido, Perán, 2014, p. 166.

Esos prejuicios pesan sobre nuestras espaldas porque históricamente hemos sido nosotras las que buscamos formas de conciliar el trabajo con la vida familiar. Cuando los hombres se involucren verdaderamente en estos asuntos, por ejemplo, solicitando permisos o flexibilidad horaria para llevar a los hijos/as a algún control médico, acompañarlos a alguna actividad del colegio, ver sus presentaciones artísticas, comprar los materiales que deben llevar para el día siguiente, mandar a confeccionar el disfraz de la próxima presentación, etc., probablemente ese sesgo cambiará, y los empleadores podrán comprender que sus trabajadores, hombres y mujeres, tienen una vida fuera de su trabajo y asuntos relevantes que deben atender, muchos de ellos, en un horario que coincide con la jornada laboral, ante lo cual, verán lo importante de generar una política transversal de conciliación de la vida laboral y familiar, a fin de que sus trabajadores puedan desarrollarse en un ambiente empático y de respeto hacia la vida personal, todo lo que cual redundará en un mejor ambiente de trabajo y, por ende, productividad.

III. LA AGUDIZACIÓN DE LA DESIGUALDAD EN EL USO DEL TIEMPO: EL FENÓMENO DE LA HIPERCONECTIVIDAD LABORAL

Lamentablemente, aún en pleno siglo XXI sigue siendo un tema sin resolver y, por tanto, de suma urgencia, la incorporación igualitaria de la mujer al mundo del trabajo. Como hemos visto, uno de los factores que influye en esa desigualdad es el tiempo, toda vez que su supuesta neutralidad no es tal.

Esa desigualdad, gatillada principalmente porque tras cumplir nuestra jornada de trabajo remunerado, se inicia la jornada de trabajo no remunerado (trabajo de cuidado y doméstico), se ve agudizada por el fenómeno de la hiperconectividad laboral propiciada por el uso intensivo de las TICs.

El problema viene dado porque las TICs han intensificado el trabajo, permitiendo que este se pueda seguir desarrollando más allá de los límites que impone la jornada de trabajo, extendiéndose indebidamente y generándose el fenómeno de la subordinación continua "*on line*" de la persona trabajadora[16]. Esta puede ser contactada por el empleador fácil y rápidamente, mediante una llamada, mensaje, correo electrónico, etc. Como resultado, la persona trabajadora debe estar localizable y dispuesta a incorporarse al trabajo cuando sea requerida, aunque esté en sus tiempos de descanso[17].

Esta intensificación de la actividad laboral por medio del uso de las TICS, no sólo se presenta en aquellos trabajos que requieren de un uso intrínseco de herramientas tecnológicas, como sería el caso del teletrabajo o el trabajo a través de plataformas digitales, sino que a cualquier modalidad de prestación de servicios y, por ende, a todas las personas que trabajan. Como expresa Quintero, siempre cabe la posibilidad, facilitada por el uso de las TIC, que la prestación laboral la desarrollemos en cualquier tiempo y lugar, proyectándose incluso a espacios personales y familiares[18].

En la sociedad contemporánea, las TIC han modificado los patrones culturales, al punto que diversos dispositivos digitales son parte de nuestra cotidianeidad, y muchos no pueden concebir la vida sin una conexión a internet y el teléfono celular. En el contexto de las relaciones laborales, como apunta Ugarte, "el cuerpo del trabajador y el aparato móvil se encuentran combinados con tal intensidad, que forman una sola unidad", generándose una intensa conexión comunicativa que abre un nuevo espacio de disputa, ya que el trabajo es capaz de llegar a "todos los rincones y todos los tiempos vitales del trabajador"[19].

Si esa nueva realidad la analizamos desde la perspectiva de la mujer trabajadora, las tensiones se agudizan. Ello a raíz de que tendrá una jornada formal de trabajo remunerado, pero además, una jor-

---

16 O como expresa Rosenbaum, las TIC generan un estado de dependencia del trabajador más intenso, toda vez que esa dependencia ya no estará delimitada y circunscrita a un espacio físico y temporal delimitado, sino que, al ser on-line, acompañará a la persona trabajadora a cualquier rincón (Rosenbaum, 2022, pp. 53-54).

17 Raso, 2021, p. 597.

18 Lo anterior provocado por la distorsión que generan las TIC de los parámetros geotemporales de la relación laboral, Quintero, 2020, pp. 205-206.

19 Ugarte, 2024, p. 2.

nada subrepticia *on line*[20], que entrará en escena cuando se inicia la jornada de trabajo no remunerado (cuidados y tareas domésticas). De esta manera, se marcará formalmente el término de la jornada pactada en el contrato de trabajo, para enseguida iniciar las tareas de cuidado y domésticas, en medio de lo cual, a partir del uso de las TICs, entrará en constantes reconexiones con los asuntos laborales, cada vez que lleguen correos electrónicos, mensajes de WhatsApp o llamadas telefónicas, o cuando se active alguna aplicación instalada en el celular vinculada al trabajo.

Probablemente mientras leen este último párrafo pensarán: ¿y por qué no apaga el teléfono o desactiva todos los sistemas de comunicación con el trabajo, o, simplemente no ve el mensaje ni responde al mismo?, toda vez que está en el período de descanso en relación con el trabajo remunerado. A primera vista parece ser una solución sencilla: no responda porque está en su período de descanso.

Sin embargo, no debemos olvidar que la relación de trabajo es asimétrica, y la persona trabajadora ocupa una especial posición de sumisión o dependencia frente al empleador. Además, la necesidad de conservar la fuente de empleo, la llevará a estar alerta al trabajo, incluso cuando ya ha terminado formalmente la jornada laboral[21]. Y si a eso se añade la monomarentalidad, las posibilidades de reconexión con el trabajo pese a estar en el tiempo de descanso, serán aún más altas.

Además, en los períodos de alta carga laboral, las TICs permiten fácilmente llevar el trabajo a casa, propiciando el fenómeno de la autoexplotación[22], lo que en nuestro caso muchas veces significa reco-

---

20 Esta práctica ha sido conceptualizada como teletrabajo adicional o suplementario (SANGUINETI, 2021, p. 2) o segunda jornada de trabajo digital (UGARTE, 2024, p. 3), que encubre jornadas extraordinarias no remuneradas.

21 A ello se suma, la cultura organizacional que existe en muchas empresas de hacer sinónimo compromiso con disponibilidad, de manera que si no estás disponible cuando la empresa te requiere, entonces eres una persona poco comprometida con su proyecto y, por tanto, un mal trabajador (MONTEIRO, 2022, p. 33).

22 Las TICS, junto con propiciar comportamientos empresariales destinados a prolongar subrepticiamente la jornada, inciden igualmente en el comportamiento individual de las personas trabajadoras, instándolas a estar en permanente conexión (CIALTI, 2017, p. 166).

nectarnos con el trabajo en las noches, cuando los hijos/as ya están durmiendo, o en la madrugada y durante los fines de semana.

Esto será especialmente sensible cuando hay una mala distribución de la carga de trabajo o cuando la medición de las tareas y el desempeño estén mal calculadas, ya que derivará en la necesidad de exceder la jornada laboral, en algunos casos por medio del trabajo en jornada extraordinaria, en otros de forma irregular e incluso excediendo los límites permitidos por la ley[23]. De esta manera, para cumplir las metas laborales exigidas, por medio del uso de las TICs, se podrán realizar las diversas tareas y actividades fuera del tiempo y del centro de trabajo, bajo un supuesto marco de autogestión voluntaria, lo que en el caso de las mujeres tensiona y complejiza el trabajo no remunerado que comenzamos a realizar una vez que terminamos formalmente la jornada de nuestros trabajos remunerados, generándose con ello un riesgo de sobrecarga mental acumulada, que, como apunta Quintero "será mayor cuanto menor sea el nivel de corresponsabilidad en la unidad familiar, y extremo en supuestos de monomarentalidad"[24].

En otros términos, bajo la idea de que las TICs facilitarán la autogestión de los tiempos de trabajo, para el caso de las mujeres y en general las personas trabajadoras con responsabilidades familiares, terminarán convirtiéndose en herramientas que propician la autoexplotación para así poder compatibilizar la cobertura de las necesidades de cuidado y el cumplimiento de las obligaciones laborales[25].

Por otro lado, en una sociedad altamente digitalizada, cada vez se hace más ilusoria la desconexión. Como expresa Ugarte, "el cuerpo del trabajador y el aparato móvil se encuentran combinados"[26], al

---

23 La vía general para extender la jornada de las personas trabajadoras es por medio de las horas extraordinarias, las que están previstas para atender necesidades o situaciones temporales de la empresa. Dado su carácter excepcional, el legislador impone un límite diario máximo de 2 horas, señalando, además, que deben pagarse con un recargo del 50% sobre el sueldo convenido para la jornada ordinaria (artículos 31 y 32 del Código del Trabajo).

24 Quintero, 2020, p. 211.

25 En palabras de Quintero, "la organización flexible del tiempo de trabajo (...) puede conllevar de facto un tipo de autoexplotación laboral". Quintero, 2020, p. 213.

26 Ugarte, 2023, p. 135.

punto que las cuestiones vinculadas al trabajo están a sólo un *clic* de distancia.

IV. UN SALVAVIDAS SIN ROSTRO DE MUJER: EL DERECHO A LA DESCONEXIÓN

Ante el fenómeno de la conectividad permanente con el trabajo, generado a partir del uso, o más bien, mal uso de diversas tecnologías aplicadas al trabajo, diversos ordenamientos jurídicos han buscado fórmulas para hacer frente a las amenazas que esté fenómeno conlleva para la efectividad de dos derechos clásicos de las personas que trabajan: la limitación de la jornada de trabajo y el derecho al descanso.

La respuesta que se ha ido expandiendo en diversos países, comenzando por Francia, ha sido la configuración de una nueva generación de derechos que persigue reforzar la protección de las personas trabajadoras en la era digital[27], entre los que destaca el derecho a la desconexión.

El objetivo es proteger a las personas trabajadoras de la invasión tecnológica-laboral. En palabras de Ugarte, un derecho que garantiza "un tiempo de vida libre", que está fuera del espacio de control y dirección empresarial[28]. Su finalidad, por tanto, no es la mero resguardo o eficacia del clásico derecho al descanso, sino que va mucho más allá, conectándose con la autonomía de las personas para efectos de definir autónomamente y sin injerencia empresarial, su plan de vida fuera del trabajo.

De ahí que su contenido no debe reducirse a la simple garantía para las personas trabajadoras de no responder a eventuales requerimientos que formule el empleador por medio de dispositivos digitales una vez terminada la jornada laboral, sin ser objeto de sanciones o represalias por ello. Eso está por descontado, ya que forma parte

---

[27] En palabras de González, esta nueva generación de derechos estaría integrada, por un lado, por el derecho a la intimidad en la utilización de medios digitales y, de otro, por el derecho a la desconexión laboral (González, 2019, p. 93).

[28] Ugarte, 2023, p. 125.

del contenido de un derecho ya regulado en nuestra legislación: el ya referido derecho al descanso.

El derecho a la desconexión, por tanto, debe ir más allá, garantizando a las personas la desconexión mental de los asuntos laborales y la soberanía sobre su tiempo libre, de manera que puedan tener vida más allá del trabajo. Para alcanzar esos objetivos hay dos cuestiones claves. La primera, tal como afirma Ugarte, es que el derecho a la desconexión no debe ser un simple derecho legal, sino que un derecho de carácter fundamental[29]. La segunda, en tanto, está referido a la configuración del contenido del derecho a la desconexión.

Para que no sea una versión moderna del derecho al descanso, debe configurarse principalmente como un deber de abstención del empleador —prohibición de entablar comunicaciones con sus trabajadores tras el término de la jornada laboral—, por un lado, y como un deber de acción del empleador para impedir que jefaturas, compañeros de trabajo, clientes o usuarios se comuniquen con sus trabajadores una vez concluida su jornada laboral[30].

Vistas las cosas de esta manera pareciera que el derecho a la desconexión es la solución o salvavidas perfecto para poner freno al fenómeno de la hiperconectividad laboral propiciado por el mal uso que se viene dando de las TICs en los espacios laborales.

Sin embargo, la efectividad de este derecho, configurado en los términos que brevemente se describieron, no será el mismo cuando quien trabaja es una mujer. Esto principalmente porque las mujeres debemos asumir, junto con nuestras responsabilidades laborales, las responsabilidades de cuidado y domésticas, lo que muchas veces conlleva la solicitud de permisos o mayor flexibilidad a nuestros empleadores, para así poder coordinar y dar cobertura a dichas respon-

---

29 Ugarte, 2024, pp. 7 y 9.
Así se propuso en los dos procesos constitucionales que vivió Chile. El proyecto de nueva Constitución del año 2022, en el artículo 46.1, a propósito del desarrollo del contenido del trabajo decente, consagraba, entre otros derechos, la desconexión digital. En el proceso de 2023, en tanto, la propuesta de Constitución consagraba en el artículo 16 nº 26, el derecho al trabajo decente, a su libre elección y libre contratación y, nuevamente, para efectos de explicar su contenido, se incorporaba el derecho a la desconexión digital.

30 En ese sentido, González, 2019, p. 94.

sabilidades. Entonces, para poder llevar el trabajo al día y mostrar compromiso y eficiencia en nuestro trabajo (de alguna manera sentimos que debemos retribuir esos márgenes de flexibilidad que se nos otorga en el trabajo), ajustamos nuestros tiempos que deberían estar destinados al descanso, para asumir esas actividades laborales que pospusimos y/o dejar el trabajo al día y/o adelantar trabajo para cuando necesitemos nuevamente esa flexibilidad. Y en ello las TICs son un aliado perfecto, ya que nos permiten trasladar nuestro trabajo a cualquier lugar y momento.

Bajo esta realidad, el derecho a la desconexión se difumina o desvanece, incluso en los casos en que no existan responsabilidades de cuidado, ya que muchas veces para romper los techos de cristal, extendemos nuestro horario laboral y nos llevamos trabajo para nuestro hogar, a fin de demostrar que somos igualmente capaces que nuestros pares hombres, comprometidas *full time* con nuestro trabajo.

V. ALGUNAS REFLEXIONES FINALES

El fenómeno de la hiperconectividad laboral propiciado por el uso de las TICs nos conduce a estar siempre disponibles a los requerimientos que el empleador pueda formular tras el término de la jornada laboral por diversos dispositivos digitales, así como a la autoexplotación.

Esta nueva realidad se agudiza cuando quien trabaja es mujer, y por sobre todo, cuando se tiene la responsabilidad del cuidado de hijos/as o familiares con algún grado de dependencia.

En los casos en que no están presentes las responsabilidades de cuidado, el fenómeno de la autoexplotación propiciado por el uso de las TICs se genera para lograr romper techos de cristal y las tradicionales brechas que nos impiden llegar a cargos de mayor responsabilidad y, por ende, mejor remunerados[31]. De esta manera, con el propósito de mostrar compromiso y eficiencia en el desarrollo de nuestros trabajos, sobrepasamos muchas veces la jornada laboral,

[31] Quintero, 2020, p. 214.

trasladando responsabilidades laborales a los tiempos de descanso, casi al borde de la renuncia a nuestros derechos laborales básicos.

Y en el caso de asumir responsabilidades de cuidado y domésticas, la autoexplotación por medio del uso de las TICs se esconde bajo el manto de la "autogestión del tiempo y voluntariedad", para así poder dar cobertura a las referidas responsabilidades de cuidado y domésticas. De este modo, una vez que terminamos formalmente la jornada de trabajo e iniciamos nuestra segunda jornada correspondiente al trabajo no remunerado, buscamos espacios para volver a conectarnos con el trabajo y así realizar aquellas tareas que debimos posponer por razones de cuidado. Entonces, figuramos en la cocina u otro espacio doméstico, conectadas al trabajo o, esperamos a que los hijos/as se duerman para conectarnos nuevamente a las responsabilidades laborales en horarios completamente inapropiados, ya que deben estar destinados al descanso, ocio o recreación o lo que cada uno estime conveniente, para así poder tener vida más allá del trabajo.

Desde esta perspectiva, las posibilidades de desconexión tras el término de la jornada laboral son más difíciles para las mujeres trabajadoras, siendo necesario incorporar la perspectiva de género a la hora de abordar la configuración normativa de este nuevo derecho.

VI. BIBLIOGRAFÍA

1. Avolio, Beatrice y Di Laura, Giovanna, 2017: Progreso y evolución de la inserción de la mujer en actividades productivas y empresariales en América del Sur, en: *Revista de la CEPAL, 122*, pp. 35-62.
2. Caamaño, Eduardo, 2009: Los efectos de la protección a la maternidad para la concreción de la igualdad de trato entre hombres y mujeres en el trabajo, en: *Revista de Derecho de la Pontificia Universidad Católica de Valparaíso, 33, 2*, pp. 175-214.
3. Cialti, Pierre-Henri, 2017: El derecho a la desconexión en Francia: ¿Más de lo que parece?, en: *Temas Laborales, 137*, pp. 163-181.
4. Gamonal, Sergio, 2021. *Derecho individual del trabajo. Doctrina, materiales y casos.* Santiago, Ediciones DER.
5. González, Manuel, 2019: El derecho a la desconexión digital en el ámbito laboral: naturaleza y alcance, en *Revista de Derecho Social, 87*, pp. 91-112.
6. INE, 2016: Documento de Principales Resultados ENUT 2015. Disponible en: https://www.ine.gob.cl/docs/default-source/uso-del-tiempo-tiempo-li-

bre/publicaciones-y-anuarios/publicaciones/documento_resultados_enut.pdf?sfvrsn=cf66dad0_7 [Fecha de consulta: 20.11.2024].

7. Igartua, María Teresa, 2018: *Ordenación flexible del tiempo de trabajo: jornada y horario.* Valencia, Tirant lo Blanch.
8. Monteiro, Rodrigo, 2022: "La configuración del derecho a la desconexión digital del trabajo en Chile y su vulneración". Revista Latinoamericana de Derecho Social, 35: 27-58.
9. Observatorio Social, 2022: *Informe sobre la situación de bienestar de las mujeres: Conciliación entre la vida personal y el trabajo remunerado y no remunerado,* en: Chile, Subsecretaría de Evaluación Social.
10. Organización Internacional del Trabajo, 2013: *Estadísticas del trabajo, el empleo y la subutilización de la fuerza de trabajo.* Ginebra, Oficina Internacional del Trabajo.
11. Perán, Salvador, 2014: "Tiempo de trabajo y género", en Perán, Salvador, "La ordenación del tiempo de trabajo en el siglo XXI. Retos, oportunidades y riesgos emergentes". Granada, Comares.
12. Quintero, María Gema, 2020: "El derecho a la desconexión digital desde una —necesaria— perspectiva de género", en Toscani, Daniel y Trujillo, Francisco, "La desconexión digital en el trabajo", Navarra, Aranzadi, pp. 205-236.
13. Raso, Juan, 2021: "La desconexión", en "Impacto de las tecnologías en el proceso laboral. Nuevos desafíos para la acción sindical. Teletrabajo. XXXI Jornadas Uruguayas de Derecho del Trabajo y de la Seguridad Social". Montevideo, Fundación de Cultura Universitaria.
14. Rojas, Irene, 2015: *Derecho del Trabajo. Derecho individual del trabajo.* Santiago: Thomson Reuters.
15. Rosenbaum, Federico, 2022: "Nuevas tecnologías y formas de comunicación y derecho a la desconexión". En Rodrigo Azócar "Derecho a desconexión. Perspectiva y reflexiones para el caso chileno". Valencia: Tirant lo Blanch, pp. 47-69.
16. Sanguineti, Wilfredo, 2021: "Derecho a la desconexión o deber de reconexión". *Trabajo y Derecho, 78,* pp. 1-7.
17. Ugarte, José Luis, 2024: "Derecho a la desconexión digital: editando un nuevo derecho", en *Trabajo y Derecho, 111,* pp. 1-16.
18. Ugarte, José Luis, 2023: *Derecho del Trabajo: invención, teoría y crítica.* Valencia, Tirant lo Blanch.
19. Varas, Karla, 2024: "De la conciliación a la corresponsabilidad", en Varas, Karla "Problemáticas de género en el Derecho del Trabajo", Santiago, Der Ediciones, pp. 41-54.

El teletrabajo para las mujeres trabajadoras: aportes desde el análisis crítico feminista

LORETO BARRERA PEDEMONTE*

I. INTRODUCCIÓN

Los cambios producidos en el mundo del trabajo, con motivo de las nuevas tecnologías, han implicado no solo nuevas formas de gestión y organización del trabajo bajo un paradigma de flexibilidad o adaptabilidad a los mercados, con miras a la optimización de recursos, reducción de costos, mejoras en los resultados y especialmente el incremento de la productividad de las empresas, sino que también modelos alternativos de desempeño que desafían la condición tradicional de trabajador asalariado, entre los que se encuentra el trabajo desarrollado fuera de la empresa o del lugar de trabajo a través de medios tecnológicos.

En concreto, la prestación de servicios a distancia mediante los medios tecnológicos o teletrabajo puede acentuar escenarios de vulnerabilidad y amenaza para determinados grupos de trabajadores, como las mujeres. Esta afectación puede darse en dos sentidos: por una parte, mediante la intensificación de las barreras de género que deben enfrentar a nivel social, como ocurrió durante la pandemia cuando sectores altamente feminizados (como el de Enseñanza) debieron seguir trabajando desde la casa asumiendo la recarga que conlleva la mantención del trabajo doméstico o de cuidado y del trabajo remunerado dentro del hogar y, por otra parte, perpetuando escenarios de desigualdad estructural que afectan a grupos de mujeres a consecuencia de la división sexual del trabajo pues, al desarrollar determinadas labores que no son susceptibles de teletrabajo, no pue-

* Abogada y Licenciada en la Universidad de Chile. Magíster en Derecho del Trabajo y de la Seguridad Social en U. De Chile y Máster en Feminismos Jurídicos. Teorías y Prácticas Feministas del Derecho en Universidad Autónoma de Barcelona. Correo electrónico: lbarrerap@gmail.com

den beneficiarse de las supuestas ventajas que esta modalidad ofrece para la conciliación de la vida laboral y familiar o personal.

Si bien durante la pandemia a causa del Covid-19 se auguró una alta incidencia del teletrabajo como solución flexibilizadora para las empresas, lo cierto es que en la actualidad su impacto deja de ser generalizado y transversal, aunque sigue manteniendo un efecto particular sobre el trabajo de las mujeres, con mayores tasas de participación en esta modalidad de trabajo que los hombres.

II. OBJETIVO

Esta ponencia analiza el teletrabajo con una perspectiva de género, desde una visión jurídica feminista, en cuanto a sus implicancias para el derecho a conciliación de los/as trabajadores/as y los riesgos laborales que lleva aparejados. Para ello, se revisa el marco normativo laboral actual en relación con los datos disponibles sobre caracterización del fenómeno en la realidad laboral chilena.

III. MARCO CONCEPTUAL

La Organización Internacional del Trabajo (OIT) define el teletrabajo como el uso de tecnologías de la información y las comunicaciones —como teléfonos inteligentes, tabletas, computadoras portátiles y de escritorio— para trabajar fuera de las instalaciones del empleador (Eurofound y OIT, 2019). En otras palabras, el teletrabajo conlleva un trabajo realizado con la ayuda de las TIC, en adelante tecnologías de la información y comunicación, fuera de las instalaciones del empleador. El teletrabajo debe ocurrir mediante un acuerdo voluntario entre el empleador y el trabajador, que determine el lugar de trabajo (en el domicilio del trabajador o en otro lugar) y otros aspectos como las horas de trabajo o el calendario de trabajo, los instrumentos de comunicación que deben utilizarse, la labor que debe realizarse, los mecanismos de supervisión y las reglas para la presentación de informes sobre la labor realizada.

Desde el punto de vista de la organización de la empresa, el trabajo a distancia representa una forma de flexibilidad caracterizada por la mayor desvinculación con la empresa o el lugar de trabajo. De ahí deriva el apoyo que suscita entre los empleadores, en particular, el teletrabajo, como trabajo a distancia que se realiza mediante medios tecnológicos.

De otro lado, suelen indicarse una serie de ventajas que proporciona el teletrabajo para ambas partes de la relación laboral, que implicarían que esta modalidad se erija como una forma de consecución de la conciliación de la vida laboral y personal. Es así como se valorizan especialmente, en el caso de las empresas: a) los incrementos significativos en los niveles de productividad; b) la reducción del ausentismo laboral; c) la reducción de costos fijos (arriendos, consumos, mantención, etc.); d) la capacidad para atraer y retener trabajadores; e) su capacidad de alcanzar mayores grados de flexibilidad funcional y horaria; f) descentraliza la organización tradicional de la empresa; y g) genera nuevos servicios o áreas de negocios. Por su parte, los trabajadores podrían contar con: a) mayores niveles de satisfacción laboral; b) una mayor autonomía en el uso de los tiempos de trabajo; c) mayores oportunidades de empleo, en el caso de personas con movilidad reducida; y d) una mejor calidad de vida, al facilitarles la creación de un equilibrio entre vivir y trabajar[1].

En atención a esto último, existe consenso en que el teletrabajo constituye una herramienta positiva para conseguir que los trabajadores concilien la vida laboral con la personal o familiar, pues les permitiría resolver dos variables problemáticas de antaño, la distancia y el tiempo que se dedica al desplazamiento al lugar de trabajo, al permitir acceder a puestos de trabajo en otros países y evitar la duración del traslado a la empresa.

Sin embargo, en los últimos años, los estudios realizados vienen a cuestionar los efectos positivos del teletrabajo en materia de conciliación y destacan los negativos, por el conflicto que se produce entre el trabajo y la familia[2]. En este sentido, el teletrabajo también implica desventajas para el trabajador asociadas a su lejanía física y temporal de la empresa que conlleva su invisibilidad y su aislamiento, por el menor contacto con los compañeros de trabajo, además de

---

1 Caamaño, 2010, p. 96.

2 Durán, 2021, p. 335.

los riesgos psicosociales derivados de su mayor disposición para las labores facilitada por la tecnología, con la fatiga y agobio propios del trabajo realizado a través de medios tecnológicos y sin una clara separación de los tiempos de trabajo y descanso. A ello se suma que las organizaciones de trabajadores ven mermadas sus posibilidades de articulación con trabajadores que se encuentran fuera del lugar del trabajo, lo que supone también un desafío a la hora de representar sus inquietudes y necesidades, que no necesariamente coinciden con la realidad del lugar de trabajo.

Por otro lado, el Instituto de Seguridad Laboral (ISL, 2020) ha indicado que, entre los aspectos negativos del trabajo a distancia por medios tecnológicos, se encuentran los *riesgos que afectan en la salud mental y física de los trabajadores*, como la sobrecarga o subcarga de trabajo, que se puede asociar a afectación de sus ritmos biológicos, generación de estrés, ansiedad, irritabilidad, estados depresivos, temor y aburrimiento, sensación de aislamiento, ambigüedad o conflicto de rol, riesgos específicos del uso tecnologías de la comunicación (visuales, ergonómicos, entre otros) y alteraciones mentales debido a conflictos entre emociones "requeridas" en su trabajo y las que el trabajador quiere expresar. A su vez, dentro de los riesgos para la salud física, el sedentarismo es uno de los factores que puede favorecer o agravar el riesgo de enfermedades cardiovasculares o metabólicas[3].

También es posible el desarrollo de *riesgos ergonómicos* que puede desencadenar sensación de fatiga, cefaleas, diarreas, palpitaciones, trastornos del sueño, tensión y dolor muscular, agotamiento, fatiga, sudoración excesiva, problemas respiratorios, mareos o vértigos, etc. Finalmente, uno de los más preocupantes son los trastornos músculo esqueléticos, que se refieren a cualquier trastorno de las articulaciones o tejidos. Esto problemas pueden ir desde dolores y molestias leves hasta enfermedades crónicas que pueden producir discapacidad, e incluso impedir que el trabajador puede seguir desempeñando su labor[4].

---

3 Cortés y otros, 2021, p. 98.

4 Agencia europea para la seguridad y la salud en el trabajo (EU-OSHA), 2020, p. 13.

Al respecto, la Organización Internacional del Trabajo (OIT, 2020) señala que tanto empleadores, como trabajadores y profesionales de la seguridad y la salud en el trabajo deben ser conscientes de los riesgos asociados al teletrabajo a tiempo completo, que se vieron acentuados por la pandemia de COVID-19, y el consiguiente requisito de distanciamiento físico. Además, existen una serie de factores que no son evaluados en el teletrabajo en relación con las condiciones propias del hogar, como el ruido, exposiciones a gases, agentes biológicos entre otros, que son de difícil identificación y control. Por lo anterior, muchos de los teletrabajadores podrían presentar enfermedades o accidentes que podrían enmascararse con condiciones de salud común y con ello incrementar la subnotificación de enfermedades o accidentes que se produzcan durante el periodo que dure el teletrabajo[5].

IV. EL TELETRABAJO EN CHILE

Suele indicarse que en Chile la primera experiencia formal de teletrabajo se produjo en el año 2017, en el ámbito público, cuando el Instituto Nacional de Propiedad Industrial (INAPI) implementó esta modalidad por 4 días a la semana, respecto de 17 profesionales. Ello fue posible en virtud de la Ley N° 20.971 de 2016, que estableció la facultad de eximir del control horario hasta al 10% del personal del Servicio.

A diferencia del sector público, para los trabajadores del sector privado el teletrabajo había sido reconocido, por primera vez, en el año 2001, a través de la dictación de la Ley N° 19.759 que lo incorporó como un caso de excepción a la duración máxima de la jornada ordinaria de 45 horas semanales consagrada en el artículo 22 inciso 1° del Código del Trabajo. De este modo, la normativa establecía que los trabajadores contratados para que presten sus servicios preferentemente fuera del lugar o sitio de funcionamiento de la empresa, mediante la utilización de medios informáticos o de telecomunicaciones se encuentran excluidos de la limitación de jornada de trabajo.

---

5 Cortés y otros, 2021, p. 106.

Este escenario legal era considerado insuficiente y desprotector para los trabajadores pues lejos de darle una especificidad normativa o de incluir algunas disposiciones que permitieran resolver las interrogantes que no eran susceptibles de responderse con las reglas generales establecidas para el contrato de trabajo parecía, luego de una primera lectura, que terminaba precarizando aún más la situación laboral de los teletrabajadores, ya que al no hacerles aplicable el límite de la duración máxima de la jornada de trabajo, los excluía también del control de asistencia o de la posibilidad de pactar jornada extraordinaria[6].

Esta situación fue abordada, finalmente, en el contexto de la pandemia por la propagación del COVID-19 que permitió otorgarle urgencia a una iniciativa legal del Presidente de la República de la época que llevaba en discusión parlamentaria desde el año 2018, y que, más tarde, pasó a constituir la Ley N° 21.220 de 26.03.2020, que comenzó a regir el día 1° de abril del mismo año, estableciendo un nuevo Capítulo (IX) en el Título II, de los Contratos Especiales, del Libro I, del Contrato Individual de trabajo y de la capacitación laboral, del Código del Trabajo.

A nivel de la normativa internacional de carácter laboral, es relevante considerar el Convenio sobre los trabajadores con responsabilidades familiares de 1981 de la Organización Internacional del Trabajo (OIT) (núm. 156), ratificado por Chile en 1994, el que adopta, según Caamaño[7], una perspectiva de redefinición del lugar que tradicionalmente fue asignado a hombres y mujeres en la esfera familiar, buscando promover una distribución más equilibrada de las responsabilidades familiares entre ambos y, en este sentido, mejorar las condiciones para una inserción más equitativa de trabajadores de ambos sexos en el mundo laboral. Con ello, la OIT propende a la instauración de acciones de amplio alcance a través de las cuales los Estados puedan abordar la protección en condiciones de igualdad de los trabajadores con responsabilidades laborales, no solo porque reconoce y promueve el rol de los padres sino que también por la promoción de una labor estatal que no se limita al reconocimiento

---

6 Caamaño, 2010, pp. 90-91.

7 Caamaño, 2010, p. 32.

de principios y derechos, sino que también se oriente al desarrollo de acciones positivas que den lugar a un cambio efectivo que permita superar el esquema de hombre proveedor y mujer cuidadora.

En línea con este objetivo, resultan relevantes los artículos 2°, letra c), 5°, letras a) y b), y 11 de la Convención sobre la eliminación de todas las formas de discriminación contra la mujer, CEDAW, (1979), en cuanto a la garantía de protección jurídica de los derechos de la mujer sobre una base de igualdad con los del hombre, la modificación de los patrones socioculturales que se basan en la inferioridad o superioridad de cualquiera de los sexos o funciones estereotipadas de hombres y mujeres y el reconocimiento de la responsabilidad común de hombres y mujeres en cuanto a la educación y al desarrollo de sus hijos.

Ahora bien, durante la pandemia por COVID-19, y en ausencia de datos fidedignos de quiénes pudieron acogerse a una modalidad de teletrabajo, Perticará y Tejada evaluaron la distribución del empleo en el país para determinar en qué medida los distintos trabajadores tendrían la posibilidad de teletrabajar, dadas las características de su empleo, y en qué medida el tipo de actividad que realizaban estaba exenta de las medidas de aislamiento obligatorio impuestas por la autoridad. Sus resultados revelaron que solo el 17,4% de los trabajos en Chile son, con alta probabilidad, viables de realizarse desde casa. Y las personas que pueden de forma viable realizar su trabajo desde casa ganan en promedio 67% más que aquellos que tienen un trabajo predominantemente presencial, a la vez que presentan una tasa de informalidad menor (11% v/s 25%, respectivamente). Por otra parte, detectaron que las mayores tasas de virtualización están en los sectores de administración pública, las actividades inmobiliarias y enseñanza. En contraste, en los sectores primarios, industrial, gas y agua, industria, construcción, comercio y transporte, las tasas de virtualización son muy bajas y existe una correlación positiva y fuerte entre tasas de virtualización y calificación de las ocupaciones, pues los trabajadores no calificados representan el 25% de aquellos trabajos que no pueden realizarse vía teletrabajo, mientras que para los trabajadores cuyo trabajo es viable de realizarse de esta forma este grupo es de solo 3,7%[8].

---

[8] Perticará y Tejeda, 2020, p. 5.

Según indica Bravo, antes de la pandemia por COVID-19 el teletrabajo era virtualmente inexistente en Chile. Al trimestre diciembre 2019-febrero 2020 apenas el 0,6% de los asalariados realizaba sus tareas principalmente desde su propio hogar. Sin embargo, tras la irrupción de la crisis sanitaria asociada a la pandemia, el teletrabajo permitió continuar la realización de las labores productivas en diversos rubros, salvando así cientos de miles de empleos que de otra forma se habrían destruido. De esta manera, las circunstancias forzaron a muchos empleadores a tener que recurrir a este formato, con lo que el teletrabajo pasó de ser prácticamente inexistente a abarcar el 20,3% de los trabajadores asalariados en el trimestre junio-agosto 2020[9].

Luego de la primera ronda de cuarentenas masivas, el teletrabajo fue disminuyendo progresivamente su prevalencia para ubicarse, en el trimestre noviembre 2022-enero 2023 en sólo 4% de los asalariados, según los datos elaborados por Bravo (2023) a partir de la Encuesta Nacional de Empleo del Instituto Nacional de Estadísticas (INE). Ahora bien, tanto durante la pandemia como hasta actualidad, el teletrabajo en Chile se ha caracterizado por ser más utilizado por las mujeres trabajadoras remuneradas que, por los hombres, dentro de la categoría que ha prevalecido como mayoritaria en el uso de esta modalidad, de trabajadores con educación superior completa.

Es así como, al analizar las ramas de actividad económica, queda patente que, si bien el teletrabajo puede ser factible en ciertas actividades, no necesariamente es la modalidad más productiva o eficiente para su ejecución, como en el caso de "Enseñanza", que llegó a tener el 57% de los asalariados bajo la modalidad a distancia en el trimestre junio-agosto de 2020 pero, en la actualidad, apenas un 2,3%. Así como también hay ramas en donde, si bien la prevalencia se ha reducido respecto del peor momento de la pandemia, siguen exhibiendo al trimestre noviembre de 2022-enero de 2023 un nivel bastante superior al promedio nacional, como "Información y Comunicación", con una prevalencia de asalariados que trabajan desde su propio ho-

---

9 Bravo, 2023, p. 3.

gar del 28,9%, "Actividades financieras y de seguros", con el 19% y "Actividades profesionales, científicas y técnicas" con el 17,9%[10].

V. EL TELETRABAJO DESDE EL ANÁLISIS CRÍTICO FEMINISTA

Según la Organización Internacional del Trabajo "en circunstancias normales, el teletrabajo puede suponer una desventaja potencial para las mujeres ya que generalmente tienen que encargarse del cuidado de los niños, las tareas domésticas y el empleo remunerado"[11]. Este primer aspecto adverso se vio acentuado con creces durante la pandemia derivada de la propagación del COVID-19 pues las desigualdades sociales y económicas de género existentes se vieron agravadas por la crisis sanitaria. En los sectores económicos donde, en principio, no era factible trabajar desde el hogar y que tenían, por lo demás, una alta presencia femenina, se prefirió la modalidad de trabajo a distancia o teletrabajo para prevenir el contagio de la enfermedad.

Por otro lado, resulta manifiesto que el teletrabajo se puede convertir en un "arma de doble filo" para las mujeres con responsabilidades familiares, ya que, en lugar de favorecer la conciliación y la corresponsabilidad familiar, puede llevar profundizar en la discriminación laboral que sufren, derivando en un retorno al hogar que les perpetúa en su rol doméstico e incrementa su jornada de trabajo. Así también, los riesgos laborales que entraña el teletrabajo pueden incrementarse exponencialmente en el caso de las mujeres, generando un grave retroceso en los avances conseguidos hasta ahora en el marco de las relaciones laborales, como es el caso de la pérdida de presencia en la empresa y en el mercado de trabajo y el mantenimiento de las barreras de entrada en sectores típicamente masculinos; afectando la garantía del establecimiento de condiciones de trabajo en plena igualdad entre hombres y mujeres[12].

---

10 OIT, 2020, p. 20.

11 Bravo, 2023, p. 3.

12 Romero, 2021, pp. 129-130.

Por ello, no solo es importante sino también un imperativo analizar los efectos del teletrabajo para las mujeres trabajadoras considerando su rol social que impone una doble responsabilidad derivada del ingreso al mercado de trabajo sin un escenario de corresponsabilidad con los hombres, esto es, que implica sumar al trabajo remunerado aquel no remunerado realizado en el hogar. Con esta doble carga, no solo se produce un conflicto respecto del uso del tiempo, sino que también un mayor estrés e insatisfacción por no cumplir adecuadamente en ambas esferas[13].

Considerando lo anterior, más allá de la conciliación de la vida laboral y personal es necesario superar el actual escenario impuesto por la división sexual del trabajo que se mantiene a través de prácticas sociales de hombres y mujeres, así como de las propias instituciones. Por ello, la concreción de una igualdad real para las mujeres trabajadoras en el acceso al teletrabajo como una forma de conseguir la conciliación de la vida laboral y personal o familiar, requiere establecer la realidad laboral en que están insertas, los tipos de trabajos que desarrollan y sus condiciones muchas veces precarias, para establecer mecanismos que permitan la corresponsabilidad con los hombres y más allá, en el ámbito social, para su reconocimiento en igualdad de derechos.

VI. CONCLUSIONES

El teletrabajo constituye una modalidad de trabajo a distancia que puede facilitar la conciliación de la vida laboral, familiar y personal, pero que presenta al mismo tiempo una realidad contradictoria, pues difumina las fronteras entre trabajo y familia en cuanto a espacios, comportamientos, disposiciones, prácticas y roles que, en el caso de

---

13 Según datos del Instituto Nacional de Estadísticas (INE) a partir de la Encuesta Nacional sobre Uso del Tiempo (ENUT) 2015, elaboró un indicador para ilustrar la división sexual del trabajo, donde las mujeres son quienes deben realizar el trabajo no remunerado, lo que limita la inserción en el mercado laboral, restringiéndose así el ejercicio de la autonomía económica de las mujeres. Véanse cuadros estadísticos en el sitio web de Estadísticas de Género del Instituto Nacional de Estadísticas (INE): https://www.estadisticasdegenero.cl/indicadores/trabajo/.

las mujeres trabajadoras, puede acrecentar los estereotipos de género que les afectan, al acentuar su rol de cuidadora.

Además, los riesgos laborales que entraña pueden incrementarse exponencialmente en el caso de las mujeres, generando un grave retroceso en el marco de las relaciones laborales, por la pérdida de su presencia en la empresa y en el mercado de trabajo y el mantenimiento de las barreras de entrada en sectores típicamente masculinos; afectando la garantía del establecimiento de condiciones de trabajo en plena igualdad entre hombres y mujeres.

Para el caso chileno, existen datos empíricos del escenario laboral durante la pandemia por COVID-19 que dan cuenta de una intensificación de las barreras de género que debieron enfrentar a nivel social las mujeres, cuando sectores de actividad productiva altamente feminizados (como el de Enseñanza) debieron seguir trabajando desde la casa; asumiendo ellas la recarga que conlleva la mantención del trabajo doméstico o de cuidado en conjunto con el trabajo remunerado dentro del hogar.

Por otra parte, en un escenario de mayor normalidad, existe evidencia que el teletrabajo no es una realidad laboral mayoritaria ni transversal, lo que conlleva a mantener escenarios de desigualdad estructural que afectan a grupos de mujeres que, por desarrollar determinadas labores que no se realizan a través de medios tecnológicos, no pueden contar con esta vía para ejercer su derecho a conciliación de la vida laboral, familiar y/o personal.

VII. BIBLIOGRAFÍA

1. Agencia europea para la seguridad y la salud en el trabajo (EU-OSHA), 2020: "Digitalización y seguridad y salud en el trabajo (SST). Un programa de investigación de la EU-OSHA". Disponible en: https://osha.europa.eu/sites/default/files/Digitalisation_and_OSH_ES.pdf [Fecha de consulta: 30.10.2023].

2. Bratti, Luna y Bravo, Juan, 2021: "Determinantes del teletrabajo en Chile: ¿opción para muchos o privilegio de pocos?", Documento de Trabajo N° 2, octubre 2021. Observatorio del Contexto Económico. Universidad Diego Portales. Disponible en: https://ocec.udp.cl/cms/wp-content/uploads/2021/09/DT-2-OCEC-UDP-VF.pdf [Fecha de consulta: 30.10.2023].

3. Bravo, Juan, 2023: "Auge y caída del teletrabajo", Enfoque Laboral N° 23, marzo 2023. Observatorio del Contexto Económico. Universidad Diego Portales. Disponible en: https://ocec.udp.cl/cms/wp-content/uploads/2023/03/Enfoque-Laboral-23-VF-comp.pdf [Fecha de consulta: 30.10.2023].

4. Caamaño, Eduardo, 2010: "El teletrabajo como una alternativa para promover y facilitar la conciliación de responsabilidades laborales y familiares". *Revista de Derecho de la Pontificia Universidad Católica de Valparaíso,* Vol. XXXV, pp. 79-105. Disponible en: https://www.scielo.cl/pdf/rdpucv/n35/a03.pdf [Fecha de consulta: 30.10.2023].

5. Caamaño, Eduardo, 2011: *Mujer, Trabajo y derecho. Hacia relaciones laborales con equidad de género y corresponsabilidad social.* Santiago, Chile: Abeledo Perrot. LegalPublishing Chile.

6. Cortés, Fernando, Silva, Diego, Muñoz, Daniela, Lizondo, Romina, 2021: "Análisis de la Implementación del Teletrabajo durante la pandemia del COVID-19". Revista Pensamiento Académico, Vol. 4, N° 1, pp. 93-111. Disponible en: https://doi.org/10.33264/rpa.202101-07 [Fecha de consulta: 30.10.2023].

7. Durán, Manuela, 2021: "El impacto de las nuevas tecnologías en la conciliación y la corresponsabilidad en España", en María Luisa Molero (Directora). *Ser mujer en el mercado de trabajo: dificultades, oportunidades y retos.* Navarra, España, Thomson Reuters Aranzadi, pp. 333-374.

8. Gala, Carolina, 2021: "La relación entre el teletrabajo y la conciliación de la vida laboral y familiar: el papel de la normativa y la negociación colectiva". *Anuario IET de Trabajo y Relaciones Laborales,* N° 7), pp. 171-185. Disponible en: https://doi.org/10.5565/rev/aiet.99 [Fecha de consulta: 30.10.2023].

9. Moreno, Josep, 2021: "El impacto de las nuevas tecnologías en la cantidad y calidad de trabajo desde una perspectiva de género", en Ana María Romero (Directora). *Mujer, trabajo y nuevas tecnologías. Un estudio del impacto de las nuevas tecnologías en el ámbito laboral desde una perspectiva de género,* Navarra, España, Thomson Reuters Aranzadi, pp. 55-105.

10. Organización internacional del trabajo (OIT), 2020: "El teletrabajo durante la pandemia de COVID-19 y después de ella", Guía Práctica. Disponible en: https://www.ilo.org/wcmsp5/groups/public/—ed_protect/—protrav/—travail/documents/publication/wcms_758007.pdf [Fecha de consulta: 30.10.2023].

11. Perticará, Marcela Y Tejeda, Mauricio, 2020: "Sobre vulnerabilidad y teletrabajo durante la pandemia". Observatorio Económico, N° 144, pp. 4-5. Disponible en: https://doi.org/10.11565/oe.vi144.365 [Fecha de consulta: 30.10.2023].

12. Rivas, Ana María, 2016: *Trabajo y pobreza. Cuando trabajar no es suficiente para vivir dignamente.* Madrid, España: Ediciones HOAC.

13. Romeral, Josefa, 2021: "Prevención de riesgos laborales y mujer: trabajo en sectores feminizados", en María Luisa Molero (Directora). *Ser mujer en el mercado de trabajo: dificultades, oportunidades y retos.* Navarra, España, Thomson Reuters Aranzadi, pp. 565-603.

14. Romero, Ana María, 2021: "El teletrabajo: ¿Oportunidad o riesgo para la igualdad efectiva de mujeres y hombres en las relaciones laborales?", en Ana María Romero (Directora). *Mujer, trabajo y nuevas tecnologías. Un estudio del impacto de las nuevas tecnologías en el ámbito laboral desde una perspectiva de género,* Navarra, España, Thomson Reuters Aranzadi, pp. 107-151.

El tiempo de trabajo y sus brechas. Una mirada desde la economía feminista sobre los cuidados

TANIA ROJAS MUÑOZ*

I. INTRODUCCIÓN

La participación laboral de las mujeres en Chile representa una menor tasa de participación en comparación con la fuerza de trabajo masculina (52,8-72,8%). Desde la época de los 90` existe un aumento "discrecional" en la inserción laboral femenina, la que no supera los dos dígitos, versus los reportes que indican que para el caso de los hombres las cifras se han mantenido de manera sostenida en el orden 70%, lo que refleja en cifras la desigualdad de trato y discriminación de oportunidades existente entre hombres y mujeres.

En la medida en que las mujeres comienzan a integrarse en forma creciente a la fuerza laboral, la estructura ocupacional se vuelve un lugar importante de la estratificación de género, produciéndose variables distributivas, salarios y beneficios de manera diferenciada al hombre, lo que genera espacios de desigualdad.

En ese orden, es que importa, a fin de analizar las variables de desigualdad, revisar los principales aspectos de "corresponsabilidad", puesto que implica la necesidad de organizar y llevar a adelante tareas domésticas, en el contexto de la crisis de los cuidados, que se enfrenta. A las mujeres se les ha asignado históricamente el rol de cuidadoras, porque eran las que tenían menos trabajos remunerados fuera del hogar.

Desde el rol del Estado, es necesario construir política pública a partir de la mirada de una economía feminista con el fin de explicar

---

* Abogada, Tesista Programa de Doctorado en Derecho Universidad de Valparaíso. Jefa Subdepartamento Defensa Judicial y Normativo, del Instituto de Seguridad Laboral, Chile. Correo electrónico: taniarojas.abogada@gmail.com

las raíces económicas de la desigualdad de género, incorporando en su variables y distribución de gastos, los aspectos vinculados en los cuidados, utilizando en este sentido el concepto de "economía del cuidado", y la promoción de corresponsabilidad social.

II. LA PARTICIPACIÓN DE LAS MUJERES EN EL MERCADO LABORAL, DE LOS "CUIDADOS" Y LA CORRESPONSABILIDAD SOCIAL

II.1. Participación Laboral de las Mujeres en Chile

Diversos estudios realizados demuestran un diagnóstico esperable: la existencia de la baja participación laboral de las mujeres. En efecto, si bien ha existido un aumento en el último tiempo, este sigue siendo uno de los más bajo en la región, a nivel comparado considerando el escenario que presentó el "Covid-19".

En los países de la Organización para la Cooperación y el Desarrollo Económico —en adelante OCDE— Chile enfrenta mayores dificultades en la participación de las mujeres, atendido que los números que en varios países de la OCDE. Con un 53,2%, la tasa de empleo femenino en Chile es casi 20 puntos porcentuales inferior a la de los hombres[1].

En el mismo sentido, un estudio realizado por el Observatorio de Igualdad de Género de América Latina y el Caribe (OIG)[2] de la Comisión Económica Para América Latina, confirma el aumento de indicadores en la tasa de participación laboral femenina cercana al orden 53%, no obstante ello, la integración femenina ha sido realizada en sectores definidos como de "baja productividad", esto es, *servicios,* lo que trae como consecuencia efectos secundarios, tales como:

---

1 Organización para la Cooperación y el Desarrollo Económico, 2021, p. 21 y ss.

2 Comisión Económica para América Latina y el Caribe (CEPAL)/Entidad de las Naciones Unidas para la Igualdad de Género y el Empoderamiento de las Mujeres (ONU-Mujeres), La Agenda 2030 para el Desarrollo Sostenible y la Agenda Regional de Género en América Latina y el Caribe: indicadores de género a 2023 (2024).

baja cobertura de la seguridad social, empleos de menor calidad, y además menor contacto con tecnologías e innovación.

En la medida en que las mujeres comienzan a ingresan en forma progresiva a la fuerza laboral, la estructura ocupacional se vuelve un lugar importante de la estratificación de género, produciéndose variables distributivas, salarios y beneficios de manera diferenciada al hombre. En este punto, cobra relevancia el rol del Derecho Laboral y de la Seguridad Social, en el reconocimiento de derechos, atendido que no siempre lo fue a partir de derechos propios de la mujer. Si bien, normas que han sido reguladas por el Derecho Laboral, ello, ha sido como consecuencia de la inserción de la mujer en el mercado laboral o bien, su vínculo con otro (esposo o padre), es vista como señala PAUTASSI[3], como "trabajador asalariado formal", y desde esa mirada, se construyen las normas laborales. Es la mirada androcéntrica del Derecho.

Las características de la calidad del trabajo femenino, según datos aportados por la Dirección del Trabajo[4] señala que la segregación ocupacional del mercado laboral se puede evidenciar la presencia de trabajadores (hombres) en los distintos rubros de actividades económicas de manera permanente en cambio las mujeres presentan mayor presencia en determinados y específicos sectores vinculados principalmente a los servicios y área de salud (76,6%), y Enseñanza (70,3%), lo que gráfica determinados "*rubros o trabajos feminizados*"[5].

Cuando la mujer accede a trabajos llamados productivos es siempre de forma desmejorada: en la informalidad laboral, en peores condiciones siendo un ícono de esto la brecha salarial o sin acceso a puestos de poder, entre otros problemas"[6].

Finalmente, y conforme las últimas cifras del mercado laboral, reportadas por el Instituto Nacional de Estadísticas —en adelante INE— la tasa de participación en el mercado del trabajo fue de 62,5%, sigue existiendo una brecha de género importante, desfavo-

---

3 PAUTASSI, 2021, p. 35.

4 DIRECCIÓN DEL TRABAJO, 2019, pp. 33-38.

5 Se entiende por rubros o trabajos feminizados: aquellas empresas en las que más de 50% de sus trabajadores son mujeres.

6 MARZI, 2021, p. 7.

rable a mujeres de -19,7%. Mientras que el indicador de participación de los hombres es de 72,5%, en el caso de las mujeres cae al 52,8%, refiere el informe que es una condición de largo plazo en el marcado laboral chileno, con muestra de rasgos de persistentes[7].

II.2. Del Cuidado y el Derecho a los Cuidados

Un primer problema en cuanto a detectar las posibles causas que determinan la menor tasa de participación laboral femenina y las condiciones laborales que implica. Las respuestas posibles que enunciaré permiten identificar el escenario en las cual las mujeres acceden al mundo laboral, las características, y los problemas que trae consigo una vez que se inserta en el trabajo; me referiré a las tareas de "cuidado" y "políticas de conciliación laboral y familiar con la vida laboral". El sistema de Seguridad Social sin duda ha sido permeado al mercado laboral provisto de la figura del "hombre trabajador", y ausente de una lógica en la que la mujer permanece en el trabajo, se sostiene, y desarrolla actividades en búsqueda de igualdad de derechos y no discriminación laboral. La disputa se centra, entre otras cuestiones, en la división sexual del trabajo, en la trama del "cuidado y los cuidados" como reproducción social, y el reconocimiento del trabajo de cuidado en la economía del país.

El "cuidado" y los "cuidados", sitúa la discusión sobre las relaciones sociales y económicas que hacen posible el sostenimiento de la vida; aquello que se necesita tanto individual como colectivamente para vivir: *los cuidados*. Se abre un debate, por mucho tiempo suspendido por el mundo laboral, y ausente del Estado, "como garante del cuidado, debiendo promover condiciones básicas y efectivas para el desarrollo de una existencia autónoma, que desfemenicen y desfamiliaricen los cuidados, de modo de garantizar medidas de igualdad y equidad (…)"[8].

En términos de uso del tiempo, la forma en que se organiza y cómo se relaciona con otros tipos de actividades, es un elemento básico

---

7 Termómetro Laboral Nacional, Observatorio Laboral, Subsecretaria del Trabajo, junio 2024.

8 Pautassi, 2021, p. 35.

para la caracterización de las condiciones de vida de la población, y las actividades destinadas, segregada por sexo, a fin de abordar las diferencias que existen en la distribución de tareas tanto de actividades remuneradas como no remuneradas. La Organización Internacional del Trabajo —en adelante OIT— define trabajo como *"(...)* todas las actividades realizadas por personas de cualquier sexo y edad con el fin de producir bienes o prestar servicios para el consumo de terceros o para uso final propio"[9]. Así, y de manera independiente de la legalidad, formalidad o la mediación de pago por la actividad realizada. Dicha definición se encuentra en línea con las fronteras de la producción establecidas por el Sistema de Cuentas Nacionales[10].

Al mismo tiempo, ha disminuido la capacidad de las familias y las personas en general para atender estas necesidades por sí mismas. El trabajo doméstico y de cuidados no remunerado representa una sobrecarga de trabajo importante, como lo demuestra el hecho de que las mujeres destinen un promedio de 41 horas a la semana, mientras que los hombres dedican 19 horas, conforme indica la Encuesta Nacional Uso del Tiempo del año 2015 —en adelante ENUT—. Según la ENUT 2015, el trabajo de cuidados recae principalmente en las mujeres: el 91,6% de las mujeres lo hacen, mientras que solo 73,9% de los hombres declara haberlo realizado[11].

El análisis de la carga global permite observar la calidad de vida de las personas al comparar el tiempo que la persona dispone para realizar sus actividades personales, principalmente las que se relacionan con el tiempo de recreación y ocio (tiempo libre), frente a las actividades de trabajo, sean estas catalogadas como remuneradas o

---

9 En la decimonovena Conferencia Internacional de Estadísticos del Trabajo (19° CIET), del año 2013, la Organización Internacional del Trabajo, define el significado de Trabajo.

10 El Banco Central, define Cuentas Nacionales Anuales (CNA), aquellas que comprenden la elaboración del PIB y sus componentes desde tres enfoques: producción, gasto e ingreso.

11 Cobra relevancia los resultados de la ENUT 2015, considerando especialmente la carga global de trabajo entre hombres y mujeres y que corresponde a la suma de tiempo destinado al trabajo en la ocupación (y traslados) y el trabajo no remunerado. Permite dar cuenta del trabajo total que realizan las personas, independiente de si se realiza en el mercado, en el propio hogar o para otros hogares.

no remuneradas, en personas ocupadas, especialmente aquel tiempo que se dedica a tareas de cuidado.

Así, es necesario además entender el concepto de *trabajo*, con el fin de explicar aquellas tareas que son de carácter remuneradas o no. En primer lugar aquel trabajo dedicado al mercado —económica formal—, y que se realiza a cambio de una remuneración en dinero o en especies, así como los tiempos de traslados son actividades conexas al trabajo en la ocupación y, a pesar de que no forman parte del tiempo de trabajo para el mercado, se incluyen en el mismo indicador de trabajo en la ocupación, al ser una actividad intrínsecamente relacionada con el trabajo que se incorpora a la producción de la economía del país, y son contabilizadas en el Sistema de Cuentas Nacionales (SCN)[12].

Por otra parte el *trabajo no remunerado*, es aquel trabajo, entonces, que no es pagado ni transado por un bien en el mercado. Además del trabajo de cuidado y doméstico en los hogares, el trabajo no remunerado considera el trabajo voluntario de servicios y el trabajo para la comunidad, actividades —ya sean individuales o de pequeños grupos de personas— que no están organizadas formalmente y que se realizan para dar un servicio a individuos o a la comunidad. También incluye los servicios voluntarios que no son remunerados y se hacen a través de instituciones sin fines de lucro.

El trabajo no remunerado contiene los trabajos domésticos y de cuidados principalmente, y que están fuera de la producción económica contabilizada en cuentas nacionales pero se encuentran dentro de la frontera de la producción general, pero si representa un desafío el real valor monetario asignado a labores invisibilizadas a la economía, por cuanto contribuyen a la estimación del producto interno bruto —en adelante PIB—.

En cuanto distribución de estas labores, ello no es equitativo. Los análisis indican que son las mujeres las que asumen el trabajo domés-

---

12 Se indica en el Documento Principales Resultados ENUT 2015, a propósito de las cuentas nacionales, permite organizar todas las actividades humanas a partir del trabajo como eje, distinguiendo entre actividades personales y productivas, y entre el trabajo realizado para el mercado y el realizado para el consumo de los propios hogares.

tico y de cuidado de manera mayoritaria, en forma desproporcionada, no remunerada, en condiciones desmejoradas, especialmente en materia de seguridad social. En Chile, un 95,8% de las madres son las cuidadoras principales de sus hijos o hijas (en comparación a un 1,4% de los padres[13]); mientras que alrededor de un 80% de las personas adultas mayores con dependencia tienen como cuidadora principal a una mujer. Son tareas invisibilizadas, pero esenciales en el mantenimiento de la vida, y funcionamiento en la actividad económica de un país, y que además el trabajo doméstico y de cuidados en Chile, representa un 21,8% del PIB ampliado, según el Primer Estudio Nacional de Valoración Económica del Trabajo Doméstico y de Cuidado No Remunerado en Chile, realizado por Comunidad Mujer[14]. Esta cifra, aumenta al 25,6% del PIB ampliado del año 2021, mediante cifras de actualización de la participación del trabajo doméstico no remunerado del Banco Central[15].

Los cuidados son fundamentales para el bienestar individual, la reproducción social y también la sostenibilidad del sistema económico, ya que todas las personas necesitan recibirlos a lo largo de la vida —aunque su intensidad varíe en algunas etapas o situaciones, que sean cuidadas.

El derecho al cuidado, en entiende que es universal a partir del reconocimiento que existe en diversos instrumentos internacionales, de los Derechos Humanos. Ya, en la Declaración y Plataforma de Acción de Beijing, en 1995, el cuidado ha comenzado a ser visible como derecho, tanto los "cuidados" como el "trabajo no remunerado". Igual reconocimiento ha sido en la Convención Interamericana so-

---

13 Ministerio de Desarrollo Social y la Familia, "Encuesta Longitudinal de Primera Infancia"-ELPI-, 2017, p. 35.

14 Comunidad Mujer, realiza en el año 2019, un estudio tiene por objetivo general estimar el valor económico —determinado por la contribución al Producto Interno Bruto (PIB)— de las tareas de Trabajo Doméstico y de Cuidado No Remunerado (TDCNR) que realizan las personas en Chile.

15 Se realizó un ejercicio de actualización de la participación del trabajo doméstico no remunerado (TDNR) sobre el producto interno bruto ampliado, mediante la proyección de la Encuesta Nacional sobre Uso del Tiempo 2015 al 2020, año marcado por el impacto de la crisis sanitaria. Acorde con nuestras estimaciones, el TDNR representó 25,6% del PIB ampliado el año recién pasado, aumentando su participación en 4,8 puntos porcentuales respecto del 2015.

bre la Protección de los Derechos Humanos de las Personas Adultas Mayores (artículo 12), la Convención de Derechos del Niño (artículo 3.2), la Agenda 2030 de Desarrollo Sostenible de Naciones Unidas (objetivo 5).

El cuidado como derecho, involucra tres dimensiones, esto es: i) Derecho a cuidar, lo que implica el tiempo necesario para generar vínculos con otra persona que requiere cuidados, con base en el respeto, la consideración mutua y la empatía; ii) Derecho a ser cuidado/a, refiere al reconocimiento de la situación relacional de las personas que requieren de otras para vivir dignamente, y iii) Derecho a cuidarse o auto-cuidado, entendida como la capacidad de las personas de atender a las necesidades básicas para vivir dignamente, con autonomía y aptitudes suficientes para ello[16].

Ahora bien, ¿Qué entendemos por "cuidado"? El concepto, aborda de manera amplia una posible definición sobre "Cuidado", al indicar que es "*Es el nivel más general, sugerimos que el cuidado sea visto como una actividad de la especie que comprende todo lo que hacemos para mantener, continuar y reparar nuestro "mundo" para que podamos vivir en él lo mejor posible. Ese, mundo incluye nuestros cuerpos, nuestro yo y nuestro entorno, todo lo cual tratamos de entrelazar en una compleja red de sostenimiento de la Vida*"[17].

Este concepto señalado ha sido objeto de debate, puesto que es demasiado amplio, para referirse a las tareas de "cuidado", sosteniendo por grupos feministas en su reemplazo el de "reproducción social", cuestión igualmente debatida puesto que centra el debate al enlazar nuevamente la "re-producción" como margen en el que se debate el "cuidado", que es la propia lógica del lenguaje, puesto que sigue poniendo en primer lugar como actividad humana central, a pesar de que algunas feministas tal como Silvia Federeci, sostiene que la reproducción social es más amplia que del concepto de "cuidado".

En definitiva, el "cuidado" es reproducción social, cuya idea es presentada en el Proyecto de Ley que crea el Sistema Nacional de Cuidados (Boletín N° 16.905-31), a cargo del Ministerio de Desarro-

---

16 Fernández, Gamberdella y Morales, 2021, pp. 12-20.
17 Tronto, 2024, p. 22.

llo Social y Familia[18]. Tiene por objeto el proyecto de ley "reconocer a las personas el derecho al cuidado, el cual comprende tanto el derecho a cuidar, como a ser cuidado y al autocuidado.

En el artículo 2, literal b), define para los efectos del proyecto de ley, lo siguiente:

> *"Los cuidados son un trabajo socialmente necesario, que comprende un amplio conjunto de actividades cotidianas de gestión y sostenibilidad de la vida, que se realizan dentro o fuera del ámbito del hogar y que generan bienestar biopsicosocial en quienes los reciben".*

La desigualdad de género en el hogar y en el empleo se deriva de representaciones basadas en el género de las funciones productiva y reproductiva, que persisten en las diferentes culturas y contextos socioeconómicos. Aunque existen variaciones regionales, el modelo familiar en el que el hombre es el proveedor sigue estando, en general, profundamente arraigado en la estructura de las sociedades, y la función de cuidadora de la mujer en la familia continúa siendo central[19]. Son caras de la misma moneda, de una parte se encuentra la "relación laboral norma y del modelo familiar proveedor masculino y mujer a cargo del cuidado familiar"[20]. La relación que existe entre el contrato de trabajo y el contrato de género se ve problematizada a partir del cuestionamiento a los roles asignados históricamente.

Las labores de tareas, es una tarea profundamente feminizada, infravalorada y precarizada, el motivo de ello, encausa a la *Teoría no económica o femenina* (socio sexual) que identifica el rol de las mujeres señalando que ha sido "estructuralmente determinado por la división sexual del trabajo" lo que apareja la limitación en el acceso his-

---

18 Mediante el Mensaje Presidencial 112-372, se presenta el Proyecto de Ley que crea el Sistema Nacional de Cuidados, que planificará, coordinará, proveerá, supervisará y evaluará los programas, los planes, las políticas y los servicios de apoyos y cuidados proporcionados por el Estado, los privados y la sociedad civil, según corresponda; y que estén dirigidos a los titulares del sistema. Se indica, además, que tiene por propósito establecer el Sistema Nacional de Apoyos y Cuidados cuya finalidad es promover la autonomía y la vida independiente, y prevenir la dependencia.

19 Organización Internacional del Trabajo, "*El trabajo de cuidados y los trabajadores del cuidado. Para un futuro con trabajo decente*", 2019, p. 51.

20 Yáñez y Todaro, 2004, p. 51.

tórico al mercado laboral, la participación y promoción. Estos roles sociales que se reproducen en el ámbito del trabajo fundamentan el *porqué* del problema redireccionando la respuesta al sistema estructural de discriminación. La discriminación, es una *premisa básica* para entender la segregación ocupacional que padecen las mujeres en el mercado laboral puesto que ello refleja el rol que asume "patriarcado "y del lugar subordinado que le asigna la mujer inserta en la familia.

Las dinámicas de género en la división sexual del trabajo expresan importantes definiciones sobre el "encasillamiento" de "lo femenino" y "lo masculino", así como la distribución de roles e identidades específicas para hombres y mujeres; La división sexual del trabajo en la sociedad, es el mecanismo central por medio del cual se produce el reparto de tareas o actividades según la lógica sexo-género que, construcción social del concepto de ciudadanía.

Mediante el cual existe la necesidad de transformar lo doméstico redefiniendo dichas categorías, tal como lo han propuesto diversas autoras a través del concepto de ciudadanía, que no implica un nuevo estatus basado en la adquisición de mayores derechos, sino una transformación de la vida política y social, a través de una sociedad que coloque el cuidado de la vida en el centro y reconozca la interdependencia, basado en principio de corresponsabilidad social, como eje central de un Estado[21].

Una interesante sentencia, considera una definición establecida por la Corte Constitucional de Ecuador, en el año 2020, cuyo texto reconoce el cuidado como derecho, estableciendo obligaciones para los órganos de Estado, definiendo el siguiente concepto de corresponsabilidad Social[22]:

> *[…] la responsabilidad que tiene cada uno de los sujetos con relación al cuidado. En primer lugar, está cada una de las personas con el cuidado a sí mismo (autocuidado). En segundo lugar, están quienes tienen obligaciones (por el principio de reciprocidad), como el padre y madre con relación a sus hijas e*

21 Vivaldi, Troncoso y Salazar, 2024, p. 3.

22 Es importante considerar el Dictamen de la Dirección del trabajo N° 67/01, de 26.01.2024, que refiere al *principio de corresponsabilidad social*, a propósito de la Ley N° 21.645, que modifica el Título II del Libro II del Código del Trabajo "De la Protección a la maternidad, paternidad y vida familiar", y regula el régimen de trabajo a distancia y teletrabajo.

hijos, la mujer o el hombre en relación con su cónyuge o pareja. Un tercer lugar corresponde a los miembros del espacio en el que se desenvuelven cotidianamente las personas, como la familia, el lugar de trabajo o de educación. Un cuarto lugar es la sociedad o comunidad, el barrio, el condominio, la familia ampliada, las organizaciones sociales. En quinto lugar está el Estado[23].

Tanto el Proyecto de Ley que crea el Sistema Nacional de Cuidados como las definiciones que rodearon el pasado debate constitucional, sobre corresponsabilidad social y reconocimiento del derecho a los cuidados, dan cuenta de que existen tareas pendientes que el Estado chileno debe subsanar a fin de que se garanticen de manera interdependiente e interseccional los derechos humanos de las personas[24].

III. UNA MIRADA DE LA ECONOMÍA FEMINISTA DE LOS "CUIDADOS"

El término "economía" tiene sus raíces en la palabra griega "oikosnomia" que significa "gestión del hogar", con lo cual pareciera que la disciplina debiera incluir toda la producción que se realiza en los hogares al margen del mercado; Desde sus inicios, el cuerpo central de la economía ha sido desarrollado para analizar la producción capitalista[25].

Ya a finales del siglo XVIII, se manifestaban los primeros cuestionamientos a la económica clásica desde una perspectiva de género. Así, se fue desarrollando una línea critica de investigación desde un marco teórico, dando origen a la "Economía Feminista", cuyo hito inicial se reconoce en 1990, en la Conferencia Anual de la American Economic Association (Asociación de Economía Americana), que incluyó por primera vez un panel relacionado con perspectivas feministas sobre la economía[26].

---

23 Sentencia Corte Constitucional del Ecuador - Quito. Causa 3-19-JP/20, de 05.08.2020, párrafo 130. Derechos de las mujeres embarazadas y en periodo de lactancia.

24 Pautassi, 2021, p. 45.

25 Carrasco, 2006, pp. 29-62.

26 Comunidad Mujer, 2019, p. 26.

La contribución reconocida a la economía feminista entiende que es una corriente de pensamiento que pone énfasis en la necesidad de incorporar las relaciones de género como una variable relevante en la explicación del funcionamiento de la economía, y de la diferente posición de los varones y las mujeres como agentes económicos y sujetos de las políticas económicas[27].

Las principales preocupaciones planteadas por la economía feminista, supone en poner en el centro del análisis la sostenibilidad de la vida, y trasladando con ello, en los mercados. Lo anterior, implica centrar las miradas en la reproducción de la vida, y la producción del capital. Sobre ello, señala Rodríguez como "preocupación central la cuestión distributiva. Y en particular se concentra en reconocer, identificar, analizar y proponer cómo modificar la desigualdad de género como elemento necesario para lograr la equidad socioeconómica"[28].

Una mirada desde la economía feminista analiza con una perspectiva que hace visible el problema del género en la lectura de la economía neoclásica, y la interdependencia de la producción y la reproducción, considerando aquellos factores no evaluados por la economía neoclásica incorporando categorías que consideran la interrelación entre los papeles productivos y reproductivos de las mujeres, puesto que las desigualdades de género están relacionadas el dominio del poder estructural[29], donde han sido las mujeres son tratadas como madres, especializadas en labores de casa debido a sus capacidades reproductivas, económicamente dependientes de sus padres o maridos, improductivas en el trabajo de mercado y poco racionales para tomar decisiones[30].

Precisamente, el cuestionamiento que existe a la economía clásica —de mercado— es que la ciencia económica —sus teorías y metodologías—, a través de sus modelos más paradigmáticos, como el socialismo y el capitalismo, solo considere lo que ocurre en los mercados, sin tomar en cuenta, por ejemplo, el trabajo no remunerado

---

27 Rodríguez, 2015, p. 32.
28 Rodríguez, 2015, p. 32.
29 Dirección del Trabajo, 2008, p. 3.
30 Carrasco, 2006, p. 21.

realizado en los hogares ni el medioambiente en el cual se desarrolla toda actividad ya sea productiva o reproductiva[31].

Cobra relevancia, en ese contexto, la apertura del debate y se instala el concepto "economía del cuidado", cuyo eje central, es determinante atendido que reconoce el trabajo doméstico y de cuidado elementos claves para el desarrollo económico, y también de bienestar humano. Se define la "economía del cuidado", como:

> "Todas las actividades y prácticas necesarias para la supervivencia cotidiana de las personas en la sociedad en que viven. Incluye el autocuidado, el cuidado directo de otras personas (la actividad interpersonal de cuidado), la provisión de las precondiciones en que se realiza el cuidado (la limpieza de la casa, la compra y preparación de alimentos) y la gestión del cuidado (coordinación de horarios, traslados a centros educativos y a otras instituciones, supervisión del trabajo de cuidadoras remuneradas, entre otros)"[32].

Para la Economía Feminista, el objeto de estudio no debiese enfocarse solo en los mercados, sino que principalmente en aquellos procesos que dan sustento a la vida, por tanto, cuyo análisis debería no solo medir exclusivamente a través del PID, puesto que invisibiliza la economía no monetaria, sino que en función del bienestar humano.

IV. CONCLUSIONES

El Derecho al Cuidado, es universal, a partir del reconocimiento que existe a nivel internacional, haciendo visible tanto "cuidados" como el "trabajo no remunerado". Se incorpora en dicho concepto, las dimensiones de los "cuidados", esto es Derecho a cuidar, al Derecho a ser cuidado, y autocuidado.

La desigualdad de género en el hogar y en el empleo se deriva de representaciones basadas en el género de las funciones productiva y reproductiva, que persisten en las diferentes culturas y contextos socioeconómicos, lo que se ve problematizado a partir del cuestionamiento de los roles de genero asignados.

31 Comunidad Mujer, 2019, p. 27.
32 Rodríguez, 2015, p. 36.

Para la economía feminista, instalar la importancia central de la vida de las mujeres y los hombres, implica resignificar conceptos tales como trabajo, productividad, eficiencia, reproducción social, entre otros, implica además, en palabras en Carrasco, de definir nuevos marcos teóricos e indicadores; supone además recolectar nuevas estadísticas que contempla en los sistema de cuentas nacionales, el trabajo remunerado, a fin de cambiar la perspectiva de análisis y relevar el sentido de políticas económicas, por cierto con perspectiva de género, que visibilice el trabajo del "cuidado" y los "cuidados, y que tenga como premisa "reevaluar la organización del cuidado, especialmente cuando se aspira a sociedades más igualitarias y sustentables"[33].

V. BIBLIOGRAFÍA

1. Banco Central de Chile, Principales resultados 2023. Cuentas Nacionales, 2018-2023. Santiago —Chile—. Disponible en https://www.bcentral.cl/web/banco-central/areas/estadisticas/cuentas-nacionales-anuales [fecha de consulta: 11.02.2024].
2. Banco Central de Chile, 2020, Estimación Trabajo Doméstico Remunerado, Santiago, Chile. Disponible en: 4. https://www.bcentral.cl/documents/33528/3015423/estimacion-trabajo-domestico-no-remunerado.pdf/977aa3c3-7a61-20fe-be66-85c68c7707b0 [fecha de consulta: 11.02.2024].
3. Carrasco Bengoa, Cristina, 2006: *La Economía Feminista: Una apuesta por otra economía*, en Vara, María Jesús, "*Estudios sobre género y economía*", Madrid, Akal. Disponible en http://www.derechoshumanos.unlp.edu.ar/assets/files/documentos/la-economia-feminista-una-apuesta-por-otra-economia.pdf [fecha de consulta: 11.02.2024].
4. Comunidad Mujer, 2020: ¿Cuánto aportamos al PIB?, Santiago, Chile. Disponible en: https://www.comunidadmujer.cl/bibliotecapublicaciones/wp-content/uploads/2020/03/Cuánto-aportamos-al-PIB.-Primer-Estudio-deValoración-Económica-del-Trabajo-Doméstico-y-de-Cuidado.pd [fecha de consulta: 11.02.2024].
5. Comisión Económica para América Latina y el Caribe (CEPAL)/Entidad de las Naciones Unidas para la Igualdad de Género y el Empoderamiento de las Mujeres (ONU-Mujeres), La Agenda 2030 para el Desarrollo Sostenible y la Agenda Regional de Género en América Latina y el Caribe:

[33] Comunidad Mujer, 2019, p. 27.

indicadores de género a 2023 (LC/TS.2024/19), Santiago, 2024. https://repositorio.cepal.org/server/api/core/bitstreams/22c106e3-3bdc-4569-b8f9-cbed84edf582/content [fecha de consulta: 11.02.2024].

6. Dirección del Trabajo, 2019, Encuesta Laboral. Informe de resultados. Novena Encuesta Laboral Disponible en https://www.dt.gob.cl/portal/1629/articles-119454_recurso_1.pdf [fecha de consulta: 11.02.2024].

7. Fernández, Consuelo, Gamberdella, Maite, y Morales, Natalia, 2022: *Hacia una Política integral en materia de cuidados,* Rumbo Colectivo y Friendrich Ebert Stiiftung. Disponible en: https://rumbocolectivo.cl/blog/2021/10/07/sistema_nacional_cuidados/ [fecha de consulta: 11.02.2024].

8. Instituto Nacional de Estadísticas, 2015: Encuesta Nacional Sobre Uso del Tiempo. ISBN: 978-956-323-183-0, Santiago, Chile. Informe disponible en: https://www.ine.gob.cl/docs/default-source/uso-del-tiempo-tiempo-libre/publicaciones-y anuarios/publicaciones/documento_resultados_enut.pdf?sfvrsn=cf66dad0_7 [fecha de consulta: 11.02.2024].

9. Organización Internacional del Trabajo, 2019: *El trabajo de cuidados y los trabajadores del cuidado. Para un futuro con trabajo decente,* Ginebra, Suiza. Disponible en https://www.ilo.org/es/publications/major-publications/el-trabajo-de-cuidados-y-los-trabajadores-del-cuidado-para-un-futuro-con [fecha de consulta: 11.02.2024].

10. Organización Internacional del Trabajo, 2022: *Los cuidados en el trabajo Invertir en licencias y servicios de cuidados para una mayor igualdad en el mundo del trabajo*", Ginebra, Suiza. Disponible en: https://www.ilo.org/sites/default/files/wcmsp5/groups/public/%40dgreports/%40dcomm/documents/publication/wcms_850638.pdf [fecha de consulta: 11.02.2024].

11. Organización para la Cooperación y el Desarrollo Económico, 2021: Igualdad de género en Chile: Hacia una mejor distribución del trabajo remunerado y no remunerado, OECD Publishing, Paris. disponible en: https://doi.org/10.1787/c7105c4d-es [fecha de consulta: 11.02.2024].

12. Pautassi Grandoli, Laura, 2021: *El Derecho Humano al Cuidado. Su relevancia Constitución. Las Tramas del Cuidado en la nueva constitución,* Centro de Estudios de la Mujer, Santiago.

13. Rodríguez Enríquez, Corina, 2015: Economía Feminista y economía del cuidado. Aportes conceptuales para el estudio de la desigualdad, en *Revista Nueva Sociedad N° 256,* ISSN: 0251-3552.

14. Marzi Muñoz, Daniela, 2021: *Feminismo y Trabajo, dos explosiones del siglo XX,* en Rojas, Irene y Planet, Lucía "*Estudios sobre el Trabajo de la Mujer*", Chile, Thomson Reuters.

15. Ministerio de Desarrollo Social y la Familia, 2017: Encuesta Longitudinal de Primera Infancia, Santiago, Chile.

16. Termómetro Laboral Nacional, Observatorio Laboral, Subsecretaria del Trabajo, junio 2024. Información disponible en: https://www.subtrab.gob.cl/wp-content/uploads/2024/06/Termometro-Laboral-Nacional-junio24.pdf [fecha de consulta: 11.02.2024].

17. Todaro, Rosalba y Yáñez, Sonia, 2004: *El Trabajo se Transforma. Relaciones de producción y relaciones de género*, Centro de Estudios de la Mujer, Santiago, Chile. Disponible en: https://cem.cl/libros/ [fecha de consulta: 11.02.2024].

18. Tronto, Joan, 2024: *Desafíos para crear una democracia cuidadora* (trad.), en Alegría, Daniela y Vivaldi, Lieta, "*Reflexiones feministas sobre los cuidados*", Chile, Ediciones Lom, Santiago, Chile.

19. Vivaldi Macho, Lieta; Troncoso Zúñiga, Camila y Salazar Navia, Andrea, 2024: Cuidados desde paradigmas feministas: la reproducción social y la ética en la normativa y políticas públicas. *Lat. am. leg. stud, Vol. 12, n. 1.*

Segregación minera femenina: la minería una actividad masculinizada en Chile

Allison Pastén Henríquez*

I. INTRODUCCIÓN

En nuestro país, la minería es una de las actividades productivas más importantes, no obstante, su configuración favorece y perpetúa una cultura patriarcal. Es por lo señalado, que la presente investigación tiene por objetivo identificar y analizar las particularidades del sistema de relaciones laborales en Chile, que desincentivan la contratación y permanencia de las mujeres en la minería.

Conforme lo anterior, en primer lugar, revisaremos el tratamiento que el Código del Trabajo, de 1931, le otorgó a la actividad minera en lo referente a las mujeres, pues se pretende describir el pasado para comprender la situación actual en la materia. En segundo lugar, nos referiremos a los distintos factores que han desincentivado su contratación en la minería. Posteriormente, analizaremos los datos de la participación femenina tanto en el ámbito de las relaciones individuales de trabajo como en las relaciones colectivas. La última sección de este capítulo presentará recomendaciones y propuestas para promover la participación efectiva de mujeres en dicho sector productivo.

II. MUJER Y TRABAJO

Nuestro país desde inicios del siglo XX se ha caracterizado por la preponderancia de una cultura patriarcal, la cual irradiaba desde las instituciones hasta el ordenamiento existente de aquella época.

* Abogada y licenciada en Ciencias Jurídicas y Sociales, Universidad Católica del Norte. Magíster en Derecho. Mención Empresa y Trabajo, Universidad Católica del Norte. Correo electrónico: allison.pasten@ce.ucn.cl

Visión que se materializó con la entrada en vigencia del Código del Trabajo de 1931, que estableció la prohibición para las mujeres de realizar trabajos mineros subterráneos o en faenas calificadas como superiores a sus fuerzas o peligrosas para las condiciones físicas o morales de su sexo[1]. Asimismo, se estableció la prohibición a las mujeres de efectuar todo trabajo nocturno en establecimientos industriales, que se ejecutara entre las veinte y las siete horas (...)[2].

Si bien el carácter protector de la persona trabajadora en las relaciones individuales del trabajo se pone de manifiesto en el Código del Trabajo, al consagrar un conjunto de derechos en favor de esta[3], dicha cualidad se cumplía solamente respecto de los derechos de los varones, pues era en apariencia para las mujeres.

Ante esto, y en virtud de las normas citadas, las mujeres en aquella época se encontraban frente a una regulación que aparentemente las protegía, pero en realidad tenía un marcado componente patriarcal que reforzaba la autoridad paternal, y que las relegaba al ámbito de lo privado y lo doméstico exclusivamente[4].

Entre las principales consecuencias derivadas del Código del Trabajo hacia las mujeres, es posible señalar que provocó que se desempeñaran en una reducida cantidad de ocupaciones, por ejemplo, en actividades relativas a tareas domésticas y, de manera más excepcional en las áreas de enseñanza y salud. Sumado a ello, la incorporación en el área de la minería fue tardía, a tal punto que la prohibición a las mujeres para realizar trabajos mineros subterráneos estuvo vigente hasta el año 1996 en nuestro país. En efecto, la prohibición fue derogada en virtud de la ley N° 19.250. En el mensaje de la iniciativa se señalaba la supresión de diversas normas por su carácter anacrónico[5].

Ahora bien, es pertinente señalar que la regulación en comento es y ha sido solamente uno de los factores que han repercutido en desincentivar la contratación de mujeres en esta actividad económi-

---

1 Artículo 49: Las mujeres no podrán ser ocupadas en trabajos mineros subterráneos ni en faenas calificadas como superiores a sus fuerzas o peligrosas para las condiciones físicas o morales de su sexo.

2 Artículo 48 del Código del Trabajo, de 1931.

3 Rojas, 2016, p. 144.

4 Caamaño, 2011, p. 12.

5 Biblioteca del Congreso Nacional, 1991, p. 7.

ca. A continuación, se presentan otros elementos que también han influido de forma significativa.

III. FACTORES QUE HAN DESINCENTIVADO LA CONTRATACIÓN DE MUJERES EN LA MINERÍA

III.1. Aparente neutralidad de las normas y estereotipos de género

El derecho al igual que las otras instituciones existentes, al ser el resultado de la obra de personas, su contenido no es neutral y, por ende, no se aplica en un vacío, sino que en un cierto contexto y conforme a las apreciaciones personales de sus gestoras y gestores. Ante esto, la perspectiva de género se ha dedicado a cuestionar la pretendida "aparente" neutralidad de las normas.

Así, el artículo 49 del Código del Trabajo, de 1931, que estableció las limitaciones a las mujeres en los trabajos mineros subterráneos: ¿qué otra justificación podría otorgarse a semejante prohibición, sino que fue fruto de la imposición de una concepción androcéntrica?

En efecto, la normativa con una "aparente neutralidad" materializó la presencia de estereotipos de género. Entendiendo a los estereotipos como una "preconcepción de atributos, conductas o características poseídas o papeles que son o deberían ser ejecutados por hombres y mujeres respectivamente, y que es posible asociar la subordinación de la mujer a prácticas basadas en estereotipos de género socialmente dominante y persistentes"[6]. De modo que, se atribuía la "fuerza" o "exigencias físicas" como una cualidad exclusivamente masculina, excluyendo al género femenino de estos atributos, aptitudes que eran relacionadas a la minería e industria manufacturera.

Esto último quedó en evidencia en los artículos citados previamente, si bien ambos están derogados, aún se adicionan otras normas que mantienen estereotipos de género, por ejemplo, el artículo 211-J el cual establece: "los menores de 18 años y las mujeres no podrán llevar, transportar, cargar, arrastrar ni empujar manualmente, y

---

6 Corte Interamericana de Derechos Humanos, 16.11.2009, p. 102. Sentencia de 16 de noviembre de 2009, caso González y otras (Campo Algodonero) vs. México.

sin ayuda mecánica, cargas superiores a 20 kilogramos". Un aspecto curioso de dicha regulación es que fue incorporada en el año 2005 y, por ende, no es una herencia del primer Código del Trabajo.

De esta forma, la interpretación que sugiere el artículo, no es otra que una medida que desincentiva la contratación de mujeres en todas aquellas áreas en que debe ejercerse esfuerzo físico, tal como sucede en la actividad minera. Por ende, se repite lo sucedido en el Código del Trabajo de 1931. Es más, si realmente fuere una norma protectora y su objetivo fuese resguardar la salud e integridad física de las y los trabajadores: ¿por qué no se estableció un límite del peso de la carga para todas las personas y sin distinciones?

III.2. Mitos y creencias

La presencia femenina ha sido históricamente estigmatizada en el ámbito laboral, de modo que, se intentó justificar su ausencia, a través de mitos y creencias, por ejemplo, que las mujeres atraen la mala suerte si ingresan a una faena minera[7]. De esta forma, se tenía la errónea creencia que las mujeres harían escasear el mineral y que su presencia provocaría la disminución de la producción[8].

III.3. Sistema de trabajo por turnos y ausencia de medidas y normativa efectiva en materia de conciliación de la vida familiar, personal y laboral

La creencia que las mujeres abandonaban a la familia al incorporarse al trabajo. Se anteponía a la idea de que los varones, que ingresaban al sector minero, no se les cuestionaba ni juzgaba por no asumir totalmente el cuidado de su familia, puesto que cumplían con su rol tradicional de proveedor, incluso aunque pasen un tiempo considerable fuera de su hogar, desempeñándose en turnos[9]. Precisamente, el sistema de turnos, jornada característica en el funcionamiento de

---

7 Stefanovic y Saavedra, 2016, p. 23.

8 No es de extrañar que se mantuviera durante tantas décadas aquel mito, pues en otros rubros se repitió el mismo patrón, por ejemplo, en los buques mercantes y embarcaciones.

9 Stefanovic y Saavedra, 2016, p. 24.

las faenas mineras y la ubicación geográfica de éstas alejadas, por regla general, de las ciudades, sumado a la ausencia de normas y medidas efectivas en materia de conciliación de la vida familiar, personal y laboral, ha imposibilitado la incorporación de un mayor número de mujeres, pues como hemos manifestado previamente a las mujeres se les relegaba al ámbito doméstico y a la crianza[10].

III.4. Cultura organizacional: espacio e instalaciones

Asimismo, la cultura organizacional caracterizada por una serie de valores y procedimientos con una predominancia de la perspectiva androcéntrica, espacios que fueron pensados e implementados desde las necesidades de los hombres. Esto último, ha repercutido en la infraestructura de la minería, que, si bien ha experimentado progresos respecto a la adecuación de las instalaciones, para generar condiciones laborales óptimas para las mujeres, aún son insuficientes y se mantienen obstáculos que dificultan la permanencia de mujeres en esta actividad.

IV. PARTICIPACIÓN FEMENINA EN CIFRAS

Como es sabido, la situación sanitaria originada producto de la expansión del Covid-19 a inicios del 2020 implicó diversos cambios. Por ejemplo, en la implementación de una serie de restricciones a través de cuarentenas y cierres de ciertos establecimientos que repercutieron también en las relaciones laborales[11]. Sin embargo, las restricciones impactan de forma más negativa y significativa para las trabajadoras.

---

10 Sin ir más lejos, conforme a los resultados de la Encuesta Nacional Bicentenario, si en 2018 un 48% de las personas encuestada consideraba que "la familia se descuida si la mujer trabaja a jornada completa", para el 2022 la cifra disminuyó a un 37%. De modo que, aún es posible identificar un sector de la sociedad chilena arraigada a prejuicios de género. Pontificia Universidad Católica de Chile y GfK Adimark, 2023, p. 67.

11 Véase: Resolución 180 Exenta, Ministerio de Salud, Subsecretaría de Salud Pública.

Así quedó en evidencia en los datos proporcionados por el Instituto Nacional de Estadísticas (En adelante, INE), que para el trimestre abril-junio de 2020 da cuenta que un total de 828.456 mujeres salieron del mercado laboral, al comparar con igual período de 2019[12]. Estas cifras no nos extrañan, si consideramos que al cerrar gran parte de los establecimientos educacionales y jardines infantiles implico que los niños, niñas y adolescentes permanecieran en sus hogares, por ende, fueron en su mayoría las mujeres, que, junto a realizar los quehaceres domésticos, estuvieron también a cargo de sus cuidados.

Sin ir más lejos, durante el trimestre octubre-diciembre de 2020, el INE, presentó el análisis denominado "¿por qué las mujeres no están participando en el mercado laboral?" Arribando a la conclusión que, un 33, 9% de las mujeres declararon que la principal razón para no participar en el mercado laboral fue por razones familiares permanentes, es decir, por tener que realizar trabajo doméstico y labores de cuidado en sus hogares. En cambio, para los varones el principal motivo para no estar en el mercado laboral es por razones de estudios con un 38,4%[13].

Si se analiza el mercado laboral actual en Chile, según datos del INE, la tasa de participación laboral de mujeres para el trimestre octubre-diciembre de 2023 fue de 52,6%, mientras que la tasa de participación de hombres para el mismo periodo fue de 71, 4%[14]. De esta manera, la brecha de género en la participación es de -18,8 puntos porcentuales en desmedro de las mujeres, pese a la gradual recuperación que ha existido en los últimos meses en la reincorporación de la mujer al mercado laboral.

Ahora bien, si abordamos los datos desagregados de la tasa de ocupación del presente año, y lo analizamos por rama de actividad económica, es posible concluir que las mujeres representan solamente el 14% del total de personas ocupadas en la actividad minera en nuestro país. Asimismo, es posible apreciar un predominio del género femenino en las áreas de educación y de salud, preeminencia que

---

12 Se sugiere visitar sitio del Instituto Nacional de Estadísticas, en el que se publicó un estudio denominado ¿Cuál es la realidad de las mujeres en Chile en el ámbito laboral? dando cuenta de las cifras citadas.

13 Instituto Nacional de Estadísticas, 2021, p. 3.

14 Instituto Nacional de Estadísticas, 2024, p. 2.

va en directa relación con las primeras actividades remuneradas que asumieron en el país. Estas últimas forman parte de los denominados sectores feminizados[15].

Tabla N° 1. Población ocupada según rama de actividad económica 2023 (septiembre-noviembre)

Rama de actividad económica	Mujeres	Hombres	Total, ambos sexos	Porcentaje de mujeres
Minería	39.632	244.333	283.965	14,00%
Industria manufacturera	317.340	589.360	906.700	35,0%
Enseñanza	562.625	220.578	783.203	71,8%
Actividades de atención a la salud	483.536	177.862	661.399	73,1%

Fuente: Elaboración propia en base a los datos de la Encuesta Nacional de Empleo, INE (INE.STAT)

En la misma línea, cabe preguntarnos: ¿cuál es la presencia de mujeres que participan en cargos de toma decisiones en el área de la minería? Estas cifras tampoco son alentadoras, pues solamente un 6,8% de mujeres que participan en la industria se desempeñan en cargos de toma de decisiones; Direcciones/Gerencias, Subgerencias/Superintendencias y jefaturas. Mientras que si se considera el global de la dotación se tiene un 11,8% para mujeres que poseen presencia de cargos directivos versus los hombres con un 88,2%[16]. Esto último, deja en evidencia la figura denominada "techo de cristal", que es aquella barrera invisible dentro de la estructura de las organizaciones que no permite o impide el acceso de mujeres a puestos de mayor jerarquía o responsabilidad.

Es por lo señalado, y para alcanzar la igualdad de género, la Ley N° 20.940, introdujo a contar de 2017 un sistema de cuotas como mecanismo para promover la incorporación de las mujeres en las

---

15 Nuestro país ha mantenido una segregación laboral por sexo. Así, también quedó en evidencia en la Encuesta Nacional Bicentenario, que en 2018 un 60% de las personas encuesta declaró que" hay trabajos más adecuados para mujeres y otros para hombres". Pontificia Universidad Católica de Chile y GfK Adimark, 2018, p. 95.

16 Comisión Chilena del Cobre, 2023, p. 22.

directivas sindicales y en la negociación colectiva. A casi seis años de la entrada en vigencia de la normativa en comento, es pertinente analizar qué nivel de impacto ha tenido en el área de la minería. Si en 2016, año previo a la entrada en vigencia de la mayor parte del articulado de la Ley Nº 20.940, eran 454.520 las sindicalizadas y 9.555 los cargos directivos asumidos por mujeres a nivel país, en 2022 había 512.157 afiliadas a un sindicato y 11.569 cargos ejercidos por alguna de ellas[17].

Ahora bien, si desagregamos la participación de mujeres en las dirigencias sindicales por región, hay dos en particular en donde la paridad se encontraba todavía bastante lejos de ser alcanzada: Antofagasta y Atacama, donde la proporción de mujeres ejerciendo algún cargo en sindicatos de base en 2022 era del 22,7% y 24,7%, respectivamente. En estas regiones, con importante presencia de la actividad minera, la proporción de mujeres lideresas no solo es baja, sino que se ha mantenido así durante todo el período de referencia, evidenciando particulares dificultades para reducir las brechas existentes[18]. La tabla Nº 2 permite visualizar la evolución de la proporción de mujeres en cargos de representación.

Tabla Nº 2. Evolución de la proporción (%) de cargos de dirigentes sindicales ejercidos por mujeres, según región. 2016-2022

Región	2016	2017	2018	2019	2020	2021	2022
Arica y Parinacota	35,3	35,3	34,7	37,3	39,1	41,5	47,5
Tarapacá	19,8	22,9	23,2	21,5	22,4	22,3	27,4
Antofagasta	19,4	20,0	19,9	21,9	22,1	21,1	22,7
Atacama	22,2	23,9	24,3	22,7	24,8	25,2	24,7
Coquimbo	31,7	32,3	35,9	36,9	37,0	40,0	39,8
Valparaíso	30,2	30,8	32,5	34,1	33,8	35,5	37,5
Metropolitana	27,1	28,7	30,3	32,3	32,9	33,5	34,8
O'Higgins	22,2	24,3	25,6	27,0	27,5	27,9	28,6
Maule	29,0	30,5	32,3	32,8	32,6	33,9	34,1

---

17 Díaz y Von Geldern, 2023, p. 19.
18 Díaz y Von Geldern, 2023, p. 21.

Región	2016	2017	2018	2019	2020	2021	2022
Ñuble	-	-	36,1	35,9	36,0	35,4	34,8
Biobío	32,0	33,0	34,3	35,2	35,9	36,3	38,1
Araucanía	30,0	32,7	36,2	36,9	36,2	38,5	37,6
Los Ríos	27,9	31,9	32,9	34,0	33,9	36,8	38,9
Los Lagos	27,6	30,0	31,4	32,0	33,1	38,4	38,4
Aysén	32,8	36,2	38,4	41,6	38,6	38,0	37,6
Magallanes	29,3	30,5	33,3	37,1	34,7	34,6	38,2

Fuente: Elaboración con base en datos de los registros administrativos de la Dirección del Trabajo[19].

En el mismo sentido, es posible apreciar en las regiones de Tarapacá y O'Higgins, que la presencia de mujeres en las directivas está por debajo del 30%, zonas también marcadas por la actividad minera.

V. PROPUESTAS Y CONSIDERACIONES FINALES

El análisis de la estructura ocupacional evidenció que la participación de las mujeres en Chile en el mercado del trabajo y, en especial, en la minería continúa siendo baja. Frente a ello, proponemos las siguientes medidas, para incentivar no solamente su acceso, sino que también su permanencia en esta rama económica.

V.1. Modificar normativa referente a regulación de cuotas de género en directorios sindicales (Artículo 231 del Código del Trabajo)

Impulsar el cumplimiento de la ley sobre cuotas en sindicatos de empresas pertenecientes a actividades económicas de sectores tradicionalmente masculinizados, pues la norma tuvo resultados diferenciados, según región y actividad económica. Esto, porque con la regulación actual un importante número de sindicatos se encuentra en una posición en que lo establecido en la norma les resulta inaplicable o pueden eximirse de incorporar a mujeres en sus directorios, según

19 Véase, Díaz y Von Geldern, 2023, p. 22.

la interpretación que la Dirección del Trabajo ha aportado a través de su jurisprudencia administrativa[20].

Todo lo anterior, con el objeto de que las mujeres intervengan en los procesos de toma de decisiones, legitimación y valorización de acciones desde el directorio sindical tomando en cuenta su perspectiva diferenciada.

V.2. Derogación o modificación de aquellas normas que perpetúan estereotipos de género en el Código del Trabajo

Revisar normativa vigente y modificar todas aquellas que mantienen estereotipos de género y/o aquellas que desincentivan la contratación de mujeres.

V.3. Transitar hacia una cultura organizacional e instalaciones adecuadas a las mujeres

Establecer cambios en la cultura organizacional que considere la diversidad, redes de apoyo e implemente capacitaciones destinadas en temas de género a todas las personas y, a su vez, refuerce los liderazgos femeninos.

V.4. Conciliación de la vida familiar, personal y laboral

Implementación de normativa y políticas públicas encaminadas a conciliación de las distintas esferas de la vida personal y laboral, en especial, asociadas a la maternidad, tiempo del derecho de alimentación y alternativas de flexibilidad laboral[21].

De esta manera, nuestro ordenamiento perpetuaba —y aún se mantiene a nivel normativo, aunque en menor medida— un mercado segregado por sexo, desincentivando la contratación de mujeres

---

[20] Para profundizar, véase Dictamen Nº 1306/31 de 22.03.2017; Dictamen Nº 1026/19 de 21.02.2018.

[21] Más aún, si tenemos en consideración que las mujeres en promedio destinan tres horas más que los hombres en las actividades de trabajo no remunerado, esto incluye trabajos domésticos y cuidados a integrantes del hogar. Instituto Nacional de Estadísticas, 2016, p. 22.

en la minería. El conjunto de propuestas sugeridas busca una efectiva incorporación de las mujeres, sin perjuicio de ello, es esencial un cambio cultural, de todas y todos, como sociedad, para dejar atrás la concepción androcéntrica que impuso la creencia de una absoluta incompatibilidad del género femenino y las labores en las faenas mineras, y así, implementar el enfoque de género y valorar la contribución que las mujeres otorgan a esta importante actividad económica del país.

VI. BIBLIOGRAFÍA

1. Biblioteca del Congreso Nacional, 1991: Historia de la Ley N° 19.250. Disponible en https://www.bcn.cl/historiadelaley/nc/historia-de-la-ley/7130/ [fecha de consulta: 17-02-2025].
2. Caamaño Rojo, Eduardo, 2011: *Mujer, Trabajo y Derecho: hacia relaciones laborales con equidad de género y corresponsabilidad social*, Santiago: Abeledo-Perrot.
3. Comisión Chilena del Cobre, 2023: Representación de la mujer en el sector minero de Chile 2022, Dirección de Estudios y Políticas Públicas. Disponible en: https://www.cochilco.cl/Listado%20Temtico/Representaci%C3%B3n%20de%20la%20mujer%20en%20el%20sector%20minero%20en%20Chile%202022.pdf [fecha de consulta: 17-02-2025].
4. Díaz, Carolina y Von Geldern, Paulina, 2023: ¿Las mujeres al poder? Efectos de la cuota de género en la conformación de las directivas sindicales en Chile, Aporte al Debate Laboral N° 43, Departamento de Estudios Dirección del Trabajo. Disponible en: https://www.dt.gob.cl/portal/1629/articles-123858_archivo_01.pdf [fecha de consulta: 17-02-2025].
5. Instituto Nacional de Estadísticas, 2016: "Documento de principales resultados ENUT 2015". Disponible en: https://www.ine.gob.cl/docs/default-source/uso-del-tiempo-tiempo-libre/publicaciones-y-anuarios/publicaciones/documento_resultados_enut.pdf?sfvrsn=cf66dad0_7 [fecha de consulta: 17-02-2025].
6. Instituto Nacional de Estadísticas, 2021: "Género y empleo: impacto de la crisis económica por COVID-19". Boletín estadístico. Disponible en: https://www.ine.cl/docs/default-source/genero/documentos-de-análisis/documentos/género-y-empleo-impacto-de-la-crisis-económica-por-covid19.pdf [fecha de consulta: 17-02-2025].
7. Instituto Nacional de Estadísticas, 2022: "¿Cuál es la realidad actual de las mujeres en Chile en el ámbito laboral?" Disponible en: https://www.ine.

cl/prensa/2022/03/04/cu%C3%A1l-es-la-realidad-actual-de-las-mujeres-en-chile-en-el-%C3%A1mbito-laboral [fecha de consulta: 17-02-2025].

8. Instituto Nacional de Estadísticas, 2024: "Boletín Estadístico: Empleo Trimestral". Encuesta Nacional del Empleo. Disponible en: https://www.ine.gob.cl/docs/default-source/ocupacion-y-desocupacion/boletines/2023/país/ene-nacional-303.pdf [fecha de consulta: 17-02-2025].

9. Pontificia Universidad Católica de Chile y GfK Adimark, 2018: "Resultados Encuesta Nacional Bicentenario 2018". Disponible en: https://encuestabicentenario.uc.cl/content/uploads/2024/05/Resultados-Encuesta-Bicentenario-Familia-2018.pdf [fecha de consulta: 17-02-2025].

10. Pontificia Universidad Católica de Chile y GfK Adimark, 2023: "Resultados Encuesta Nacional Bicentenario 2022". Disponible en: https://encuestabicentenario.uc.cl/publicaciones/resultados-encuesta-nacional-bicentenario-uc-2022/ [fecha de consulta: 17-02-2025].

11. Rojas Miño, Irene, 2016: *El Derecho del Trabajo en Chile. Su formación histórica y el control de la autonomía colectivo*, Santiago: Thomson Reuters.

12. Stefanovic, Ana y Saavedra, Manuela, 2016: Las mujeres en el sector minero de Chile: propuestas para políticas públicas de igualdad, CEPAL. Disponible en https://repositorio.cepal.org/server/api/core/bitstreams/a7ca601c-e99e-49c3-b046-89c9413806df/content [fecha de consulta: 17-02-2025].

Los trabajos de cuidados y su incorporación al mercado de trabajo: nuevas desigualdades

Dagmar Salazar Mesa*

I. INTRODUCCIÓN

Los cuidados son una actividad consustancial a la existencia humana, ya sea, se experimenten como sujetos que los brindan o destinatarios de los mismos. Siendo imposible no reconocer, que todas y todos en algún periodo de nuestra vida hemos requerido o requeriremos de cuidados, es por esta razón que "...desde las teorías feministas se argumenta que son imprescindibles para posibilitar la supervivencia y el bienestar integral de todas las personas y del conjunto de la sociedad"[1], no obstante, su relevancia no ha sido reconocida lo que se debe al "...propio sistema de dominación patriarcal, que perpetúa la división sexual del trabajo a través de distintos mecanismos, como la invisibilización de lo femenino"[2]. Invisibilización que afecta a los trabajos de cuidados en una triple dimensión, primero, se ejercen en el ámbito privado, no sólo en el aspecto físico sino que privatizan esta labor en términos de sus costos económicos globales; segundo, son mayoritariamente desarrollados por mujeres y su labor es revestida de un trasfondo ético de sacrificio y renuncia de su vida por el otro; y en tercer lugar, quienes asumen las tareas de cuidado, "... no acceden (...) a la ciudadanía económica y social, ni se constituyen en sujetos políticos cuya voz tenga canales de intervención..."[3] constituyendo

---

* Abogada, Licenciada en Ciencias Jurídicas y Sociales por la Pontificia Universidad Católica de Valparaíso, Máster en Estudios Interdisciplinares de Género por la Universidad de Salamanca. Máster en Dirección y Gestión de los Sistemas de Seguridad Social por la Universidad de Alcalá de Henares. Magíster en Derecho por la Pontificia Universidad Católica de Valparaíso. Profesora en la Facultad de Derecho de la Universidad de Valparaíso. Correo electrónico: dagmar.salazar@uv.cl

1 Carrasco, 2006, p. 61.

2 Facio, 1999, p. 44.

3 Pérez, 2021, p. 193.

así, un grupo ignorado socialmente. A esta triple invisibilización, se sumó una ausencia doctrinal de autonomía conceptual de los cuidados[4], ya que hasta los años ochenta, se les consideró como parte del trabajo doméstico debido a que usualmente se consideraba que quien asumía estas labores, también realizaba labores de cuidado.

La invisibilización de las labores de cuidados no es un fenómeno aislado, ya que forma parte de un conjunto de estrategias patriarcales destinadas a mantener la dominación y el privilegio masculino. En algunas ocasiones, tan evidentes, como privar a las mujeres de su derecho al voto, otras más sutiles, a través de instaurar un ideal de familia, esposa y madre a través de la publicidad. Hoy frente a la incorporación de la mujer al mercado de trabajo, las estrategias del patriarcado se manifiestan en segregaciones laborales y la brecha remuneracional, sin embargo, son los trabajos de cuidados los que de manera soterrada constituyen una de las estrategias más relevantes, ya que indirectamente perpetúan la segregación sexual del trabajo en la base de la sociedad, replicándose, en el ámbito público, en el mercado de trabajo. Todo ello reforzado, con la internalización de la convicción social, que las mujeres están dotadas de una supuesta aptitud natural para cuidar del otro, lo que las retiene en el ámbito privado y doméstico, lo que en palabras de Silvia Federici se expresa como "... en ausencia de salario, siempre ha aparecido [el trabajo doméstico y de cuidados] como si se tratase de un acto de amor", lo que se resume en la conocida frase "no es amor, es trabajo no pago"[5].

"Democracia en la calle, en la casa y en la cama" una de las frases más memorables del feminismo nacional, cuya autoría se atribuye a Julieta Kirwood[6] destacada feminista chilena, que luchó por los derechos de las mujeres durante el periodo de la dictadura militar. Esta consigna, buscó redefinir los límites de lo público y lo privado, haciendo presente que la lucha no sólo se limitaba en poner fin a una dictadura, sino además, buscaba poner fin a las asimetrías de poder existentes al interior del hogar, vinculando sus demandas al

---

[4] Batthyány, 2020, p. 12.

[5] Federici, 2013, p. 62.

[6] Julieta Kirkwood Bañados, socióloga y cientista política, considerada una de las precursora y fundadora de los movimientos feministas de los años 80 y de los estudios de género en Chile.

reconocimiento del trabajo no remunerado, a los cuidados y al derecho de las mujeres al control sobre su cuerpo, sexualidad y capacidad reproductiva. En este artículo sistematiza los efectos de la incorporación de las labores de cuidados al mercado de trabajo, junto con identificar el surgimiento de nuevas desigualdades, como resultado del particular carácter relacional que existe entre las partes de la relación laboral. Este análisis utiliza los aportes de la economía feminista, tanto en la conceptualización de los trabajos de cuidados y el desarrollo del concepto de economía de cuidados.

II. LOS CUIDADOS COMO UN DERECHO HUMANO

Actualmente, los cuidados han dejado de ser considerados como un servicio que se otorga a ciertas personas en una situación de necesidad o dependencia, adquiriendo la naturaleza jurídica de derecho humano, en sentido amplio, esto es, como "el derecho a ser cuidado, a cuidar y al autocuidado"[7]. Sus titulares son tanto las personas que los brindan como sus destinatarios, pero además se vincula a conceptos como, vida digna, bienestar, protección a las familias, a la maternidad, a los niños y niñas, a las personas mayores, entre otros. Es por esta razón, que han sido calificados como el cuarto pilar del bienestar social[8].

Inicialmente, los instrumentos internacionales vinculados a los derechos humanos sólo aludían de manera indirecta al derecho de cuidados. A modo ejemplar, la Declaración Universal de Derechos Humanos (1949) y el Pacto Internacional de Derechos Económicos, Sociales y Culturales (1969) aludían a ellos indirectamente, en relación a la maternidad, educación e infancia[9]. La Convención para la Eliminación de Todas las Formas de Discriminación en contra de la Mujer CEDAW (1979) sólo reconocía el aporte de las mujeres al desarrollo de la sociedad, la importancia social de la maternidad y

---

7 Pautassi, 2007, p. 6.

8 Cafaro, 2019, p. 308.

9 Artículo 25.2 2. "La maternidad y la infancia tienen derecho a cuidados y asistencia especiales. Todos los niños, nacidos de matrimonio o fuera de matrimonio, tienen derecho a igual protección social".

la paternidad y la necesidad de la responsabilidad compartida entre hombres, mujeres y la sociedad.

Finalmente, el primer instrumento internacional que alude al derecho al cuidado es la Convención Interamericana sobre la Protección de los Derechos Humanos de las Personas Mayores (2015)[10] sin embargo, ella sólo consideraba como titulares de este derecho a los destinatarios de los cuidados. Ese mismo año, la Organización de Naciones Unidas adoptó la Agenda 2030 sobre Objetivos de Desarrollo Sostenible, que en su objetivo nº 5 sobre Igualdad de Género, meta 5.4 manifiesta "Una especial preocupación por reconocer y valorar los cuidados y el trabajo doméstico no remunerado mediante servicios públicos, infraestructuras y políticas de protección social, y promoviendo la responsabilidad compartida en el hogar y la familia, según proceda en cada país"[11]. Para los Estados que han suscrito este instrumento, surge la obligación de garantizar el derecho de cuidados, a través de la implementación de políticas públicas que los otorguen de manera eficaz, en consonancia con el Objetivo nº 8, que promueve el reconocimiento del derecho de los cuidadores a gozar de condiciones laborales de calidad, contando con una debida protección y en términos de igualdad, sobre todo, teniendo en consideración que mayoritariamente estas labores son ejecutadas por grupos históricamente discriminados, ya sea por su clase social, origen o sexo. Estas iniciativas se han concretizado en políticas públicas denominadas genéricamente como Sistemas de Cuidados las que se definen como "…el conjunto de políticas encaminadas a concretar una nueva organización social de cuidados, con la finalidad de cuidar, asistir y apoyar a las personas que lo requieren; así como reconocer, y redistribuir el trabajo de cuidados, que hoy realizan mayoritariamente las mujeres"[12]. Políticas reforzadas por el Programa de Trabajo Decente de la Organización Internacional del Trabajo (en adelante OIT)

---

10 Artículo 12 "Derechos de la persona mayor que recibe servicios de cuidado a largo plazo. La persona mayor tiene derecho a un sistema integral de cuidados que provea la protección y promoción de la salud, cobertura de servicios sociales, seguridad alimentaria y nutricional, agua, vestuario y vivienda; promoviendo que la persona mayor pueda decidir permanecer en su hogar y mantener su independencia y autonomía…".

11 ONU, 2015, pp. 20 y 22.

12 ONU-Mujeres y CEPAL, 2021, p. 23.

en el Marco de la Triple R —reconocer, reducir y redistribuir— que busca alcanzar un trabajo de cuidados decente basado en la justicia social. Lo que hoy se extiende al Marco de las Cinco R, reconocer, reducir y redistribuir el trabajo de cuidados, recompensar con empleos decentes y representar en los espacios de diálogo social[13].

En el ámbito latinoamericano, los Estados han implementado diversas políticas, en consonancia a las Agendas Regionales de Género surgidas en el contexto de las Conferencias Regionales sobre la Mujer de América Latina y el Caribe. Estas Conferencias, han reconocido paulatinamente la relevancia de los cuidados, es así, como a partir de la XI Conferencia (Brasilia, 2010) hasta la XIII (Montevideo, 2016), se determina que "el cuidado trasciende el mundo laboral, como derecho universal de toda persona a lo largo de su ciclo de vida[14]. Posteriormente en la Conferencia XIV (Santiago 2020) se acuerda "...diseñar sistemas integrales de cuidado desde una perspectiva de género, interseccionalidad e interculturalidad (...) que incluyan políticas articuladas sobre el tiempo, los recursos, las prestaciones y los servicios públicos universales y de calidad, para satisfacer las distintas necesidades de cuidado de la población, como parte de los sistemas de protección social"[15]. La última Conferencia (Buenos Aires 2022) introduce la dimensión ambiental, el cuidado del planeta y la articulación entre igualdad y sostenibilidad de la sociedad del cuidado. Planteándose la necesidad de pasar del reconocimiento del cuidado como un derecho humano, a su implementación transversal y, al diseño de políticas y sistemas integrales de cuidados desde una perspectiva de género, interseccional, intercultural y de derechos humanos[16].

Actualmente, la intervención de los Estados Latinoamericanos en materia de cuidados, avanza hacia la institucionalidad de su otorgamiento, donde los sujetos que los otorgan son remunerados. A modo ejemplar, se reconoce el Sistema Nacional Integrado de Cuidados del Uruguay creado el año 2015 mediante la Ley 19.353. Con todo, pese a las iniciativas implementadas, aún subsiste un otorgamiento

---

13 OIT, 2018, p. 20.

14 ONU-Mujeres y CEPAL, 2021, p. 11.

15 Compromiso de Santiago, 2020, p. 5.

16 ONU-Mujeres y CEPAL, 2021, p. 11.

informal de cuidados, los que son brindados por un familiar o un sujeto vinculado a la persona que debe ser cuidada, de manera no remunerada[17]. En el caso de Chile, el 10 de junio de 2024 el presidente Gabriel Boric ingresó el Proyecto de Ley que crea el Sistema Nacional de Cuidados de Apoyos y Cuidados (Boletín N° 16905-31), actualmente en tramitación.

III. SURGIMIENTO DEL CONCEPTO DE CUIDADOS

De manera intuitiva todos y todas tenemos una idea de lo que son los cuidados, sin embargo, su definición constituyó una tarea compleja que fue asumida entre otras. por la economía feminista la que no sólo delimitó el concepto, sino que además, desarrolló el término de economía de cuidados[18], lo que hace necesario un breve comentario al respecto.

La economía feminista, es una corriente de pensamiento que puede ser definida a partir de tres características: primero, su objeto de estudio no se limita a analizar los flujos monetarios o los intercambios económicos entre los factores de producción, sino que entiende la economía, como el conjunto de procesos que sostienen la vida, ampliando su comprensión, más allá de los límites del mercado tradicional, por lo anterior, replantea el concepto de trabajo y de bienestar social. En segundo lugar, postula un análisis económico, centrado en las relaciones de género y en las dinámicas de poder, al interior del sistema socioeconómico con el fin de comprender y explicar, cómo el patriarcado impregna las relaciones entre hombres y mujeres, determinando los roles de género en el ámbito privado, lo que se replica en el público, con las consecuentes desigualdades. Esta nueva forma de análisis, se aleja de las clásicas teorías económicas, que justificaban las desigualdades entre hombres y mujeres, sólo como el resultado de las interacciones propias del mercado. Finalmente, su tercera característica, es su compromiso político explícito que no se limita a realizar un mero análisis teórico-económico, sino que

---

17 De La Cuesta, 2004, p. 138.

18 Pérez, 2006, p. 44.

aspira a implementar su propuesta y su visión de la economía desde la sostenibilidad[19].

Inicialmente la economía feminista, en el proceso de elaboración del concepto de cuidados, se avocó al estudio del trabajo doméstico no remunerado, estableciendo que este formaba parte del sistema denominado de reproducción en el ámbito privado, en oposición al sistema de producción en el ámbito público. Esta corriente de pensamiento, puso de manifiesto que el trabajo doméstico era trabajo en los mismos términos que aquel desarrollado en el mercado, pero sin reconocimiento monetario y al margen de toda protección social, por tanto, pese a la similitud en su forma y contenido no era valorado, problemática que fue denominada como "el debate sobre el trabajo doméstico"[20]. A partir de identificar la similitud de los trabajos entre sistemas de producción y de reproducción, el feminismo económico reconoció cómo las sociedades para subsistir requieren de dos sistemas: uno de producción de bienes y servicios y otro de reproducción de personas, espacio donde coexisten los trabajos no remunerados y los de cuidados, estos últimos de carácter asistencial a una persona dependiente, ya sea por su edad, salud u otro factor de determine un grado de vulnerabilidad.

Por su parte, ONU Mujeres señala que "Los cuidados comprenden todas las actividades que hacen posible la vida diaria y el bienestar físico y emocional de las personas. Incluye las tareas cotidianas como el mantenimiento de los espacios y bienes domésticos, el cuidado de los cuerpos, el apoyo escolar, el mantenimiento de las relaciones sociales y el apoyo sicológico a los miembros de la familia..."[21], por su parte Fischer, da una definición amplia de ellos, señalando que es "Todo lo que se hace para mantener, continuar y reparar el entorno inmediato, de manera que se pueda vivir en él tan bien como sea posible. Ese entorno incluye el cuerpo, el ser y el ambiente, así como todo lo necesario para entretejer una compleja red de sostenimiento de la vida"[22] y finalmente, en palabras de Amaia Pérez Orozco "hablar de cuidados es hablar de una necesidad diaria de todas las personas,

---

19 Pérez, 2005, p. 59.

20 Rodríguez-Enríquez, 2020, p. 129.

21 ONU-Mujeres y CEPAL, 2020, p. 2.

22 Fisher y Tronto,1990, p. 40.

aunque en diferentes grados y dimensiones"[23]. Todas las anteriores definiciones, evidencian que no existe un concepto unívoco de los cuidados, sin embargo, todas reconocen la dependencia de carácter vital y de sostenibilidad que suponen para la sociedad.

IV. ECONOMÍA DE LOS CUIDADOS

Actualmente, el análisis de los cuidados ha adquirido una mayor complejidad debido al desarrollo de un nuevo concepto, la economía de los cuidados, el que se presenta como un elemento dentro del sistema socioeconómico y que constituye la base que sustenta al mercado. Para comprender esta afirmación es necesario tener presente que tradicionalmente se estimaba, que al interior del mercado participaban sólo dos actores; las empresas (sistema de producción) y los hogares (sistema de reproducción), siendo este último el que generaba la mano de obra que sumada a otros factores de producción, eran utilizados para producir bienes y servicios, los que a su vez, eran adquiridos por los hogares con los ingresos que recibían por vender su mano de obra.

La ciencia económica por décadas, al analizar este modelo de funcionamiento centró su atención en los sistemas de producción, ignorando lo que acontecía al interior de los hogares, limitándose a considerar que a ellos ingresaba dinero (salarios) y salían personas (trabajadores). El aporte de la economía feminista, fue visibilizar los procesos que tienen lugar al interior del hogar, reconociendo cómo se produce la mano de obra y también, de dónde surgen los consumidores, concluyendo que los cuidados son parte de la economía en cuanto son la base del mercado, pero no sólo por formar parte del sistema económico y de los flujos monetarios, sino que son economía en sí mismos, toda vez, que para esta corriente "la economía", es todo aquello que permite el sostenimiento de la vida.

Esta conclusión planteaba la interrogante, respecto a quién beneficiaba esta estructura, evidentemente, al sistema capitalista que con los cuidados ve abaratados sus costos de mano de obra, ya que el

---

23 Pérez, 2006, p. 14.

sistema de reproducción provee al sistema de producción de individuos en condiciones de trabajar. Frente a esta respuesta, la economía feminista desarrolla el concepto de trabajos de cuidados, centrando su atención ya no en las diferencias entre el trabajo doméstico y el trabajo de mercado, sino, en la diferencia entre los trabajos de cuidados y aquellos que tienen lugar en el mercado, reconociendo así, la relevancia económica del aporte de los cuidados al desarrollo socioeconómico, ya que sin ellos el capitalismo no podría subsistir. Lo que se explica con la "metáfora de la economía del iceberg". El capitalismo funciona como un iceberg, donde solo se aprecia la punta del témpano, la que corresponde al sistema productivo, al mercado, al trabajo remunerado, a lo masculino, pero bajo el agua se encuentra el sistema reproductivo, el de la vida, el de los cuidados, el femenino, el que le da sostenibilidad a la vida y que permite la visibilidad a la punta[24].

V. INCORPORACIÓN DE LOS TRABAJOS DE CUIDADOS AL MERCADO DE TRABAJO

Los efectos de la incorporación de los trabajos de cuidados al mercado de trabajo, implica equipararlos a un factor productivo como es la mano de obra, siendo transados por un precio, mercantilizándolos. Lo que, si bien conlleva su visibilización, también deja en evidencia la infravaloración que la sociedad hace de ellos, por tanto, la consecuente desigualdad que afecta a quienes los brindan.

Con el fin de realizar un análisis sistemático de estos efectos, resulta pertinente utilizar las perspectivas que plantea la economía feminista para el estudio de la economía de los cuidados. Por una parte, formula una perspectiva objetiva, centrando su atención en el aspecto relacional que surge entre quién requiere y quién brinda los cuidados, y una perspectiva subjetiva, que se enfoca en las motivaciones de quien los brinda. En cuanto a la primera, la persona destinataria de los cuidados, es un sujeto indeterminado, de cualquier edad, sano o enfermo, con algún nivel de dependencia, pero siempre en una situación de vulnerabilidad. En cuanto a quién otorga los cuidados, no

---

24 PÉREZ, 2006, p. 189.

obstante, que en cierta medida toda la sociedad está en condiciones de brindarlos, esta no es una labor neutral al género, dado que ellos son asumidos principalmente por mujeres, por las hijas, las madres, las esposas, las abuelas o mujeres cercanas sin vínculo familiar. Esta afirmación, estadísticamente en el caso de nuestro país se basa en los resultados de la Encuesta Nacional de Uso del Tiempo (ENUT)[25] la que evidencia que existe una clara diferencia por sexo respecto de las horas destinadas a los cuidados. En un día tipo, las mujeres dedican a estas labores un 5,89% de la jornada, mientras que los hombres sólo un 2,74%. A estos antecedentes, se suma el análisis efectuado por ComunidadMujer que realiza el Primer Estudio Nacional de Valoración Económica del Trabajo Doméstico y de Cuidado No Remunerado en Chile, concluyendo que el trabajo de cuidados desarrollado por las mujeres equivale al 21,8% del PIB ampliado en el país[26].

Por otra parte, la perspectiva subjetiva de la economía feminista, sostiene que la motivación del sujeto que brinda los cuidados, responde a la sola finalidad y voluntad de cuidar, ya sea motivada "... por afecto o sentido de responsabilidad por otras personas, sin esperar una recompensa monetaria..."[27], pero no responden a una motivación vinculada al amor, entrega voluntaria por otros o una renuncia a su vida. Lo que rompe con la idealización de un sacrificio que se ha construido en el imaginario de la sociedad patriarcal. A partir de este doble análisis, es posible afirmar que la asignación del trabajo al interior del hogar en razón del sexo o género, se replica en el mercado de trabajo, pero además, adquiere características que lo diferencian de una relación laboral tradicional, ya que cuando este trabajo se tranza como un producto en el mercado de trabajo, se intensifican y surgen nuevas desigualdades para la mujer.

---

25 INE, 2016, p. 22.

26 ComunidadMujer, 2019, p. 12.

27 Folbre, 1995, p. 35.

VI. EFECTOS DE LA INCORPORACIÓN DE LOS TRABAJOS DE CUIDADOS AL MERCADO DE TRABAJO

Desde una perspectiva objetiva, decir, desde el aspecto relacional entre las partes se reconocen flujos asimétricos en la relación laboral, cuya intensidad va más allá del tradicional elemento de subordinación y dependencia presente en un contrato de trabajo. Lo anterior, como consecuencia que es posible reconocer mayores desigualdades, en razón de la jerarquía que incide en ciertas categorías discriminatorias, como son el sexo, raza, etnia, origen social y género, que de manera consciente o inconsciente, afectan la relación laboral, debido a que los trabajos de cuidados son otorgados mayoritariamente por mujeres, de una clase social o económicamente inferior respecto de la persona que los requiere. Mujeres sin estudios, jefas de hogar, pertenecientes a un pueblo originario o mujeres migrantes, pero todas mujeres en una situación de vulnerabilidad, lo que las expone a una mayor precariedad laboral. Un segundo efecto relacional, se vincula al surgimiento de una nueva forma de desigualdad, las denominadas "cadenas globales de cuidados". Este fenómeno surge a causa de las migraciones de mujeres desde países con menor nivel de ingresos a países de mayores ingresos, con el fin de asumir los trabajos de cuidados de otras mujeres, las que generalmente los requieren por su propia incorporación al mercado de trabajo, es por esta razón, que en opinión de Amaia Pérez, se ha provocado la feminización de las migraciones[28]. Estas circunstancias, no sólo inciden en una posible precariedad laboral —por ser mujeres migrantes— sino además, estas mujeres privan a los suyos de sus cuidados, labor que generalmente será asumida por una abuela, una hija, en definitiva, por otra mujer. El tercer efecto de carácter relacional, es la explotación en la forma en que se prestan los trabajos de cuidados, dado que el grado de vulnerabilidad de la persona destinataria, puede exigir de un cuidado permanente, por tanto, se imponen a las trabajadoras largas jornadas, turnos nocturnos, trabajo en días domingos y festivos, lo que la cuidadora acepta en razón de su propia vulnerabilidad. Además, durante el desarrollo de la relación laboral puede producirse la pérdida de autonomía personal de la trabajadora, ya que puede estar

---

28 Pérez y López, 2016, p. 28.

sometida a un control intenso, con un alto estándar de eficiencia y cumplimiento de los mismos lo que a veces resulta contradictorio atendida la infravaloración económica que se otorga a los cuidados. Control que se intensifica aún más, cuando las cuidadoras viven en el lugar donde prestan sus servicios, haciéndose difusa la línea que separa la vida personal de la vida laboral. El cuarto efecto, que ha estado implícito en los puntos anteriores, tiene relación con la infravaloración de carácter económico que otorga el mercado de trabajo a las labores de cuidados, lo que responde a la estructura patriarcal de la sociedad, ya que en el ámbito público se replica su falta de reconocimiento social y valoración como un elemento de sostenibilidad del sistema, a que se suma que en el mercado de trabajo, existe una minusvalía de las labores asociadas a lo femenino, generándose la consecuente brecha remuneracional.

Desde una perspectiva subjetiva, el ingreso de las labores de cuidados al mercado de trabajo, tiene como efecto que determinados sectores del mercado y ciertas ocupaciones u oficios —educación, salud, comercio, asistencia social, cuidados y trabajo doméstico remunerado, etc.— sean asumidos mayoritariamente por mujeres, por el sólo hecho de su sexo, ya que el mercado se estructura en base a la asignación de roles de género, sustentando en ciertas expectativas construidas culturalmente respecto de la conducta que debe tener una persona, en consideración a su sexo, lo que se ha denominado como heterodesignación[29]. Esta atribución cultural en razón de su género, tiene como efecto la denominada feminización del trabajo o segregación laboral horizontal, la que es evidente en el caso de los cuidados. Lo que se confirma a la luz de los datos obtenidos por la CEPAL en América Latina y el Caribe que al analizar la participación de la mujer en el mercado de trabajo, concluye que esta se concentra de manera mayoritaria en labores de cuidados y comercio[30].

---

29 Valcárcel, 1991, p. 37.

30 CEPAL, 2019, p. 153.

VII. CONCLUSIÓN

Los trabajos de cuidados por siglos han sido invisibilizados, especialmente, por el sistema capitalista, el que no ha logrado dimensionar la real dependencia que tiene respecto de ellos, ya que lo proveen de una fuente de mano de obra gratuita, por lo que constituyen el elemento económico determinante para el bienestar y sostenimiento de la vida y de la especie. Su invisibilidad, ha sido tanto física, como económica, pero también, doctrinal desde el punto de vista de su conceptualización, además, los cuidados han sido revestidos de un carácter valórico, en base a una figura idealizada de mujer cuidadora.

Sólo a mediados del siglo pasado, los cuidados han dejado de ser considerados como un servicio, para ser consagrados como un derecho humano propiamente tal, en una triple dimensión, "el derecho a ser cuidado, a cuidar y al autocuidado". Este reconocimiento ha detonado un cambio en la mirada y en la responsabilidad, que les cabe a los Estados, los que han implementado políticas públicas que plantean su institucionalización o bien, su coordinación, pero en definitiva, reconocerlos como un derecho, otorgándoles una valoración social, brindando su cobertura a quienes los requieran y otorgándoles una remuneración o transferencia monetaria a quienes los brindan, poniendo término así, al subsidio soterrado que históricamente ha mantenido a un supuesto Estado bienestar, reconociendo a los cuidados como el cuarto pilar del bienestar social.

Hoy los cuidados han ingresado al mercado de trabajo, adoptando el carácter de un factor de producción, expuestos a las leyes de oferta y demanda, sin embargo, su tratamiento exige reconocer la especial dinámica relacional que se da al interior de este nuevo vínculo contractual, ya que en esta clase de trabajos, se hace patente una marcada desigualdad jerárquica entre las partes. Desigualdad, que si bien es un elemento presente en toda relación laboral, en el trabajo de cuidados la incidencia de categorías discriminatorias, como el sexo, raza, etnia, origen social y género, se hacen aún más patentes, lo que se ve aunado el ser una labor altamente feminizada y socialmente infravalorada, ya que el mercado de trabajo, aún los mantiene vinculados a sus orígenes, el espacio doméstico.

VIII. BIBLIOGRAFÍA

1. Batthyány, Karina y Sánchez, Agustina, 2020: Profundización de las brechas de desigualdad por razones de género: el impacto de la pandemia en los cuidados, el mercado de trabajo y la violencia en América Latina y el Caribe en *Revista Astrolabio. Nueva Época 25*, pp. 9-21.

2. Cafaro, Ana, 2019: El Sistema Nacional Integrado de Cuidados en Uruguay: ¿Acceso equitativo para la ciudadanía en tanto derecho universal?, en *Revista Cultura-Hombre-Sociedad, Vol. 29, nº 2*, pp. 295-314.

3. CASEN, 2022: Evolución de las brechas de género en indicadores de autonomía económica antes, durante y después de la pandemia. Disponible en: https://observatorio.ministeriodesarrollosocial.gob.cl/storage/docs/casen/2022/Brechas_de_genero_y_autonomia_economica.pdf [Fecha de consulta: 10.11.2024].

4. Carrasco, Cristina, 2006: La paradoja del cuidado: necesario pero invisible, en *Revista de Economía Crítica, nº 5*, pp. 39-64.

5. CEPAL, 2022: Avances en materia de normativa del cuidado en América Latina y el Caribe: hacia una sociedad del cuidado con igualdad de género (LC/CRM.15/3) (Santiago, ONU). Disponible en: https://lac.unwomen.org/sites/default/files/2023-03/S2201160_es.pdf [Fecha de consulta: 15.11.2024].

6. CEPAL, 2019: La autonomía de las mujeres en escenarios económicos cambiantes (LC/CRM.14/3), Santiago. Disponible en: https://www.cepal.org/es/publicaciones/45032-la-autonomia-mujeres-escenarios-economicos-cambiantes [Fecha de consulta: 20.11.2024].

7. ComunidadMujer, 2019: ¿Cuánto aportamos al PIB? Primer Estudio Nacional de Valoración Económica del Trabajo Doméstico y de Cuidado No Remunerado en Chile. Disponible en: https://comunidadmujer.cl/wp-content/uploads/2022/04/Cuanto-Aportamos-al-PIB.pdf [Fecha de consulta: 10.11.2024].

8. Compromiso de Santiago, 2020: Décimocuarta Conferencia Regional sobre la Mujer de América Latina y el Caribe. Disponible en: https://www.cepal.org/es/publicaciones/46468-compromiso-santiago-xiv-conferencia-regional-la-mujer-america-latina-caribe [Fecha de consulta: 12.11.2024].

9. De la Cuesta, Carmen, 2004: Cuidado familiar en condiciones crónicas: una aproximación a la literatura en *Texto & Contexto Enfermagem, Vol. 13, nº 1, marzo*, pp. 137-146.

10. Facio, Alda y Fries, Lorena, 1999: "Feminismo, género y patriarcado", en "Género y Derecho", Santiago, LOM Ediciones.

11. Federici, Silvia, 2013: *Revolución en punto cero. Trabajo doméstico, reproducción y luchas feministas.* Madrid, Traficantes de Sueños.

12. Fisher, Berenice y Tronto, Joan, 1990: Toward a feminist theory of caring, en *Circles of Care: Work and identity in women's lives*, pp. 35-62.

13. Folbre, Nancy, 2009: "Inequality and time use in the household", en Handbook of Economic Inequality, pp. 342-62, New York: Oxford University Press. Citado por Esquivel, Valeria, El cuidado en los hogares y las comunidades. Documento conceptual. Informes de investigación de Oxfam. octubre 2013. Disponible en: https://oxfamilibrary.openrepository.com/bitstream/handle/10546/302287/rr-care-background-071013-es.pdf;jsessionid=BCC779445AE6275F53391CBEAB4CEDD3?sequence=2 [Fecha de consulta: 12.11.2024].

14. INE, 2016: Documento de Principales Resultados ENUT 2015. Disponible en: https://www.ine.gob.cl/docs/default-source/uso-del-tiempo-tiempo-libre/publicaciones-y-anuarios/publicaciones/documento_resultados_enut.pdf?sfvrsn=cf66dad0_7 [Fecha de consulta: 10.11.2024].

15. Montaño, Sonia y Calderón, Corral, 2010: El cuidado en acción. Entre el derecho y el trabajo, en *Cuadernos de la CEPAL 94.*

16. OIT, 2018: Resumen ejecutivo el trabajo de cuidados y los trabajadores del cuidado para un futuro con trabajo decente. Servicio de Género, Igualdad y Diversidad (GED) Departamento de Condiciones de Trabajo e Igualdad (Ginebra, Oficina Internacional del Trabajo). Disponible en: https://www.ilo.org/sites/default/files/wcmsp5/groups/public/@dgreports/@dcomm/@publ/documents/publication/wcms_633168.pdf [Fecha de consulta: 22.11.2024].

17. OIT, 2019: *El trabajo de cuidados y los trabajadores del cuidado para un futuro con trabajo decente.* Ginebra, Oficina Internacional del Trabajo.

18. ONU, 2015: Resolución aprobada por la Asamblea General de las Naciones Unidas. Transformando nuestro mundo: la Agenda 2030 para el desarrollo Sostenible. Disponible en: https://documents.un.org/doc/undoc/gen/n15/291/93/pdf/n1529193.pdf [Fecha de consulta: 10.11.2024].

19. ONU-Mujeres y CEPAL, 2021: Hacia la construcción de sistemas integrales de cuidados en América Latina y el Caribe: elementos para su implementación (Santiago, ONU Mujeres). Disponible en: https://www.cepal.org/es/publicaciones/47898-la-construccion-sistemas-integrales-cuidados-america-latina-caribe-elementos-su [Fecha de consulta: 12.11.2024].

20. ONU-Mujeres y CEPAL, 2020: Cuidados en América Latina el Caribe en tiempos de COVID-19. hacia sistemas integrales para fortalecer la respuesta y la recuperación. Disponible en: https://www.cepal.org/sites/default/files/document/files/cuidados_covid_esp.pdf [Fecha de consulta: 11.11.2024].

21. Pautassi, Laura, 2016: Del "boom" del cuidado al ejercicio de derechos en *Revista Internacional de Derechos Humanos, Vol. 13, n° 24*, pp. 35-42.

22. Pérez Orozco, Amaia, 2005: Economía del género y economía feminista ¿Conciliación o ruptura?, en *Revista Venezolana de Estudios de la Mujer, Vol. 10, nº 24*, pp. 43-64.

23. Pérez, Amaia, 2006: Perspectivas feministas en torno a la economía. El caso de los cuidados. Consejo Económico y Social, en línea. Disponible en: https://www.gemlac.org/attachments/article/338/amaia%20perez%20orozco_2006.pdf [Fecha de consulta: 20.11.2024].

24. Pérez, Amaia, 2006: Amenaza tormenta: la crisis de los cuidados y la reorganización del sistema económico, en *Revista de Economía Crítica, nº 5*, pp. 7-37.

25. Pérez, Amaia y López, Silvia, 2016: *Desigualdades a flor de piel: Cadenas globales de cuidados. Concreciones en el empleo de hogar y articulaciones políticas.* Madrid, ONU-Mujeres.

26. Pérez, Amaia, 2019: *Subversión feminista de la economía. Aportes para un debate sobre el conflicto capital-vida.* Madrid, Traficantes de Sueños.

27. Pérez, Amaia, 2021: El conflicto capital-vida: aportes desde los feminismos, en *Revista Trabalho necessário Vol. 19, nº 38*, pp. 54-66.

28. Rodríguez-Enríquez, Corina, 2020: *Elementos para una agenda feminista de los cuidados en Miradas Latinoamericanas a los cuidados.* México, Consejo Latinoamericano de Ciencias Sociales, CLACSO: Siglo XXI.

Nueva paternidad: deconstruyendo al paterfamilias

Paulina Alvarado Barrientos*

I. INTRODUCCIÓN

Desde hace más de 100 años se sabe que las madres tienen un aumento de oxitocina durante el embarazo, el nacimiento y la lactancia[1]. Entre más oxitocina tenga la madre, más cercana será al bebé, pero ¿qué ocurre con los padres? Gracias al mundo científico, sabemos que la oxitocina —una hormona que favorece la creación de vínculos entre los mamíferos— ha demostrado que la paternidad puede llegar a ser tan profunda como la maternidad.

Un estudio publicado en el año 2017, realizado a 30 parejas (heterosexuales), consistió en medir los niveles de oxitocina durante los primeros meses posteriores al nacimiento de su hijo(a), y los resultados fueron impactantes. Los niveles de oxitocina de las madres y de los padres son idénticos. ¿Pero cómo consiguen tanta oxitocina los padres? Se descubrió que a mayor relación con el(la) bebé, que a mayor involucramiento con la crianza de su(s) hijos(as), más oxitocina se liberará en su sistema[2].

A los avances de la ciencia, se suman otros pequeños, pero significativos progresos sociales. Así, por ejemplo, durante el mes de sep-

---

* Abogada, Licenciada en Ciencias Jurídicas y Sociales, Universidad de Magallanes; Magíster en Derecho del Trabajo y Seguridad Social, Universidad de Concepción; candidata a Doctora en Derecho, con mención en Constitucionalismo y Derecho, Universidad Austral de Chile. Profesora de Derecho del Trabajo y Seguridad Social de la Universidad de Magallanes. Correo electrónico: paulina.alvarado@umag.cl

1 Romero, Gay y Fernández, 2012, p. 21.

2 Ting Li, Xu Chen, Jennifer Mascaro, Ebrahim Haroon, James K. Rilling, 2017, pp. 193 y 194. Otro estudio similar, pero con resultados no concluyentes, en razón de que se requiere una mayor muestra de participantes, puede revisarse en: Uribe; Muñoz; Delpiano, y Toso, pp. 216 y 217.

tiembre de 2024, las calles de Londres y Edimburgo fueron el espacio para albergar una silenciosa protesta; varias estatuas de figuras ilustres fueron adornadas con mochilas portabebés y fulares que sostienen muñecos hiperrealistas. La medida realizada por *"The Dad Shit"* tuvo como propósito llamar la atención del gobierno para advertir sobre la necesidad de una política de permisos de paternidad que sea más robusta. El requerimiento se produce dado que las licencias por paternidad del Reino Unido son una de las más bajas en Europa.

A la luz de las consideraciones anteriores, este trabajo tiene como propósito realizar un análisis crítico de los permisos de paternidad vigentes en el Código del Trabajo, conjuntamente con revisar y evaluar otras iniciativas que regulan estos contenidos. En términos prácticos, haremos un intento por advertir que una mayor y mejor regulación de permisos de paternidad se traduce, entre otras cosas, en un menor desequilibrio de los roles de cuidado, mayor inserción laboral y un desarrollo equitativo de la vida laboral, personal y familiar de hombres y mujeres que trabajan.

II. VARIANTES EN EL ESPACIO LABORAL: EL PADRE QUE PROVEE Y LA MADRE QUE CUIDA

Desde la división binaria de roles, espacios y tiempos, los hombres han sentido tradicionalmente cubiertas sus obligaciones como esposos y padres mediante el cumplimiento exitoso de sus tareas públicas. El amor del buen padre se ha entendido desde un rol proveedor despojado de todo atisbo emocional. Bajo este cumplimiento escrupuloso del deber, lo que ha existido siempre es una apropiación de los trabajos de las mujeres en el ámbito familiar[3]. Este hecho ha producido variadas consecuencias, entre las cuales se encuentra una concepción de paternidad, y en general de relaciones familiares, marcada por el lugar y las funciones asignadas al varón.

Frente a la madre omnipresente, sin horarios y entregada completamente a su función de cuidadora, el padre se ha mantenido en su lugar de proveedor. En la mayoría de los casos, la figura de un padre

---

[3] SALAZAR, 2013, p. 242.

ausente, aunque esté físicamente presente en el hogar, no tiene implicancias en la gramática emocional de la familia, pues será él el que deba dictar y aplicar la ley[4]. De esta manera se define la diligencia de un buen padre de familia[5].

Tanto la maternidad como la paternidad comparten la función de autoridad en la estructura de la unidad microsocial que representa la familia. En la estructura social y jurídica actual, la paternidad supone un rol diferenciador y complementario de la maternidad. La paternidad responde en general a patrones aprendidos que permiten a los varones confirmar su pertenencia al género masculino y reforzar su categoría reproductiva secundaria. Desde esta perspectiva, cambiar la práctica de paternidad tradicional a una moderna significa transformar la estructura mental que permite a los hombres autodefinirse en términos de igualdad con el género femenino, dejando de atribuirse facultades y habilidades que las sociedades tradicionales consideran inherentes a la naturaleza masculina[6].

En términos simples, este despojo supone trasladar el eje desde la noción de padre proveedor y secundario a padre afectivo y primario. Todo ello, no con el propósito de que la maternidad pase a segundo plano, pues un nuevo paradigma debería asumir que las actividades, no de la maternidad, sino de la parentalidad, que incluyen a madres y padres por igual, conllevan a que realicen indistintas tareas de responsabilidad en el cuidado.

En nuestro país la diferencias en el cuidado se acentúan, pues tampoco existe homogeneidad normativa en torno a la idea de corresponsabilidad, situación que se demuestra, por un diferente trato de la misma entre las legislaciones civil y laboral.

---

4 Salazar, 2011, p. 245.

5 Es pater familias toda persona de sexo masculino que no se encuentra sometida a potestad ajena, independiente del hecho que tenga o no hijos o de la edad que posea. Esta posición se sostiene sobre la base de tres elementos: *patria potestas*, la *dominica potestas* y la *manus*. La *patria potestas* es el poder que el derecho le reconoce al *pater* sobre sus hijos, la *dominica potestas*, se ejerce en cambio, sobre los esclavos, mientras que la *manus* tiene como destinataria específica a la mujer. Véase Amunategui, 2006, p. 52.

6 Montesinos, 2004, p. 214.

Tal como sostienen Hermosilla y Tórtora en el Derecho de Familia la idea de corresponsabilidad ha sido gestada en un plano de igualdad real entre los padres, a diferencia de lo que ha ocurrido en el derecho laboral que posee normas que tienden a institucionalizar la discriminación. Todo ello, en buena medida, porque dicha disparidad proviene del hecho que este principio (corresponsabilidad) no ha sido recogido por la norma de mayor jerarquía, como es la Constitución[7]. Por tanto, por muy obvio que parezca, categorizar el principio de corresponsabilidad en la Constitución o bien emprender medidas destinadas al cumplimiento efectivo del derecho a la igualdad sería una forma de armonizar el funcionamiento del ordenamiento jurídico que opera, hasta ahora, de manera dispar dependiendo del área en el que nos encontremos.

Recordemos que los sistemas constitucionales, inclusive el nuestro, se crearon bajo la ficción de la igualdad y sobre la identificación de lo masculino como lo universal. Desde esta aceptación es que hoy se busca avanzar hacia democracias más paritarias[8], con diversas iniciativas, aplicando correctivos jurídicos en aquellos espacios detectados como desiguales, siendo el espacio laboral, precisamente, uno de ellos.

II.1. El trabajador que "ayuda" y la trabajadora que cuida

Medidas con escasa profundidad que poco ayudan a la concretización de un nuevo paradigma, se plasman en la regulación que establece el Código del Trabajo en materia de cuidados postnatales. Cinco días para el padre desde el nacimiento (artículo 195 del CdT) y luego, la posibilidad de gozar, eventualmente, de un permiso postnatal a partir de la 7° semana cuya titularidad no le corresponde al

---

7 Hermosilla y Tórtora, 2022, p. 168 y 172. En gran medida, la Convención sobre derechos del niño, niña y adolescente, a partir del año 1990, fue transformando la legislación civil, gracias a la incorporación del principio del interés superior del niño al ordenamiento jurídico. Dentro de estos cambios, y a través de diferentes reformas al Código Civil, comienza a incorporarse la idea de corresponsabilidad parental en nuestra legislación.

8 Salazar, 2013, p. 102.

progenitor, dado que se produce a elección de la madre (artículo 197 bis del Código del Trabajo)[9].

El permiso de cinco días otorgado a los padres, desde su génesis, fue considerado como una pequeña pero insuficiente señal para hacer efectiva la corresponsabilidad entre madres y padres trabajadores[10]. Tal permiso, mantiene el rol de cuidadores secundarios casi ausentes y favorece el hecho de que su protagonismo en el cuidado sea invisible. Probablemente, durante esos cinco días, el efecto de dicho permiso es que la madre/trabajadora pasa de sentirse sola a sentirse acompañada. Se trata de una señal que estuvo lejos de afianzar masculinidades cuidadoras para avanzar hacia masculinidades más bien ayudantes, que colaboran en lo que se pide o encomienda, pero no ayudan a la asunción de responsabilidades conjuntas. Las masculinidades ayudantes, se encuadran dentro de lo que se llama el "patriarcado del consentimiento", donde los sesgos de género de las políticas tienden a ser más o menos sutiles, pero siguen estando presentes[11].

Luego, el segundo permiso denominado postnatal parental fue presentado como una innovación en materia de cuidados; sin embargo, hasta hoy ha sido un fracaso[12]. Desde su vigencia, las licencias que son tramitadas por los padres no alcanzan siquiera al 1% del total de las licencias por postnatal. Así, por ejemplo, en el año 2023, 189 padres hicieron uso de este permiso de un total de 85.041 permisos iniciados, lo que equivale al 0,2%[13].

Diversos factores inciden en la escasa utilidad que ha tenido este permiso, pero indiscutiblemente la cifra evidencia que los roles de cuidado en etapa postnatal permanecen inalterados, sumado a que

---

9 Es importante recalcar que el postnatal parental puede llevarse a cabo a tiempo completo o a tiempo parcial. Al ser la persona gestante la que comienza con el uso de dicho permiso, este más tarde podrá ser traspasado al otro/a progenitor/a en los términos que previamente lo ejercía la persona gestante.

10 S.E. Presidente de la República, Mensaje N° 611-358, 28 de febrero 2011, p. 8.

11 Castellanos y Castellanos, 2024, pp. 610-611.

12 El fracaso de esta iniciativa parece ser una constante, en España, las prestaciones por maternidad que eran percibidas por los padres son de 5.726 versus las 334.786 que poseen las madres, algo así como el 1,7%. Cabe indicar que actualmente, existe otro régimen que les otorga un total de 16 semanas.

13 Los resultados constan en el Informe laboral mensual con enfoque de género (ZOOM de Género), 2025, p. 2.

son pocas las mujeres que renuncian a lo que consideran que son sus derechos a favor de los progenitores.

Y es que, desde el punto de vista jurídico, advertimos dos inconvenientes en el diseño de la normativa. El primer problema es el de la titularidad del derecho; resulta mucho más eficaz, en la óptica de corresponsabilidad, el reconocimiento de derechos de titularidad individual e intransferible a favor de los hombres que se ejerzan de manera simultánea o sucesiva con la madre[14].

Por otra parte, tampoco ayudaría un diseño normativo en clave de titularidad "neutra", pues esta estrategia ha demostrado ser una medida ineficaz para el reparto adecuado de tareas domésticas y de cuidado[15]. Derechos que, teóricamente, pueden ser ejercidos indistintamente por hombres y mujeres, sin superar la presunción de aquello que corresponde a la "madre", tienden a ser ineficaces cuando de corresponsabilidad se trata.

El segundo inconveniente, que es más bien una consecuencia del primer problema que detallamos, es que la regulación actual coloca a la trabajadora en la posibilidad de elegir, y en este caso, la elección no es una oportunidad, sino una desventaja. Mencionamos esto porque, naturalmente, se priorizará siempre el mayor tiempo posible con el menor, y la regla ha demostrado que este tiempo es utilizado casi en su completitud por la trabajadora. Sobre este punto, valga aclarar que esta crítica no tiene como objetivo infravalorar los permisos de maternidad, sino proponer un diseño normativo que considere la participación de la madre y el padre en la crianza, sin mermas en los restantes aspectos de su vida personal y familiar.

No podemos olvidar el hecho de que la salida de la mujer al mundo laboral se realizó sin modificar la estructura patriarcal que durante siglos nos ha condicionado[16]. Por tanto, mientras subsistan las presunciones de aquello que por "titularidad reproductiva" nos corresponda, otorgar alternativas en el ejercicio de ciertos derechos, más que una oportunidad, es una relegación.

---

14 Pérez, 2011, p. 61.

15 Conde-Pumpido, 2007, p. 28.

16 Conde-Pumpido, 2007, pp. 21-22.

II.2. Padres que trabajan e iniciativas que descansan

Actualmente descansan en el Congreso Nacional varias mociones parlamentarias que tienen como propósito introducir modificaciones al Código del Trabajo y aumentar los permisos de paternidad. Las motivaciones que expresan estas mociones son diversas. Algunas de ellas buscan contrarrestar los efectos de la discriminación precontractual que se produce respecto de mujeres en edad fértil[17]; otras buscan la participación de los padres en la "fase crítica" de la infancia debido al mayor desarrollo cognitivo y educativo que experimentan los menores al crear un vínculo afectivo durante los primeros tres años de vida con sus progenitores[18]; y las más innovadoras advierten sobre la necesidad de una corresponsabilidad efectiva que considere el diseño de normas que permitan a los padres/trabajadores la titularidad de los derechos vinculados al cuidado de sus hijos(as)[19].

Sin embargo, debemos advertir que dichas mociones si bien responden a las necesidades contingentes que existen sobre temas de corresponsabilidad, han sido criticadas por tratar materias cuya iniciativa corresponde exclusivamente al Presidente de la República dado que versan sobre aspectos relativos a la seguridad social[20], situación que podría explicar por qué razón todas ellas fueron refundidas y desde el día 31 de mayo del año 2022, se encuentran en primer trámite constitucional, sin novedades hasta la fecha.

Ahora bien, más allá de los requisitos formales que deben reunir las iniciativas vinculadas a materias de seguridad social, parece ser que tampoco existe la voluntad política de prosperar sobre estos contenidos. Hecho que, en parte, podría explicar la razón de la inactividad en su tramitación.

La discusión sobre el rol que le cabe al trabajador en materia de cuidado postnatal es una necesidad que no posee el alcance y la magnitud que haga que el Ejecutivo proponga innovaciones en esta materia. Situación que se contrapone a la creación de un enfoque de género real, lo cual significa tener en cuenta las relaciones entre

---

17 Moción Parlamentaria, Boletín 11.567-13.

18 Moción Parlamentaria, Boletín 11.791-13.

19 Moción parlamentaria, Boletín N° 13.271-13.

20 Revista Libertad y Desarrollo, 2020, pp. 5-7.

hombres y mujeres y el papel que cada género desempeña favoreciendo las oportunidades del otro. Una noción más amplia de igualdad requiere de un enfoque más global, centrándose en las causas múltiples que crean la relación desigual entre los sexos y que no se acote exclusivamente a los "problemas de las mujeres".

En este sentido, urge la necesidad de un nuevo enfoque, dado que ahondar en las premisas actuales, no ha demostrado un uso eficaz, sino más bien la reproducción de prácticas ancladas. Un prisma distinto nos ofrece algunos países que, si bien son distintos al nuestro, pueden ser utilizados como una referencia a la hora de observar permisos de cuidado postnatal más equitativos.

III. LO QUE PODRÍA SER UNA COPIA FELIZ DEL EDÉN

En muchos aspectos los países escandinavos son utilizados como ejemplos exitosos. Pues bien, los derechos sociales y más específicamente los permisos por paternidad forman parte de este listado ejemplificador. En 1978, Noruega dictó la primera ley destinada a prohibir la discriminación por razones de maternidad. Adicionalmente, fue el primer país en establecer un periodo de permiso postnatal superior a 14 semanas. Luego, en el año 1992, fue el primer país en crear una cuota de paternidad equivalente a 5 semanas después del nacimiento, para uso exclusivo del padre[21]. Esta cuota posteriormente aumentó a 14 en el año 2004 y en el año 2010 fue reducida a 10 semanas y en el año 2018 volvió a aumentar a 15 semanas.

La idea que tempranamente gestó Noruega ha incidido en reducir brechas que se producen por razones de sexo en muchos espacios de la vida en sociedad. Una medida que en principio tuvo como propósito permitir la inserción y retorno de las mujeres a la vida laboral, hoy ha logrado insertarse como un satisfactorio ejemplo de igualdad entre hombres y mujeres. Uno de los muchos aspectos positivos que se destacan radica en el hecho de que, a la hora de hablar del cuidado de hijos pequeños, los padres advierten la imperiosa necesidad de estar con sus hijos. Situación que supone un cambio significativo

---

21 Revista Trabajo OIT, 2005, p. 6.

desde la masculinidad hegemónica hacia una que está en mayor armonía con la responsabilidad de cuidado[22].

Si bien entendemos que la realidad chilena dista de los países nórdicos, nada obsta a que se pueda avanzar en esa dirección. Muy grosso modo, lo que observamos de esta experiencia es que una medida que se aplica en condiciones equitativas reproduce equidad no sólo en el ámbito laboral, sino que en múltiples aspectos de la vida familiar y social.

Un tímido intento por avanzar con los permisos para padres ya se produjo en virtud de la ley Nº 20.545, pero como bien reconoce el mismo Mensaje Presidencial, esta medida resulta insuficiente. Tras 13 años de observaciones y resultados concluyentes en torno a que los cuidados tempranos están siendo ejercidos casi exclusivamente por las madres, resulta oportuno formular ajustes que aterricen efectivamente en una adecuada distribución de roles que favorezcan la igualdad de oportunidades entre madres y padres trabajadores.

El aumento de permisos para los padres durante el nacimiento, de titularidad exclusiva e indelegable por periodos significativos, si es que no idénticos a los otorgados por las madres, presenta importantes ventajas en el ámbito familiar, educativo, jurídico y político[23].

En efecto, son múltiples las opiniones profesionales que sostienen que los primeros meses y años de vida de los hijos son un momento fundamental en la creación de lazos afectivos entre padres/madres e hijos. Las relaciones materno y paterno filiales basadas en vínculos de apego seguro favorecen el desarrollo emocional, cognitivo y relacional. Mejor dicho, niños y niñas que cuentan con un vínculo de apego en su infancia tienden a comprender mejor sus emociones, presentan mayores tasas de éxito escolar y se relacionan de forma más saludable con sus iguales[24].

---

22 López-Ibor; Escot; Fernández y Poza, 2008, p. 6.

23 Castellanos y Castellanos, 2024, p. 613.

24 Halty, 2019, pp. 141-142; López-Ibor; Escot; Fernández y Poza, 2008, p. 4.

IV. REFLEXIONES FINALES

Sin duda, la tarea de llevar adelante medidas destinadas a una corresponsabilidad efectiva, es titánica. Pero existen lecciones aprendidas.

Tristemente, la legislación laboral y específicamente las normas sobre "protección a la maternidad" perpetúan sesgos discriminatorios que han sido resistentes y de compleja extracción. Hasta ahora no han existido, desde el Ejecutivo, iniciativas que tiendan a alterar de manera significativa este ítem dentro del Código del Trabajo. Por su parte, las iniciativas parlamentarias que existen en la materia han sido cuestionadas por tratarse de contenidos cuya iniciativa corresponde al Presidente de la República, lo que también evidencia una falta de compromiso político en prosperar sobre estos aspectos.

Tanto la maternidad como la paternidad requieren de habitaciones propias que permitan su desempeño en similares o iguales condiciones. En este sentido, el impulso de políticas y de normas que fomenten y generalicen la valoración social cuando los hombres cuidan en el sector no productivo es clave para modificar lo que se entiende por masculinidad estándar. Es importante el reconocimiento de los hombres con sus pares masculinos, y que estos comportamientos de cuidado no se observen e interpreten como comportamientos marginales, sino como elementos regulares de "ser padres"[25].

Existen positivos ejemplos, en los que se ha demostrado que un cambio sustantivo en permisos de paternidad ejercidos simultánea o consecutivamente con la madre, de titularidad exclusiva del padre e indelegables, con mantención completa de ingresos (al menos durante un periodo significativo) posee un impacto tal, que lo que hace es armonizar la distribución de roles, mantener un mercado laboral activo y paritario, disminuir la brecha de discriminación por razones de maternidad, entre otros efectos.

Para lograr el cometido anterior, debemos resolver si la cuestión del cuidado se considera una cuestión de género. En caso de ser así, ello debe influir directamente en el diseño de las normas, considerando las repercusiones de género, y no exclusivamente al cuidado

[25] Castellanos y Castellanos, 2024, p. 609.

del dependiente, y luego, si existe una verdadera implicación de los poderes públicos con una visión global de las responsabilidades de cuidado en relación con el trabajo[26].

Finalmente, no podemos ignorar los costos económicos que conllevan cambios de esta magnitud, pero ellos no pueden ser superiores a un problema endémico que por mucho tiempo —si es que no desde la propia gestación de nuestra República— ha generado afectaciones que hasta el día de hoy no han sido resueltas. Sopesar el costo económico para obtener innumerables beneficios es la decisión que esperamos que algún día se produzca. Mientras tanto... seguimos siendo nosotras las que pagamos la cuenta.

V. BIBLIOGRAFÍA

1. AMUNÁTEGUI PERELLÓ, Carlos, 2007: El origen de los poderes del "Paterfamilias" I: el "Paterfamilias" y la "Patria Potestas", en *Revista de Estudios Histórico-Jurídicos [Sección Derecho Romano]*, pp. 37-143. Disponible en: https://www.rehj.cl/index.php/rehj/article/view/462 [fecha de consulta: 12-09-2024].
2. BALLESTER PASTOR, Mª Amparo, 2011: La era de la corresponsabilidad: los nuevos retos de la política antidiscriminatoria, en: *Lan harremanak: Revista de relaciones laborales*, Nº 25, pp. 53-77.
3. CASTELLANOS SERRANO, Isabel y CASTELLANOS SERRANO, Cristina, 2024: Fomento de las masculinidades cuidadoras, en PÉREZ Sofía e IGLESIAS Marcela, "*Corresponsabilidad, espacios de cuidados y políticas públicas de igualdad de género en Iberoamérica*", Madrid, Dykinson S.L. pp. 599-620.
4. CONDE-PUMPIDO, Mª Teresa, 2007: La maternidad y la conciliación familiar dentro de la tutela de la igualdad, en: CONDE-PUMPIDO, Mª Teresa, *"Trabajo y familia en la jurisdicción social. Conciliación de la vida familiar y laboral y protección contra la violencia de género"*, Madrid, Cuadernos de Derecho Judicial, pp. 15-47.
5. LÓPEZ IBOR, Roció; ESCOT MANGAS, Lorenzo; FERNÁNDEZ CORNEJO, Juan; POZA LARA, Carlos, 2008: El permiso de paternidad y la desigualdad de género: Propuestas de reforma para el caso de España, en: *Economic Analysis Working Papers*, pp. 1-25.
6. HALTY, Amaia, 2019: Conciliación, corresponsabilidad y crianza de los hijos: claves para un vínculo parental sano, en: ADROHER Salomé (Dir), *Con-*

[26] BALLESTER, 2011, p. 56.

ciliación y Corresponsabilidad laboral y familiar, Madrid, Wolters Kluwer, pp. 139-153.

7. Hermosilla Besoain, Alejandra y Tortora Aravena, Hugo, 2022: La importancia de constitucionalizar la corresponsabilidad parental en Chile, en *Revista de Ciencias Sociales*, Valparaíso, n. 81, p. 143-176, Disponible en http://www.scielo.cl/scielo.php?script=sci_arttext&pid=S0719-84422022000200143&lng=es&nrm=iso [fecha de consulta: 15-10-2024].
8. Mensaje Presidencial S.E. Presidente de la República, 2011: Inicia el proyecto de ley que crea el permiso postnatal parental y modifica el Código del Trabajo en materias que indica Nº 611-358.
9. Moción Parlamentaria, 2020: Modifica el Código del Trabajo para extender permiso postnatal del padre, asimilado al de la madre, Boletín 11.567-13.
10. Moción Parlamentaria, 2017: Modifica el Código del Trabajo para extender permiso postnatal del padre, Boletín 11.791-13.
11. Moción Parlamentaria, 2020: Modifica el Código del Trabajo para extender permiso pre y postnatal en favor del padre Boletín Nº 13.271-13.
12. Montesinos, Rafael, 2004: La nueva paternidad: expresión de la transformación masculina, en *Polis*, México, disponible en: https://polismexico.izt.uam.mx/index.php/rp/article/view/413 [fecha de consulta: 20-09-2024].
13. OCEC UDP, ChileMujeres y la Cámara de Comercio de Santiago, 2025: Zoom de Género, Informe Laboral mensual con enfoque de género. Disponible en: https://www.chilemujeres.cl/wp-content/uploads/2025/02/Zoom-de-Genero-No-27-Enero-2025.pdf [fecha de consulta: 18-02-2025].
14. Pérez del Río, Teresa, 2011: La normativa interna sobre derechos de conciliación: la corresponsabilidad, en Cabeza Jaime y Fernández Belén (Dir), *Conciliación de la vida familiar y laboral y corresponsabilidad entre sexos*, Valencia, Tirant lo Blanch, pp. 51-76.
15. Revista Libertad y Desarrollo, 2020: Mociones inconstitucionales ¿la nueva forma de legislar?, disponible en: https://lyd.org/wp-content/uploads/2020/08/revista-lyd-julio-2020.pdf [fecha de consulta: 20-09-2024].
16. Revista Trabajo OIT, 2005: Papá moderno: La política progresista de Noruega sobre permiso de paternidad, Ginebra, Oficina Internacional del Trabajo, Nº 54, pp. 1-51.
17. Romero, Alba, Gay, Aler y Fernández, Olza, 2012: "Maternidad y salud", Madrid, *Informes, estudios e investigaciones 2012*, Ministerio de Sanidad, Servicios Sociales e Igualdad.
18. Salazar, Octavio, 2013: *Masculinidades y ciudadanía*, Madrid, Editorial Dykinson S.L.
19. Ting Li, Xu Chen, Jennifer Mascaro, Ebrahim Haroon, James K. Rilling, 2017: Intranasal oxytocin, but not vasopressin, augments neural responses to toddlers in human fathers, Hormones and Behavior, Vol. 93, pp.

193-202, ISSN 0018-506X, https://doi.org/10.1016/j.yhbeh.2017.01.006. [fecha de consulta: 11-10-2024].

20. Uribe Torres, Claudia; Muñoz Serrano, Mónica; Delpiano Barriga, Ana M. y Toso Milos, Paulina. Estudio piloto: contacto padre-hijo(a) y oxitocina en varones preparados especialmente para el nacimiento. *Rev. chil. obstet. ginecol.* [online]. 2022, Vol. 87, n. 3, pp. 210-217. Disponible en: http://www.scielo.cl/scielo.php?script=sci_arttext&pid=S0717-75262022000300210&lng=es &nrm=iso. ISSN 0048-766X. http://dx.doi.org/10.24875/rechog.22000023 [fecha de consulta: 12-10-2024].

Derecho prenatal y postnatal: legislación nacional, normativa internacional y judicialización del derecho

Andrea Serrano España*

I. INTRODUCCIÓN

En el año 2011 la Dirección del Trabajo[1] ya daba cuenta de un fenómeno de larga data: se valora el rol reproductor de la mujer, pero se le discrimina laboralmente por el mismo. Claro está, la glorificación de la función reproductora de la mujer no se presentará al amparo de discriminaciones más o menos explícitas, sino que se encubrirá con prácticas teñidas de neutralidad que perpetuarán los efectos nefastos de discriminaciones basadas en el sexo y, muy particularmente, en la maternidad. La discriminación será considerada así indirecta, esto es, se presentará en "normas, procedimientos y/o prácticas que son a primera vista neutrales, pero cuya aplicación afecta de manera desproporcionada a los miembros de determinados colectivos"[2].

En este documento se analizará la evolución de los derechos de pre y postnatal en Chile, para contrastar el estado actual con la normativa internacional de la Organización Internacional del Trabajo (en adelante OIT) y luego, el otorgamiento y pago de estos permisos maternales a la luz de la jurisprudencia de las Cortes de Apelaciones; quienes han conocido el asunto por medio de recursos de protección interpuestos por las mujeres afectadas.

Se determinará así que, si bien la normativa actual pareciera neutral, en la práctica discrimina la maternidad al imponer mayores exi-

---

* Abogada y Licenciada en Ciencias Jurídicas y Sociales de la Universidad de Chile, Master LLM en *International Trade Law*, Universidad de Essex, Inglaterra, aserranoe@ucsh.cl

1 Giagnoni, 2011, p. 10.

2 Tomei, 2003, p. 442.

gencias al subsidio maternal (respecto al subsidio por incapacidad transitoria común) y cuestionar la relación laboral que le da sustento, los periodos trabajados y/o los montos a pagar.

II. RECORRIDO HISTÓRICO POR LA PROTECCIÓN DE ESTE DERECHO

En 1921 se envió un proyecto de Código del Trabajo al Congreso Nacional. Aquel documento prestaba preocupación al trabajo domiciliario y al salario mínimo obligatorio, en especial en relación a las mujeres y los niños. A las mujeres embarazadas se les prohibía trabajar desde seis semanas antes del parto, hasta seis semanas después de éste, donde el empleador debía solventar económicamente el descanso, manteniendo la remuneración de la trabajadora durante este periodo y, asimismo, conservar el empleo[3].

Actualmente, conforme al artículo 195 del Código del Trabajo, la progenitora gestante y/o madre detenta un periodo de 6 semanas antes del parto y 12 después de éste como permiso maternal, a esto se adiciona un permiso continuo de 12 semanas, denominado postnatal parental, respecto del cual el padre o progenitor no gestante puede hacer uso a partir de la séptima semana y hasta el término del periodo. Asimismo, este último permiso también puede ser utilizado parcialmente tanto por la progenitora gestante como el progenitor no gestante, extendiéndose así las 12 semanas a 18 semanas (artículo 197 bis Código del Trabajo). De modo autónomo, el progenitor no gestante tendrá un permiso de 5 días que podrá utilizar continuo desde el parto, o fraccionado durante el primer mes de vida del hijo o hija.

III. MARCO LEGAL MÍNIMO PROPUESTO POR LA OIT

Dentro de los Convenios de la Organización Internacional del Trabajo (OIT) que se centran y justifican en la maternidad como

---

3 Lavrin, 2005, pp. 108-109.

premisa básica, podemos encontrar tres aspectos centrales dentro de los cuales es posible analizar el derecho de pre y postnatal:

III.1. Prestaciones durante el descanso maternal

En términos de cobertura económica, durante el descanso maternal, en 1919 la OIT establecía en el Convenio N° 3 que las prestaciones debían ser suficientes[4], sin mayores especificaciones. Se transitó luego, por medio del Convenio N° 103[5], a explicitar que aquellas prestaciones debían ahora "garantizar plenamente la manutención de la mujer y de su hijo en buenas condiciones de higiene y de acuerdo con un nivel de vida adecuado", nuevamente, sin cuantificar monto o porcentaje alguno. Ya en el año 2000, por medio del Convenio N° 183, se establecerá que las prestaciones deben calcularse tomando en consideración el ingreso previo a la contingencia cubierta, y que éste no podrá ser "inferior a los dos tercios de las ganancias anteriores de la mujer o de las ganancias que se tomen en cuenta para calcular las prestaciones"[6]. La Recomendación N° 191, por su parte, indica que, en la medida de lo posible, las prestaciones deben alcanzar un monto equivalente a la totalidad de los ingresos anteriores a la contingencia que se cubre[7].

III.2. Sujetos cubiertos

En relación al sujeto cubierto por la prestación, éste se abocará en una primera etapa a las trabajadoras de empresas industriales o comerciales, públicas o privadas para, posteriormente, englobar a "todas las mujeres empleadas, incluidas las que desempeñan formas atípicas de trabajo dependiente"[8]. La Recomendación N° 202, indicará luego que debe englobarse también a las mujeres que forman parte de la economía informal.

---

4 Ver artículo 3 letra c) del Convenio.

5 Ver artículo 4, 2 del Convenio.

6 Ver artículo 6, 3 del Convenio.

7 Ver párrafo 2 de la Recomendación.

8 Ver artículo 3 del Convenio N° 3 y artículo 2 del Convenio N° 183, respectivamente.

La exclusión de determinadas mujeres de los beneficios de seguridad social asociados a maternidad no sólo se relaciona con la ocupación de éstas, sino también, con criterios de exigibilidad de las prestaciones que determinan la menor o mayor cobertura de los subsidios, como pueden ser criterios que exigen un tiempo de afiliación o cotización mínimos, previos al embarazo o permiso, que repercuten en que, en definitiva, aun siendo trabajadoras antes, durante y después del parto, algunas mujeres no puedan beneficiarse de prestaciones económicas durante el pre o postnatal.

III.3. Financiamiento de la cobertura

En este caso, los países transitan entre otorgar el 100% de cobertura a prestaciones incluso inferiores a los dos tercios. Chile fija un techo máximo de cobertura, pero si la mujer poseía ingresos que superen esa cantidad, no recibe el diferencial que se produzca[9]. Así, quienes tienen mayores remuneraciones recibirán siempre menos que lo que ganaban prestando servicios.

Quién financia los pagos no es baladí. Para propender a la inclusión y evitar la discriminación en la inserción laboral de las mujeres, se torna necesario que esta carga no recaiga exclusivamente en el empleador. Los sistemas de protección social, concordantes con el principio de solidaridad, debieran brindar cobertura directamente desde sus fondos públicos, al amparo del Convenio N° 183, o por medio de un seguro social obligatorio. Esta situación acontece en Chile, aunque el Convenio mencionado no ha sido ratificado, sólo el Convenio N° 103 está en vigor en Chile de 1994.

IV. DISCUSIÓN JUDICIAL DEL DERECHO DE PRE Y POSTNATAL

La cobertura económica del derecho de pre y postnatal no se encuentra regulada en el Código del Trabajo, sino que su procedencia, monto y forma de pago se entrega al DFL N° 44 que "Establece nor-

---

9 OIT, 2022, Cuadro N° 2, p. 9.

mas comunes para subsidios por incapacidad laboral de los trabajadores dependientes del sector privado", del año 1978.

El artículo 4° de esa normativa otorga subsidio para enfermedad común y también pre y postnatal siempre que la beneficiada presente "*un mínimo de* ***seis meses de afiliación y de tres meses de cotización dentro de los seis meses anteriores a la fecha inicial de la licencia médica correspondiente***".

Los requisitos no se agotan ahí, sino que el artículo 8° continúa estableciendo que para el cálculo del beneficio se tomará en consideración la "cantidad equivalente al promedio de la remuneración mensual neta [del mes anterior al subsidio ...] que se hayan devengado en los tres meses calendario más próximos al mes en que se inicia la licencia". Pero, particularmente para la trabajadora beneficiaria de descanso pre y/o postnatal, la suma a pagar no podrá exceder del equivalente a las remuneraciones mensuales netas, subsidios o de ambos, devengados por las trabajadoras dependientes en los **tres meses anteriores más próximos al séptimo mes calendario que precede al del inicio de la licencia**, **dividido por noventa**, aumentado en el **100%** de la variación experimentada por el Índice de Precios al Consumidor en el período comprendido por los siete meses anteriores al mes precedente al del inicio de la licencia, e incrementado en un **10%.**

Los tres meses que se utilicen en el cálculo, con todo, "deberán estar comprendidos dentro de los seis meses inmediatamente anteriores al séptimo mes calendario que precede al mes de inicio de la licencia. Si dentro de dicho período sólo se registraren uno o dos meses con remuneraciones y/o subsidios, para determinar el límite del subsidio diario, se dividirá por 30 o 60, respectivamente...".

En otras palabras, se realizarán dos cálculos. Primero, el décimo mes anterior al inicio de la licencia[10] y, luego, los tres meses anterio-

---

10 Artículo 8° DFL N° 44: "... En todo caso, el monto diario de los subsidios del inciso primero del artículo 195, del inciso segundo del artículo 196 y del artículo 197 bis, todos del Código del Trabajo, y del artículo 2° de la ley N° 18.867, no podrá exceder del equivalente a las remuneraciones mensuales netas, subsidios o de ambos, devengados por las trabajadoras dependientes en los tres meses anteriores más próximos al séptimo mes calendario que precede al del inicio de la licencia, dividido por noventa, aumentado en el 100% de la variación expe-

res al inicio del prenatal. De aquellos dos periodos, el que presente un total menor, será el que determinará el monto diario a pagar a la trabajadora. Como se aprecia, se produce legalmente una diferencia para un reposo laboral, cuando la contingencia cubierta es el embarazo.

Continuando con los cálculos, para determinar el valor del subsidio mínimo, se calcula una base diaria, conforme lo dispone el artículo 17 del DFL N° 44, que es la trigésima parte del 50% de un sueldo mínimo para efectos no remuneracionales[11]. Este monto "mínimo" será otorgado en caso de disconformidad o falta de cumplimiento de los requisitos impuestos para el pago respectivo.

El subsidio que se origina por descanso de pre y postnatal es con cargo al Fondo Único de Prestaciones Familiares y Subsidios de Cesantía (y no FONASA o la Isapre respectiva), el que se financia exclusivamente con recursos fiscales, bajo la supervigilancia legal de la Superintendencia de Seguridad Social (SUSESO). Esto, como se verá, lejos de flexibilizar el otorgamiento y pago, ha significado en muchos casos un aumento o rigidez de las exigencias para las propias trabajadoras, redundando en la presentación de recursos de protección por mujeres que se han visto, en la práctica, privadas del ejercicio del derecho.

Con el fin de graficar lo anterior, se utilizó la Base Jurisprudencial del Poder Judicial para detectar recursos de protección relacionados con materias de cobro de subsidios maternales de trabajadoras del sector privado, acotando la búsqueda a fallos de los años 2018 a 2023.

---

rimentada por el Índice de Precios al Consumidor en el período comprendido por los siete meses anteriores al mes precedente al del inicio de la licencia, e incrementado en un 10%.

Los tres meses a que se refiere el inciso anterior deberán estar comprendidos dentro de los seis meses inmediatamente anteriores al séptimo mes calendario que precede al mes de inicio de la licencia. Si dentro de dicho período sólo se registraren uno o dos meses con remuneraciones y/o subsidios, para determinar el límite del subsidio diario, se dividirá por 30 o 60, respectivamente...".

11 SUSESO, 12.10.2023, Circular N° 3778, sobre requisitos de acceso y procedimiento de cálculo de subsidios por incapacidad laboral de origen común y maternal de trabajadores dependientes. Publicada el 12 de octubre de 2023.

IV.1. Rechazo del recurso de protección

Referente al monto de subsidio a pagar y la posibilidad de pagar el importe mínimo con cargo al Fondo Único de Prestaciones Familiares y Subsidios de Cesantía, por presentarse inconsistencia o carencias, generalmente, en la remuneración efectiva neta anterior al séptimo mes de cobertura del beneficio, las Cortes de Apelaciones han indicado que no existe arbitrariedad si la base de cálculo respeta los cánones legales[12].

Al respecto, cabe anotar que, contradiciendo otras normas legales, la Circular Nº 3646 de la SUSESO[13] permite que la Comisión de Medicina Preventiva e Invalidez (Compin) constate la efectividad de la relación laboral a través de la verificación de las huellas dactilares de la trabajadora en el lugar de trabajo. Así, este último órgano ha denegado el subsidio resolviendo, administrativamente, un asunto que requiere pronunciamiento de un tribunal del trabajo. Esto ha sido respaldado por la Ilustrísima Corte Apelaciones de Santiago[14].

Otro antecedente de rechazo del pago del beneficio por subsidio, podemos encontrarlo en la causa Rol 2950-2018 de la Corte de Apelaciones de Antofagasta, donde respecto a una trabajadora —a quien anteriormente se había solicitado el desafuero en su calidad de embarazada— se resolvió el rechazo del subsidio por "falta de vínculo laboral demostrable, considerando que la licencia no fue recepcionada por su empleador, de acuerdo a la declaración de tramitación por la Inspección del Trabajo, señalando 'empleador en trámite de desafuero'".

En causa Rol 124.516-2013 de la Corte de Apelaciones de Santiago, por otra parte, habiéndose arribado a un acuerdo entre la trabajadora y el empleador (que se negaba a reincorporarla, pese a su

---

12 Ver Corte de Apelaciones de Santiago, 03.05.2023, Rol 71522-2022; Corte de Apelaciones de Arica, 20.04.2023, Rol 10480-2021; Corte de Apelaciones de Arica, 26.07.2018, Rol 489-2018; Corte de Apelaciones de Santiago, 21.01.2019, Rol 83591-2018; Corte de Apelaciones de Santiago, 08.03.2021, Rol 80411-2020.

13 Que imparte instrucciones en materia de rechazo de licencias médicas por las causales de incumplimiento de reposo y realización de trabajos remunerados o no, durante el período de reposo. Publicada el 28 de diciembre de 2021.

14 Corte de Apelaciones de Santiago, 05.02.2020, Rol 170799-2019; considerando tercero de Corte de Apelaciones de Santiago, 12.06.2018, Rol 1266-2018.

estado de embarazo), no se logró cumplir los requisitos previstos en el artículo 8° del DFL N° 44. Así, si bien la trabajadora había pactado previamente un permiso sin goce de sueldo, pero con pago de cotizaciones, se determinó que, no existiendo remuneraciones netas efectivas, en los tres meses inmediatamente anteriores al inicio de la licencia médica, el cálculo del subsidio era igual a $0 (cero), pese a existir relación laboral vigente y pagos previsionales.

IV.2. Recurso de protección acogidos

El camino transitado ante los tribunales superiores de justicia sí ha permitido, en algunos casos, revertir decisiones administrativas. Así, se ha restado mérito a la facultad de los organismos de constatar la existencia de la relación laboral mediante la verificación de la huella dactilar en el lugar de trabajo, como sustento de la denegación del derecho o pago del subsidio[15].

En otro orden de ideas, respecto de la autorización de permiso postnatal, pero por un pago de subsidio menor al que correspondería[16], la Corte de Apelaciones respectiva estimó que la Isapre no podía seleccionar arbitrariamente qué meses utilizar para el cálculo del monto del subsidio a pagar.

De las sentencias analizadas, vale mencionar que 10 rechazan el recurso, confirmando la denegación del subsidio y/o del permiso maternal, y sólo 4 acogen el reclamo[17], obligando a los entes pagadores a solventar el subsidio.

---

15 Corte de Apelaciones de Santiago, 20.10.2023, Rol 12514-2023; Corte de Apelaciones de Chillán, 16 de mayo de 2019, Rol 456-2019; Corte de Apelaciones de Santiago, 08.10.2019, Rol 54.491-2018.

16 Corte de Apelaciones de Temuco, 28.11.2020, Rol 48436-2020.

17 Entre las sentencias que rechazan: Corte de Apelaciones de Santiago, 03.05.2023, Rol 71522-2022; Corte de Apelaciones de Arica, 20.04.2023, Rol 10480-2021; Corte de Apelaciones de Concepción, 06.07.2021, Rol 5457-2021; Corte de Apelaciones de Santiago, 08.03.2021, Rol 80411-2020; Corte de Apelaciones de Santiago, 01.06.2020, Rol 13021-2020; Corte de Apelaciones de Santiago, 05.02.2020, Rol 170799-2019; Corte de Apelaciones de Santiago, 21.01.2019, Rol 83591-2018; Corte de Apelaciones de Arica, 26.07.2018, Rol 489-2018; Corte de Apelaciones de Santiago, 12.06.2018, Rol 1266-2018; Corte de Apelaciones de Antofagasta, 16.11.2018, Rol 2950-2018. Entre las que acogen: Corte de Apelaciones de Santiago, 20.10.2023, Rol 12514-2023; Corte de Apelaciones de Temu-

V. CONCLUSIONES

Sin perjuicio de la evolución legal del permiso maternal estudiado, cabe tener presente que el tratamiento que se brinda al derecho de pre y postnatal, como un mecanismo de cuidado de los hijas e hijas en sus edades iniciales, responde a "cómo la sociedad considera justo, y también consistente desde el punto de vista económico, garantizar la reproducción social"[18]. Restringir el pago del subsidio de trabajadoras cotizantes —como pudo ser apreciado en las sentencias analizadas— muestra un recelo y desconfianza legal tanto a las mujeres como a su condición de madres trabajadoras, las obliga a padecer un estrés adicional y no gozar efectivamente de un derecho legal, consagrado a nivel internacional. Hasta ahora hemos invisibilizado esta realidad, y forzado a un grupo de mujeres a judicializar el uso y goce de un derecho maternal, de modo que el derecho termina relativizándose y reduciéndose (o anulándose) la cobertura elemental y vital que brinda el subsidio: tanto para la madre o progenitor gestante, como para al ser en gestación o niña o niño.

VI. BIBLIOGRAFÍA

1. LAVRIN, ASUNCIÓN, 2005: Mujeres, feminismo y cambio social en Argentina, Chile y Uruguay, 1890-1940. *Colección Sociedad y cultura, Vol. 39,* Chile: Centro de Investigaciones Diego Barros Arana.
2. OIT, 2022: *Los cuidados en el trabajo: Invertir en licencias y servicios de cuidados para una mayor igualdad en el mundo del trabajo. Informe Regional complementario para América Latina y el Caribe.* Lima, GEDI.
3. RIQUELME, VERÓNICA, 2011: *¿La maternidad castigada? Discriminación y malos tratos,* Chile, Dirección del Trabajo.
4. RODRÍGUEZ, CORINA; GIOSA, NOEMÍ Y NIEVA, DORA, 2009, *El costo de las políticas ausentes. Las implicancias económicas y sociales de la carencia de acciones de conciliación en América Latina. Colaboración con la OIT, para la elaboración del Informe Trabajo y familia: Hacia nuevas formas de conciliación con corresponsabilidad social,* Buenos Aires, OIT.

---

co, 28.09.2020, Rol 48436-2020, Corte de Apelaciones de Chillán, 16.05.2019, Rol 456-2019; Corte de Apelaciones de Santiago, 08.10.2019, Rol 54491-2018.

[18] RODRÍGUEZ *y otros*, 2009, p. 45.

5. Tomei, Manuela, 2003: "Análisis de los conceptos de discriminación e igualdad en el trabajo", *Revista Internacional del Trabajo, Vol. 122, Nº 4,* pp. 441-460.

Los cuidados de los hijos por maternidad ¿el único fundamento a considerar para la regulación de derechos que facilitan la conciliación de vida laboral, familiar y personal en Chile?*

LUCÍA PLANET SEPÚLVEDA**

I. INTRODUCCIÓN

Gran parte de los derechos regulados en el Código del Trabajo que pueden facilitar a las personas trabajadoras conciliar su vida laboral, familiar y personal se han consagrado para las madres trabajadoras, ya sea con una titularidad exclusiva para las mismas o con una titularidad preferente[1]. En este último caso, son ellas quienes pueden decidir utilizar o transferir su derecho al padre o progenitor no gestante[2].

---

* Este artículo forma parte del Proyecto de Investigación Fondecyt Regular, ANID-Chile, titulado "Redefinición de las medidas de conciliación entre el trabajo y la familia en el sistema chileno, a fin de garantizar el derecho de igualdad de trato y de oportunidades en el empleo en razón del género".

** Abogada. Licenciada en Ciencias Jurídicas y Sociales de la Universidad de Chile. Magíster en Derecho del Trabajo y de la Seguridad Social de la Universidad de Talca y la Universidad de Valencia, España. Profesora Asistente del Departamento de Derecho del Trabajo y de la Seguridad Social de la Universidad de Chile.

1 Incluso en el año 2021 se crean derechos con titularidad preferente, como el artículo 206 bis del Código del Trabajo (Ley 21.391), que regula varios supuestos para casos de alerta sanitaria con ocasión de una epidemia o pandemia a causa de una enfermedad contagiosa, entre otros, y que entrega a la trabajadora que tenga el cuidado personal de niño(s) en etapa preescolar, de niño(s) menores de doce años cuyos establecimientos educacionales impidan la asistencia a los mismos y persona(s) con discapacidad, la elección de quién de los progenitores puede ejercer la posibilidad de trabajo a distancia o teletrabajo en la medida que la naturaleza de sus funciones lo permitiere.

2 En adelante todas las expresiones referidas a madre o a padre, se entenderán también referidas al progenitor gestante y al progenitor no gestante respectiva-

Con aquellas titularidades se han regulado las políticas secuenciales que permiten ausentarse a los puestos de trabajo con goce de prestaciones[3] en supuestos de cuidado de hijos pequeños[4], así como el derecho a acceder a salas cunas para el cuidado de hijos menores de dos años[5].

La posibilidad de facilitar la conciliación de vida laboral y familiar como un derecho individual para cada progenitor, sea ejercido de forma simultánea o diferida, se observa solo en casos específicos de gravedad en las condiciones de salud de los hijos[6]; en acotados supuestos de niños, niñas o adolescentes con trastorno de espectro autista[7]; así como en los derechos que otorga la Ley N° 21.645 —vigente desde el año 2024— sobre posibilidad de trabajo a distancia,

---

mente, de conformidad a lo establecido en el artículo 207 ter del Código del Trabajo.

3 Terminología utilizada por las autoras Merike Blofield y Juliana Martínez. Blofield y Martínez, 2014, p. 109.

4 La licencia de maternidad correspondiente al postnatal de doce semanas y regulada en el artículo 195 del Código del Trabajo se consagra con titularidad exclusiva para la madre. También con titularidad exclusiva se han regulado las seis primeras semanas del postnatal parental regulado en el artículo 197 bis del mismo cuerpo legal (y de forma subsidiaria al padre si la madre fallece o se le asigna el cuidado personal del hijo por sentencia judicial). Solo a partir de la séptima semana de iniciado el postnatal parental se concibe una titularidad preferente del derecho para la madre, en la cual se le permite ceder su derecho al padre.

5 El artículo 203 del Código del Trabajo otorga el derecho a la madre en la medida de existir veinte trabajadoras mujeres en la empresa, y es de cargo del empleador. La Ley 20.891, permite que la progenitora gestante funcionaria pública pueda ejercer este derecho en la sala cuna perteneciente al servicio público del otro progenitor, en la medida que ambos progenitores sean funcionarios públicos de algún Ministerio o servicio público que dependa o se relacione con el Gobierno a través de él, y que ambos servicios cuenten con sala cuna.

6 Además del supuesto para hijos mayores de un año y menores de dieciocho años regulado en el artículo 199 bis del Código del Trabajo, equivalente a 10 días que deben restituirse, se encuentran los supuestos previstos en la Ley N° 21.063 (conocida como Ley Sanna).

7 De acuerdo al artículo 66 quinquies del Código del Trabajo, los progenitores o tutores legales se encuentran facultados para acudir a emergencias en los establecimientos educacionales en los cuales los niños, niñas y adolescentes cursen su enseñanza parvularia, básica o media, considerándose aquel tiempo como trabajado para todos los efectos legales.

teletrabajo, modificación de turnos o de distribución de jornada, para quienes tienen el cuidado personal de menores de catorce y dieciocho años en los casos que indica[8].

No obstante lo anterior, el Código del Trabajo ha regulado también permisos para supuestos diversos al cuidado de los hijos que permitirían facilitar la conciliación de la vida laboral, familiar y personal de las personas trabajadoras por acontecimientos especiales y específicos de sus vidas. Como por ejemplo, los regulados en el artículo 66 para el caso de fallecimiento de hijos, hermanos, cónyuge/conviviente civil y padre/madre, o en el artículo 199 bis para el estado terminal de estos últimos. O los regulados en los artículos 66 bis a 66 quáter destinados a: la realización de exámenes médicos (de mamografía, próstata y exámenes de medicina preventiva en general); a la vacunación de población objetivo de campañas públicas de inmunización; o a la posibilidad de acudir a llamados de emergencia ante accidentes, incendios u otros siniestros a quienes se desempeñen adicionalmente como voluntarios del Cuerpo de Bomberos; así como aquellos previstos para el matrimonio o unión civil[9], entre otros[10].

---

8 En virtud de la Ley 21.645, quienes tienen el cuidado personal de personas con situación de dependencia severa o moderada, de menores de catorce años y de adolescentes con discapacidad menores de dieciocho años tienen la posibilidad de laborar en un régimen de trabajo a distancia o teletrabajo, así como la posibilidad de modificación transitoria de turnos o de distribución de jornada diaria y semanal, en la medida que la naturaleza de sus funciones lo permita. Adicionalmente, tienen derecho al otorgamiento preferente de feriado legal y proporcional durante el periodo de vacaciones escolares definidas por el Ministerio de Educación. Cabe destacar que no se aplica límite de edad para el supuesto de teletrabajo o trabajo a distancia de quienes tienen el cuidado personal de personas con discapacidad. Ahora bien, para que resulte procedente el teletrabajo, trabajo a distancia, modificación de turnos o de distribución de jornada, aquellos deben ser compatibles con la naturaleza de las funciones de las personas trabajadoras, lo que en caso de controversia, debe ser resuelto por un tribunal de justicia.

9 De acuerdo al artículo 207 bis del Código del Trabajo, las personas trabajadoras tienen derecho a un permiso pagado por el empleador de cinco días hábiles continuos, en caso de matrimonio o acuerdo de unión civil.

10 Otras leyes también regulan permisos para las personas trabajadoras, como el artículo 74 de la Ley 19.712, referido a la representación de deportistas del deporte chileno en eventos de carácter nacional, sudamericano, panamericano,

En el sector público, los funcionarios regidos por el Estatuto Administrativo gozan de días administrativos, los cuales les permiten ausentarse a sus labores en seis días al año (fraccionables a su elección) con goce de remuneración y sin que deban justificar su utilización para un supuesto específico, dado que se establecen para realizar trámites por motivos particulares o personales[11].

La sola constatación de permisos que permitirían facilitar la compatibilización de la vida laboral con la vida familiar para supuestos diversos al cuidado de los hijos, aunque acotados y específicos, permite afirmar que los cuidados de los hijos por maternidad no corresponden al fundamento único y exclusivo en Chile para regular derechos que permitirían conciliar vida laboral, familiar y personal en Chile, pero sí al supuesto más utilizado por el legislador al establecer políticas secuenciales que permiten ausentarse a los puestos de trabajo con goce de prestaciones y en la creación de los últimos derechos que permiten facilitar la vida laboral y familiar. De hecho, cuando se consagra un principio de forma expresa en el Código del Trabajo para promover la conciliación de la vida laboral y familiar, solo se regula su aplicación para un título que regula derechos para los trabajadores que son progenitores o que tienen el cuidado personal de niños, niñas o adolescentes[12].

---

mundial u olímpico y que sean funcionarios de los órganos y servicios públicos a que se refiere el artículo 1° de la Ley 18.575.

11 Se solicitan a su respectiva jefatura. El artículo 109 de la Ley N° 18.834 (Estatuto Administrativo) establece "... permisos para ausentarse de sus labores por motivos particulares hasta por seis días hábiles en el año calendario, con goce de remuneraciones (...) Estos permisos podrán fraccionarse por días o medios días".

12 El principio de corresponsabilidad social incorporado al artículo 194 del Código del Trabajo por la Ley N° 21.645, "que comprende la promoción en la sociedad de la conciliación de la vida personal, familiar y laboral, especialmente de las personas trabajadoras que ejercen labores de cuidado no remunerado" se ha regulado para que rija el título II del Libro II del Código del Trabajo denominado "De la protección a la maternidad y la paternidad y la conciliación de la vida personal, familiar y laboral".

II. PERSONAS PROGENITORAS QUE REQUIEREN IGUALDAD Y PERSONAS NO PROGENITORAS QUE REQUIEREN CONCILIAR

A continuación se revisa la necesidad de la consecución de la igualdad de trato y de oportunidades de los progenitores —en particular de las madres— que gozan de gran parte de los derechos que permiten facilitar la conciliación de vida laboral, personal y familiar, y por otra parte, la necesidad de conciliar vida laboral, familiar y personal de quienes no son progenitores.

II.1. Maternidad, responsabilidad familiar e igualdad de trato y de oportunidades

La maternidad se ha alzado expresamente como un atributo protegido contra la discriminación en nuestro ordenamiento. La madre trabajadora sufre una penalización por su maternidad en detrimento de sus oportunidades de trabajo, y de su remuneración[13], y su maternidad corresponde a la principal causa de acoso laboral sexista en el trabajo[14].

La corresponsabilidad parental se ha entendido como un imperativo para alcanzar una conciliación de vida laboral y familiar que favorezca la igualdad sustantiva entre mujeres y hombres en el trabajo[15]. Precisamente la Convención para la eliminación de todas las formas de discriminación en contra de la Mujer (en adelante CEDAW), obliga a los Estados que la ratifican —como el chileno en el año 1989— a garantizar la igualdad de jure y de facto entre mujeres y hombres[16], objetivo que se manifiesta de forma expresa en el Código del Trabajo

---

13 Por todos, los estudios de la premio Nobel de economía Claudia Goldin. Goldin. Kerr. Olivetti, 2022.

14 Casas, 2023, pp. 163-185.

15 Gómez y Jiménez, 2015, pp. 379-381; Recio, Castellanos, Jiménez, 2024, pp. 68-70.

16 Al respecto, el Comité CEDAW ha recomendado al Estado de Chile que intensifique sus esfuerzos por garantizar la igualdad de oportunidades para hombres y mujeres en el trabajo. COMITÉ CEDAW, 2004.

en el año 2024[17] por medio del principio de perspectiva de género, "lo que (...) implica la adopción de medidas tendientes a promover la igualdad y a erradicar la discriminación basada en dicho motivo"[18] y en el principio de protección a la maternidad y a la paternidad, cuyo contenido expresado en el artículo 194, alude a la promoción de igualdad de oportunidades y de trato entre las mujeres y los hombres y a la búsqueda de preservación de salud y bienestar de niños y progenitores.

Sin embargo, estos principios no encuentran su correlato en la titularidad exclusiva o preferente para las madres trabajadoras de gran parte de los derechos que pueden facilitar la vida laboral y familiar, pues la propia legislación las considera como las cuidadoras principales de la familia, relegando a los padres a un rol marginal. Los efectos que las propias normas laborales han generado en las trayectorias laborales de las mujeres trabajadoras se ha denominado como efecto perverso de la norma o efecto negativo colateral[19].

Diversas disciplinas han cuestionado la falta de corresponsabilidad parental que se observa en la mayoría de los derechos que pretenden facilitar la conciliación de la vida laboral y familiar en el país, ya sea, por la perpetuación del estereotipo de género de la mujer cuidadora y su impacto en la igualdad de oportunidades entre mujeres y hombres en el trabajo[20], así como por los intereses de los hijos[21].

La preocupación del legislador por materializar normas que permitan efectivamente alcanzar la corresponsabilidad parental y la igualdad de trato y de oportunidades de mujeres y hombres en el trabajo debería agudizarse en un país cuya tasa global de fecundidad es la más baja de Latinoamérica[22], cuya población envejece y no al-

---

17 La vigencia de la Ley 21.643, comenzó el 1 de agosto de 2024 y la de la Ley 21.645 el 29 de enero de 2024.

18 El texto proviene del artículo 2 del Código del Trabajo, incorporado por la Ley N° 21.643 (publicada en el Diario Oficial el 15 de enero de 2024).

19 Caamaño, 2009, p. 181, Planet, 2023, pp. 195-198.

20 En ese sentido: Caamaño, 2009, p. 184., Fuenzalida y Herrera, 2023, p. 5. Fuera de la doctrina laboral: Casas y Valenzuela, 2012, p. 77-101; Ansoleaga y Godoy, 2013, pp. 346-350, Iriarte, 2018, pp. 55-76.

21 En el ámbito del Derecho de Familia, Verdugo, 2024, pp. 200-207; en el ámbito de la Psicología, Gómez. Jiménez, 2015, pp. 387-389.

22 CEPAL (sitio web). Perfil demográfico de países.

canza a satisfacer una tasa de reemplazo generacional, y que ha consagrado en su carta magna a la familia, como el núcleo fundamental de la sociedad[23].

Ahora bien, una corresponsabilidad que se exprese en el ejercicio de derechos que importan conciliar vida laboral y familiar de forma individual a cada progenitor también puede propiciar situaciones de discriminación en determinados ambientes de trabajo, tanto para madres como para padres por su responsabilidad familiar[24], lo que debería suscitar la reflexión sobre cómo se protege por el ordenamiento jurídico a este grupo frente a la discriminación.

Cabe destacar que la responsabilidad familiar no se encuentra expresamente consagrada como atributo protegido en el artículo 2 del Código del Trabajo, pero al establecerse un catálogo abierto de atributos en nuestro ordenamiento puede invocarse como una causa de discriminación específica[25] y sin necesidad de recurrir a la no discriminación por razón de sexo como fundamento de las conductas discriminatorias[26].

---

23 De conformidad al artículo 1 inciso segundo de la Constitución Política de la República de Chile.

24 La modificación incorporada al artículo 2 del Código del Trabajo por la Ley N° 21.643 zanja la discusión doctrinal previa sobre la apertura o no de los atributos protegidos por el legislador laboral. Sobre aquella discusión véase: Rodríguez, 2020, pp. 135-136.

25 Lo anterior, sin perjuicio, de que igualmente se puede invocar como una manifestación inherente de otro atributo protegido (al respecto véase: FERNÁNDEZ, 2019, pp. 36-38) o como un atributo por asociación. La discriminación por asociación se ha entendido como una "construcción jurisprudencial (...) ante la necesidad de tutelar también, con la misma intensidad, a quienes, sin poseer en sí mismos la característica discriminatoria, sufren igualmente un trato peyorativo por su causa". MANEIRO, 2021, pp. 23-24.

26 Respecto de un emblemático caso del ordenamiento español se ha sostenido que "la STC 26/2011, de 14 de marzo de 2011, supuso un verdadero hito en este punto, al reconocer por primera vez que las circunstancias familiares constituyen una causa de discriminación específica. Hasta entonces, la doctrina judicial había recurrido a la no discriminación por razón de sexo como fundamento de las conductas discriminatorias en las que estaba en juego el ejercicio de los derechos de conciliación de la vida laboral y familiar". MANEIRO, 2021, pp. 110-111.

II.2. Otras necesidades para conciliar vida laboral, personal y familiar diversas al cuidado de los hijos

En Chile tanto hombres como mujeres, sean progenitores o no (esto es, con o sin hijos) reconocen tener problemas para conciliar su vida laboral y familiar[27]. En ese sentido, el supuesto de cuidado de hijos es una de todas las necesidades de conciliación planteadas por las personas trabajadoras en nuestro país.

Al respecto, el Convenio N° 156 de la Organización Internacional del Trabajo (en adelante OIT) promueve un cuidado más amplio, refiriéndose no solo a la protección de personas con hijos a su cargo, sino también a quienes tienen el cuidado de otros miembros de su familia directa que, de manera evidente, necesiten de cuidado o sostén[28]. En consecuencia, las obligaciones que el Estado de Chile ha contraído al ratificar el Convenio N° 156, no solo están destinadas a proteger a los progenitores por el cuidado de hijos, sino también a todo aquel que tenga responsabilidades familiares en relación a familia directa que requiere de cuidados de manera evidente, como sus propios progenitores.

Ahora bien, en nuestra sociedad son finalmente las mujeres las que también son las principales cuidadoras de las personas mayores o en situación de dependencia[29]. De consagrarse derechos que pudieren facilitar la vida laboral y familiar de quienes deben cuidar a aquellas personas, puede presentarse el riesgo que nuevamente se consagren con una titularidad exclusiva o preferente para las mujeres, con el consecuente efecto negativo colateral de la norma. Incluso, si se regulasen derechos de conciliación para hombres y mujeres trabajadoras por este supuesto, pero solo fuere ejercido en la práctica por estas últimas, podría advertirse también aquel efecto negativo ya mencionado, lo que da cuenta de la necesidad de identificar cuáles son las características que debe tener la titularidad de estos derechos, incentivos de utilización por parte de hombres y mujeres, y la forma

---

27 THE ADECCO GROUP (2021).

28 Expresiones que se entienden en el sentido definido en cada país, de acuerdo al artículo 1 del Convenio N° 156 de la OIT.

29 INE, Encuesta nacional sobre uso del tiempo, ENUT (sitio web), pp. 27-45.

en que deben ejercerse para que no se impacte negativamente en la igualdad de trato y de oportunidades de las personas trabajadoras[30].

Adicionalmente, el reconocimiento de nuevas formas de familia propio de un concepto marco que evoluciona en el tiempo, e inclusive el aumento de hogares con mascotas[31] y las particularidades de su relación con ellas[32], también da cuenta de otros motivos diversos al cuidado de hijos y de familia directa que fundamentan la necesidad de otras personas trabajadoras sin responsabilidades familiares para conciliar la vida laboral, familiar y personal. Por ejemplo, la necesidad de permisos para realización de exámenes médicos por problemas de salud (que requieran más de medio día de permiso al año); por fallecimiento de padrastro o madrastra; por muerte de mascotas[33]; entre otros[34]. Necesidades que pueden conducir al debate sobre si debe existir en el sector privado una regulación equivalente a los permisos administrativos del sector público o si es necesario engrosar con más supuestos específicos los permisos de los artículos 66 del Código del Trabajo.

---

30 Las titularidades neutrales en el ámbito de los permisos de conciliación de vida laboral y familiar no se ha considerado suficiente para alcanzar dicho fin. PÉREZ, 2011, pp. 60-61.

31 El aumento de mascotas por hogar se ha descrito como un fenómeno de carácter mundial. BCN, 2024, p. 1.

32 En nuestro país se ha sostenido que existe "apego emocional de los dueños con sus mascotas, debido a que un 92,1% de las mascotas fue reportada simultáneamente como un miembro de la familia y como motivo de felicidad para su tenedor". LAMPERT, 2024, p. 2. De acuerdo a la Encuesta Cadem denominada El Chile que Viene, ha aumentado el número de personas que percibe que sus mascotas son un miembro más de la familia y quienes sufren cuando a su mascota le sucede algo. CADEM (2022).

33 En nuestro país existen diversos proyectos de ley que tratan de regular un permiso para ausentarse al puesto de trabajo por muerte de mascota. En ese sentido, los boletines número 16.755, 16757, 16759, 16756, 16760, 14670 y 15193. BCN, 2024, p. 1.

34 Cabe destacar que en virtud de la Ley N° 21.565 publicada en el Diario Oficial el 9 de mayo de 2023, se reguló de forma expresa la justificación de la ausencia laboral para comparecer a diligencias de investigación o tribunales de las víctimas de femicidio frustrado y suicidio femicida (que de acuerdo al artículo 2 de la referida ley incluye a algunos familiares en calidad de víctimas).

III. DIFERENCIAS ENTRE PROGENITORES Y QUIENES NO LO SON EN LAS MEDIDAS DE CONCILIACIÓN

Sin perjuicio del reproche ya revisado a la asignación de titularidad exclusiva o preferente a las madres de varias políticas secuenciales que facilitan la conciliación de vida laboral y familiar en lo que respecta a la igualdad de trato y de oportunidades en el trabajo, podría suscitarse un cuestionamiento preliminar distinto por parte de los trabajadores que no son beneficiados con las medidas de conciliación de vida laboral y familiar que regule el ordenamiento: uno desde la perspectiva de la igualdad de trato de la norma que regula derechos de conciliación solo para los trabajadores con responsabilidades familiares, y otro desde la perspectiva del derecho a no ser discriminado, cada vez que el empleador —en virtud de su poder de dirección— otorga derechos de conciliación no regulados por la legislación solo a trabajadores que tienen responsabilidades familiares, o en casos en los cuales el empleador otorga una medida de conciliación a trabajadores con responsabilidades familiares diversos de los titulares previstos de forma explícita por la ley.

III.1. ¿Cuestionamiento a la normativa?

El cuestionamiento que podría suscitarse hipotéticamente a propósito de la legislación tendría como eje el derecho a la igualdad[35]. De suscitarse un cuestionamiento a la vigencia del derecho de igualdad en el establecimiento por la legislación de medidas de conciliación solo para los trabajadores con responsabilidades familiares, sería posible afirmar que su propia diferencia con el resto de los trabajadores y su protección como grupo especialmente vulnerable de discriminación justifica esta regulación. La Constitución Política ha concebido a la familia como el núcleo fundamental de la sociedad,

---

[35] A modo de ejemplo, aunque en otra materia referida a pensiones, se planteó judicialmente en el Reino Unido que la igualdad de trato era vulnerada cuando la legislación permitía a las mujeres pensionarse a los 60 años en contraste con la edad de los hombres (de 65 años), considerándose por la judicatura que la igualdad se vulneraba, pero que no se debía bajar la edad de los hombres para pensionarse, sino elevar la edad de las mujeres para ello. FERNÁNDEZ, 2019, p. 41.

se ha reconocido en instrumentos internacionales ratificados por el país que la maternidad y la responsabilidad familiar corresponden a grupos vulnerables susceptibles de discriminación[36] y el Estado de Chile se ha obligado a promover los bienes jurídicos de protección de derechos de niños[37], y de igualdad de trato y oportunidades entre mujeres y hombres en el trabajo[38].

El entendimiento de las medidas de conciliación para los trabajadores con responsabilidades familiares como políticas de acción afirmativa importa reconocer que su contenido importa una "diferencia para la igualdad"[39]. Y aún cuando puede existir debate sobre los alcances de las mismas[40], se ha considerado que su utilización no es una excepción al principio de igualdad[41] y que no importan discriminación[42], sino más bien corresponden a un instrumento para alcanzar la igualdad efectiva[43].

---

36 El preámbulo del Convenio Nº 156 de la OIT precisamente alude como fundamento del convenio que "... el Convenio sobre la discriminación (...), no hace referencia expresa a las distinciones fundadas en las responsabilidades familiares, y estimando que son necesarias normas complementarias a este respecto...".

37 El artículo 3.2 de la Convención sobre los Derechos del Niño ordena que "Los Estados Partes se comprometen a asegurar al niño la protección y el cuidado que sean necesarios para su bienestar, teniendo en cuenta los derechos y deberes de sus padres, tutores u otras personas responsables de él ante la ley y, con ese fin, tomarán todas las medidas legislativas y administrativas adecuadas".

38 Como la ya mencionada CEDAW.

39 Ballester, 2017, p. 95.

40 Díaz, 2021, pp. 251-252.

41 Ballester, 2017, p. 96.

42 El Convenio 111 de la OIT se refiere expresamente a medidas especiales de protección o de asistencia. Su artículo 5 señala "1. Las medidas especiales de protección o asistencia previstas en otros convenios o recomendaciones adoptados por la Conferencia Internacional del Trabajo no se consideran como discriminatorias. 2. Todo Miembro puede, previa consulta con las organizaciones de empleadores y de trabajadores, cuando dichas organizaciones existan, definir como no discriminatorias cualesquiera otras medidas especiales destinadas a satisfacer las necesidades particulares de las personas a las que, por razones tales como el sexo, la edad, la invalidez, las cargas de familia o el nivel social o cultural, generalmente se les reconozca la necesidad de protección o asistencia especial".

43 Ballester, 2017, p. 96.

En este punto se vuelve central, la obligación del Estado de Chile de promover una educación y comprensión adecuada de la maternidad y responsabilidad común entre padres y madres en el desarrollo de sus hijos conforme lo establece el artículo 5 letra b) de la CEDAW[44]. Incluso desde la perspectiva del derecho de toda persona a un mundo del trabajo libre de violencia y acoso, surgen obligaciones para el Estado en torno a las actividades de educación y sensibilización sobre la prevención y eliminación de la violencia en el trabajo[45], lo que por cierto comprende el conocimiento de cuáles son los grupos vulnerables de discriminación y cuáles son las obligaciones de los Estados en torno a la protección de los mismos.

III.2. ¿Cuestionamiento a empleadores que otorgan derechos de conciliación a trabajadores con responsabilidades familiares?

El cuestionamiento hipotético al empleador por utilizar su poder de dirección para beneficiar con medidas de conciliación a los trabajadores con responsabilidades familiares, podría provenir de parte de otras personas trabajadoras que no gozan de la medida. Podría plantearse cuando el empleador decide entregar una medida de conciliación no prevista por el legislador a quienes tienen responsabilidades familiares, o cuando decide asignar una medida de conciliación existente en el ordenamiento jurídico para trabajadores con responsabilidades familiares que no están previstos en el supuesto normativo (por ejemplo, cuidadores de ascendientes en situación de dependencia o progenitores no gestantes si la medida está re-

---

44 Que dispone "[Los Estados Partes tomarán todas las medidas apropiadas para:]. Garantizar que la educación familiar incluya una comprensión adecuada de la maternidad como función social y el reconocimiento de la responsabilidad común de hombres y mujeres en cuanto a la educación y al desarrollo de sus hijos, en la inteligencia de que el interés de los hijos constituirá la consideración primordial en todos los casos".

45 Dentro de los principios fundamentales del Convenio 190 de la OIT, ratificado por Chile, se menciona en el artículo 4.2.: "Todo Miembro deberá adoptar (...) un enfoque inclusivo, integrado y que tenga en cuenta las consideraciones de género para prevenir y eliminar la violencia y el acoso en el mundo del trabajo (...) y consiste, en particular en (...) g) desarrollar herramientas, orientaciones y actividades de educación y de formación, y actividades de sensibilización, en forma accesible, según proceda (...)".

gulada para los gestantes). Dentro de este último supuesto podría comprenderse el uso por parte del empleador de una facultad que le es otorgada por el legislador cuyos criterios de asignación del beneficio de conciliación pueden ser definidos en parte por la entidad empleadora[46].

Inclusive, también podrían suscitarse reproches hacia los propios beneficiados con las medidas de conciliación[47], que por excelencia corresponden a las madres trabajadoras que actualmente gozan de la titularidad preferente, sino exclusiva, de gran parte de los derechos que se han entendido como facilitadores de la conciliación de la vida laboral y familiar, todo lo cual, no contribuye a un entorno de trabajo saludable.

El cuestionamiento hipotético ya mencionado al empleador por parte de los trabajadores que no tienen responsabilidad familiar se podría materializar en tribunales de justicia bajo la forma de una denuncia de vulneración de derechos fundamentales[48]. Al tratarse de una medida de conciliación emanada del empleador como sujeto privado, podría suscitarse la discusión sobre si existe una afectación al derecho a no discriminación de quienes no son beneficiarios de la medida.

Al indagarse la posibilidad de discriminación directa por una demanda judicial de trabajadores que no tienen responsabilidades

---

[46] A modo de ejemplo, el artículo 66 de la Ley 21.526, facultó a los jefes de servicios de subsecretarías y de los servicios públicos dependientes de los ministerios o que se relacionen con el Presidente de la República a través de ellos, para eximir hasta en un 20% de la dotación máxima de personal del servicio del control horario de jornada de trabajo y permitir la realización fuera de las dependencias institucionales durante el año 2023. Esta facultad fue prorrogada por medio de la Ley 21.652 en el año 2024.

[47] De acuerdo al análisis de denuncias efectuadas en la Inspección del Trabajo en el período del 31 de marzo de 2008 al 1 de mayo de 2011, se observaron diversas formas de discriminación y de hostigamientos realizadas tanto por jefaturas como por compañeros de trabajo a trabajadoras luego del ejercicio de licencias maternales o de comunicación de su estado de embarazo. Riquelme, 2011, pp. 50 a 70.

[48] El artículo 5 del Código del Trabajo establece como límite al poder de mando del empleador el respeto a los derechos fundamentales de los trabajadores, y los artículos 485 y siguientes del mismo cuerpo legal regulan el procedimiento que se debe desarrollar en casos de vulneración de derechos fundamentales.

familiares (por la medida de conciliación que favorece a quienes sí tienen responsabilidad familiar), y sin perjuicio de requerirse de un examen casuístico, podría sostenerse que los denunciantes no se encontrarían frente a un trato menos favorable en razón de un atributo protegido, sino que por el contrario, son los trabajadores favorecidos por la medida de conciliación quienes tienen el atributo protegido por la responsabilidad familiar, aún cuando no esté regulada de forma expresa en el Código del Trabajo. Al respecto se ha sostenido que "si una persona no tiene el atributo protegido no puede alegar haber sido víctima de discriminación directa fundado solamente en una desigualdad de trato, siendo su carga acreditar que posee al menos uno de los atributos protegidos por la legislación"[49]. Tampoco se encontrarían frente a un trato desfavorable propio de una discriminación indirecta[50], puesto que los denunciantes en ese supuesto tampoco tendrían el atributo protegido para invocar el perjuicio o desventaja[51].

Adicionalmente, sería posible sostener que las acciones afirmativas establecidas por los sujetos privados también son legítimas "porque la igualdad real es un objetivo por sí mismo, no una mera competencia pública o administrativa"[52].

Por otra parte, desde la perspectiva del derecho de toda persona a un mundo del trabajo libre de violencia y acoso y de las obligaciones contenidas en el Código del Trabajo tras la modificación de la Ley 21.643[53], los empleadores deben elaborar un protocolo de prevención del acoso sexual, laboral y violencia en el trabajo, que debe contener medidas de información y de capacitación sobre riesgos identificados, medidas de prevención, pero también sobre los derechos y responsabilidades de los propios trabajadores sobre estas materias[54]. En ese sentido, se torna relevante señalar en el protocolo cuáles son

---

49 Fernández, 2019, p. 35.

50 Sobre la discriminación laboral indirecta, véase Caamaño, 2019, pp. 67-81.

51 Sobre la discriminación indirecta, más bien se ha entendido por la situación inversa, esto es "El efecto debe ser una desventaja, un perjuicio, en forma significativa, en las personas con el atributo protegido en comparación a las personas sin ese atributo". Fernández, 2019, pp. 36-38.

52 Ballester, 2017, p. 95.

53 Publicada en el Diario Oficial el 15 de enero de 2024.

54 De conformidad al artículo 211-A del Código del Trabajo.

los grupos especialmente vulnerables de discriminación y la existencia de protección para trabajadores con responsabilidades familiares por parte del Convenio N° 156 de la OIT, lo que puede favorecer también a la comprensión de porqué el empleador ha adoptado medidas sobre conciliación de vida laboral y familiar para quienes se encuentran en aquel supuesto.

IV. CONCLUSIONES

Aunque la maternidad no es el fundamento único y exclusivo de los derechos que facilitan conciliar la vida laboral y familiar, aquella junto con el cuidado de hijos por parte de progenitores y cuidadores, se han alzado como las principales causas para regular derechos de conciliación de vida laboral, familiar y personal en Chile.

Aún cuando todas las personas trabajadoras manifiesten su necesidad de conciliar vida laboral, familiar y personal, no debería extrañar que el legislador laboral comience generando derechos que faciliten esta conciliación para quienes tienen responsabilidades familiares, por sus particularidades, por la protección de la familia como núcleo esencial de la sociedad, por su condición de grupo vulnerable de discriminación, y por la ratificación de Chile de instrumentos que los protegen, en particular el Convenio N° 156 de la OIT.

Lo que sí debería causar extrañeza, desde una perspectiva de igualdad de oportunidades en el trabajo entre mujeres y hombres, es que los derechos de conciliación solo sean regulados por el legislador con una titularidad exclusiva o preferente para la madre trabajadora, pues ello perpetúa el estereotipo de género de mujer cuidadora (sea de hijos o de otros familiares) y genera efectos negativos colaterales de la norma que impiden alcanzar la igualdad de trato y de oportunidades entre mujeres y hombres en el trabajo.

Pero aún cuando exista justificación para que el legislador nacional comience regulando instituciones para que trabajadores con responsabilidades familiares puedan conciliar vida laboral y familiar, no debería olvidar aquellas demandas que expresan otras necesidades de trabajadores que no son progenitores, a fin de adaptar el dinámico derecho del trabajo a las nuevas realidades sociales. No considerarlos, además de desatender otros bienes jurídicos involucrados, puede favorecer a un ambiente laboral de permanente cuestionamiento a los derechos o medidas que se adoptan en favor de quienes tienen responsabilidades familiares, lo que se debería evitar si se atiende la condición de grupo vulnerable de discriminación que importa la responsabilidad familiar y por las obligaciones que exige el ordenamiento jurídico para garantizar el derecho a un mundo del trabajo libre de violencia.

Por último, si bien se requiere de una revisión específica para el caso concreto, no se estima por sí mismo discriminatorio que el empleador utilice su poder de dirección para conceder derechos que faciliten la conciliación de vida laboral y familiar a quienes tienen responsabilidades familiares, bajo el entendido que corresponden a acciones afirmativas y que son estos últimos trabajadores los que tienen un atributo protegido, aún cuando no se regule de forma expresa como tal en el artículo 2 del Código del Trabajo.

V. BIBLIOGRAFÍA

1. Ansoleaga, Elisa y Godoy, Lorena, 2013: La maternidad y el trabajo en Chile: Discursos actuales de actores sociales. Propuestas y avances de investigación, en: *Polis Revista Latinoamericana,* Vol. 12, N° 35, pp. 337-356.
2. Ballester, María Amparo, 2017: *Retos y perspectivas de la discriminación laboral por razón de género.* España, Editorial Tirant lo Blanch.
3. BCN, 2024: Permisos laborales por fallecimiento de una mascota. Experiencia y jurisprudencia extranjera, en *Asesoría Técnica Parlamentaria,* pp. 1-17. Disponible en: https://obtienearchivo.bcn.cl/obtienearchivo?id=repositorio/10221/36097/2/Permiso_por_muerte_de_mascotas_PAVL_2024.pdf [fecha de consulta: 30-10-2024].
4. Lampert, María Pilar, 2024: El valor de las mascotas en la familia Estudios en Chile y Estados Unidos, en Asesoría técnica parlamentaria, pp. 1-6. Disponible en: https://obtienearchivo.bcn.cl/obtienearchivo?id=repositorio/10221/36005/1/BCN__valor_de_las_mascotas__en_la_familia__final.pdf [fecha de consulta: 15-10-2024].
5. Blofield, Merike y Martínez, Juliana, 2014: Trabajo, familia y cambios en la política pública en América Latina: Equidad, maternalismo y corresponsabilidad, en: Revista CEPAL 114, pp. 107-125.
6. Caamaño, Eduardo, 2019: La discriminación laboral indirecta, en: *Revista de Derecho (Valdivia), 12(2),* pp. 67-81.

7. Caamaño, Eduardo, 2009: Los efectos de la protección a la maternidad para la concreción de la igualdad de trato entre hombres y mujeres en el trabajo, en: *Revista de Derecho Valparaíso, XXXIII, II semestre,* pp. 175-214.

8. CADEM, 2022: El Chile que viene, pp. 1-42. Disponible en: https://cadem.cl/wp-content/uploads/2022/05/Informe-Chile-que-Viene-Mar-2022-Mascotas.pdf [fecha de consulta: 26-10-2024].

9. Casas, Lidia, 2023: La tutela de derechos fundamentales: estudio de demandas por acoso moral de mujeres en cuatro tribunales del Trabajo de Chile, en: *Revista de Derecho (Valdivia), Vol. XXXVI - N° 2,* pp. 163-185.

10. Casas, Lidia y Valenzuela, Ester, 2012: Protección a la maternidad: Una historia entre los derechos de la infancia y los derechos de las trabajadoras, en: *Revista de Derecho (Valdivia) Vol. XXV, N° 1,* pp. 77-101.

11. CEPAL (sitio web). Perfil demográfico de países. Disponible en: https://www.cepal.org/es/subtemas/proyecciones-demograficas/america-latina-caribe-estimaciones-proyecciones-poblacion/perfil-demografico-paises [fecha de consulta: 15-11-2024].

12. COMITÉ CEDAW, 2004: Recomendación general N° 25, sobre el párrafo 1 del artículo 4 de la Convención sobre la eliminación de todas las formas de discriminación contra la mujer, referente a medidas especiales de carácter temporal. Apartado II Antecedentes: objeto y fin, pp. 1-10. Disponible en: https://www.un.org/womenwatch/daw/cedaw/recommendations/General%20recommendation%2025%20(Spanish).pdf [fecha de consulta: 30-10-2024].

13. Covarruvias, Ignacio, 2015: El test de proporcionalidad que se promueve en la tutela de derechos fundamentales y las premisas a las que se adhiere, en: *Revista de Derecho de la Pontificia Universidad Católica de Valparaíso, N° 45,* pp. 261-287.

14. Díaz, José Manuel, 2021: La Igualdad Constitucional en la Nueva Constitución, en: *Revista Actualidad Jurídica N° 43,* pp. 247-271.

15. Fernández, Raúl, 2019: Dos conceptos de discriminación directa en el trabajo: un aporte desde el Derecho Comparado, en: *Revista Laboral Chilena,* diciembre, pp. 33-44.

16. Fuenzalida, Patricia y Herrera, Florencia, 2023: Maternidad, labores de cuidado e igualdad en la legislación laboral chilena, en *Revista de Derecho Aplicado LLM UC,* pp. 1-40. Disponible en: https://doi.org/10.7764/rda.11.54011 [fecha de consulta: 15-11-2024].

17. Goldin, Claudia. Kerr, Sari Pekkala. Olivetti, Claudia., 2024: The other side of the mountain: women's employment and earnings over the family cycle, en: *Oxford Open Economics, N° 3,* pp. i323-i334.

18. Gómez, Verónica y Jiménez, Andrés, 2015: Corresponsabilidad familiar y el equilibrio trabajo-familia: medios para mejorar la equidad de género, en: *Polis Revista Latinoamericana, Vol. 14, N° 40,* pp. 377-396.

19. INE (sitio web) Encuesta nacional sobre uso del tiempo, ENUT, 2015. Disponible en: https://historico-amu.ine.cl/enut/files/principales_resultados/documento_resultados_ENUT.pdf [fecha de consulta: 10-11-2024].

20. Iriarte, Claudia, 2018: La discriminación estructural de género y su recepción sistemática en el sistema de derechos humanos, en *Anuario de derechos humanos, Nº 14,* pp. 55-76.

21. Maneiro, Yolanda, 2021: *La discriminación por asociación: desafíos sustantivos y procesales.* España, Editorial Aranzadi.

22. Pérez, Teresa, 2011: "La normativa interna sobre derechos de conciliación: la corresponsabilidad". En Cabeza, Jaime y Fernández, Belén "*Conciliación de la vida familiar y laboral y corresponsabilidad entre sexos",* Tirant lo Blanch, pp. 51-76.

23. Planet, Lucía, 2023: "Los derechos de no discriminación y de conciliación laboral en el proyecto constitucional de 2022: dos aliados en pos de la igualdad sustantiva" en Rojas, Irene "*El Trabajo en el proyecto Constitucional de 2022".* Valencia, Editorial Tirant lo Blanch, pp. 193-221.

24. Recio, Adela. Castellanos, Cristina. Jiménez, Javier, 2024: ¿Cómo incide el nuevo diseño de los permisos de nacimiento en la corresponsabilidad? Un análisis con registros administrativos de la Seguridad Social de 2016 a 2023, en: *Papeles de Trabajo Instituto de Estudios Fiscales, Nº 4,* pp. 1-90.

25. Riquelme, verónica, 2011: ¿La maternidad castigada? Discriminación y malos tratos, en: *Aporte al debate laboral Nº 25,* pp. 1-103.

26. Rodríguez, Matías, 2020: "El Convenio núm. 111, sobre discriminación (empleo y ocupación), y el derecho a la no discriminación en el empleo en Chile", en Arellano, Pablo y Severín, Juan Pablo "*Chile y la Organización Internacional del Trabajo. 100 años de relación normativa",* Santiago de Chile, Tirant lo Blanch y Pontificia Universidad Católica de Valparaíso, pp. 117-141.

27. THE ADECCO GROUP, 2021: Oportunidades y Satisfacción Laboral Chile 2021 Informe desde la mirada de los trabajadores, Chile, pp. 1-27. Disponible en: https://www.adecco.cl/informe/oportunidad-y-satisfaccion/descarga/Oportunidades-y-Satisfaccion-Laboral-Chile-2021.pdf [fecha de consulta: 25-11-2024].

28. Verdugo, Javiera, 2024: "La corresponsabilidad parental y el Derecho de Familias en perspectiva de género: "perder" para avanzar" en González, María de los Ángeles "Género, Justicia y Proceso", Valencia, Tirant lo Blanch, pp. 189-213.

El concepto de corresponsabilidad en el sistema de permisos laborales chileno relacionado con el cuidado de los hijos

Verónica Munilla Espinoza*

I. INTRODUCCIÓN

Al analizar las brechas por género que presenta el sistema jurídico chileno, uno de los temas centrales son los estereotipos por sexo que hace suyos nuestro Código del Trabajo. Como señala Sergio Gamonal, los estudios feministas ya han evidenciado como en la etapa de consolidación del derecho del trabajo en Chile fue a costa de la libertad de la mujer y de su reclusión en las labores de reproducción[1]. En este sentido, el ingreso de la mujer al mundo del trabajo se realiza sin que abandone sus obligaciones y de cuidado, haciendo suyos lo que Silvia Federici denomina trabajos productivos y reproductivos.

Lo anterior se manifiesta en diversos aspectos, sin embargo, uno de los más evidentes es el relacionado con los permisos asociados al cuidado de los hijos. El cuidado en general, y el cuidado de los hijos e hijas en particular como responsabilidad de la madre, es un concepto muy arraigado en nuestra cultura nacional, y la configuración del sistema de permisos laborales por razones de cuidado no es ajeno a ello. Si lo vemos desde un punto de vista jurídico, implica analizar a la persona titular de los permisos laborales que se relacionan con el cuidado de los menores.

Y ese es precisamente el objetivo del presente trabajo. Se busca exponer cada uno de los permisos que contiene el Código del Trabajo

* Abogada. Licenciada en Ciencias Sociales, Universidad Adolfo Ibáñez. Licenciada en Ciencias Jurídicas, Universidad Adolfo Ibáñez. Doctora en Derecho, Pontificia Universidad Católica de Valparaíso. Profesora agregada Escuela de Derecho de la Pontificia Universidad Católica de Valparaíso. Correo electrónico: veronica.munilla@pucv.cl

1 Gamonal, 2021, p. 324.

relacionados con el cuidado de las familias y sus hijos, con especial énfasis en el sujeto activo del derecho. De esta manera, se podría constatar que aún y cuando es un tema en constante evolución, el esquema actual no hace sino remarcar el carácter de cuidadora de la madre, institucionalizando el estereotipo de género existente al respecto. Así, podremos sostener que la norma jurídica no admite sino tangencialmente, el concepto de corresponsabilidad.

II. HACIA UN CONCEPTO DE CORRESPONSABILIDAD

En términos generales, la corresponsabilidad ha sido entendida como la distribución equitativa de las tareas propias del hogar entre el hombre y la mujer, de forma de lograr un justo equilibrio que permita la incorporación de ésta última en el mercado de trabajo. Nace entonces como una de las posibles soluciones que permitirían eliminar las distintas brechas que por concepto de género existen en el mundo laboral, ya sea de participación, salario, etc.

Esta idea general busca poder permitir la participación laboral femenina, evitando la denominada sobrecarga de roles asociados tanto a la labor productiva como la reproductiva. Sin embargo, se ha observado una evolución tal, que la corresponsabilidad ha dejado de ser considerada como una mera herramienta que posibilite un igual acceso al trabajo, para ser un valor intrínseco dentro de las dinámicas familiares, que enriquece la vida de quienes pertenecen a un grupo familiar específico y preparan a sus miembros para el desarrollo de sus habilidades en sociedad[2]. Así, su contenido se ha ido ampliando y complejizando.

VOSLER[3] propone una diferenciación entre los distintos roles que se pueden asumir en la dinámica familiar y, las tareas que se pueden asociar a cada uno de ellos. Dentro de los roles, distingue en rol de proveedor, persona destinada a dotar a la familia de los medios de subsistencia necesarios, de liderazgo familiar y toma de decisiones, de mantenimiento y organización del hogar, de cuidador de los miembros dependientes, y de educador.

---

2 GOODNOW, J. J., & WARTON, P. M, 1992, pp. 89-106.

3 VOSLER, 1996, citado en MAGANTO, BARTAU Y ETXEBERRIA, 2003, pp. 2-3.

La distribución de roles al interior de la familia se relaciona directamente con el ejercicio del poder dentro de la misma, y debe realizarse de tal forma que consecuencialmente permita una distribución de tareas equitativa. En este sistema el rol de liderazgo familiar se considera clave, ya que dibuja las relaciones entre los miembros y de dichos miembros con personas ajenas al núcleo familiar.

No se busca una distribución predeterminada de roles al interior de las familias ya que la misma puede ir mutando, dependiendo de las distintas dinámicas familiares, pero si se recomienda una estabilidad en torno al esquema adoptado. Lo que remarca el autor, es que el contexto político, cultural e institucional influye de forma determinante en la distribución de roles y tareas al interior del grupo familiar. Atendido el hecho de que en el contexto institucional se incluye la norma jurídica, es un elemento para tener en consideración en el análisis.

La aplicación del concepto corresponsabilidad no implica aludir a una mera distribución equitativa de las tareas asociadas al mantenimiento del hogar, sino que va más allá. Se busca una conciencia de los roles a cubrir y un asumir dichos roles de tal forma de que no se invisibilice ninguno de ellos. Un ejemplo es el rol de organización, que suele pasar inadvertido en las dinámicas familiares y asumido generalmente por las mujeres.

La corresponsabilidad entonces aparece como una necesidad en los grupos familiares actuales y no sólo una mera posibilidad de disminución de las brechas por género existentes en el mercado laboral. Su aplicación dibuja dinámicas que luego de ello, van a ser reproducidas en la sociedad toda, estableciendo la estructura social de los actuales grupos humanos.

III. EL SISTEMA DE PERMISOS LABORALES CHILENO

El permiso laboral se define como la cesación temporal de la prestación del servicio por una causa determinada, la que puede ser o no remunerada por el empleador. En el caso de que este tiempo no sea remunerado, puede actuar el sistema de seguridad social de tal forma de reemplazar el ingreso de la persona trabajadora.

El Código del Trabajo contempla diversas causas de permiso. Salud del trabajador, salud de los hijos del trabajador, salud de menores bajo el cuidado del trabajador, labores sindicales, etc. En el caso de este trabajo, se analizarán los permisos relacionados con el cuidado y mantenimiento de la familia.

III.1. Permisos relacionados con el embarazo

En el caso del embarazo, el Código del Trabajo contempla tres posibles permisos. Permiso prenatal, permiso prenatal suplementario, permiso prenatal prorrogado.

El permiso prenatal, consiste en la suspensión de las obligaciones emanadas del contrato de trabajo por un período de seis semanas anteriores a la posible fecha de nacimiento de la criatura. Su regulación se contempla en el artículo 195 del cuerpo legal referido, bajo la idea de descanso de la futura madre y preparación para el parto posterior. Por ende, sólo el embarazo habilita el ejercicio de este derecho.

El permiso prenatal, según el artículo 196 adquiere el carácter de suplementario, en la medida que por una enfermedad de la madre relacionada con el embarazo, se deba suspender el contrato de trabajo previo a las seis semanas contempladas por el artículo 195. Su duración no es predefinida, ya que depende de la patología que presente la mujer embarazada. Debido a ello, el Código del Trabajo exige la comprobación de la condición a través de un certificado médico, y su duración es fijada por el servicio médico u hospitalario que tenga a su cargo las acciones de carácter preventivo o curativo. Por otra parte, el permiso adquiere el carácter de prorrogado en la medida que el parto se atrase. La duración va a depender de la cantidad de tiempo que dure esta prórroga.

Obviamente, al relacionarse con el hecho del embarazo, este tipo de permisos puede ser ejercido sólo por la futura madre. Y su ingreso es reemplazado por el subsidio maternal, siendo la regla general un monto equivalente al promedio de las últimas tres remuneraciones completas anteriores al momento en que se comienza a hacer uso del descanso prenatal, con límites establecidos en base a la remuneración percibida por la trabajadora antes de la época de la concepción.

III.2. Permisos relacionados con el cuidado del hijo/a de hasta seis meses de edad

En este caso, la legislación chilena contempla dos permisos distintos, tanto en su naturaleza jurídica como en su configuración.

El primero de ellos es el permiso posnatal, contemplado en el artículo 195 del Código del Trabajo, cuya mayor modificación se produjo con la ley 20.545, publicada el 17 de octubre de 2011. Este permiso se subdivide en dos períodos. El primero de ellos corresponde a doce semanas después del parto, y es denominado por el Código del Trabajo como descanso por maternidad. Ello es congruente con el hecho de que es la madre del recién nacido la titular de este, a menos que ella muera durante el parto o en uso del permiso, o bien si es que al padre le ha sido otorgada la custodia del menor.

El segundo período de este permiso se denomina permiso posnatal parental, regulado en el artículo 197 bis del Código del Trabajo. Su duración es de doce semanas a continuación del descanso posnatal simple, a menos que una vez terminado éste último la trabajadora opte por reincorporarse a su trabajo en modalidad media jornada, lo que aumenta este descanso a dieciocho semanas.

También se incluye en la norma la posibilidad de que el padre haga uso de este permiso siempre que se cumplan las siguientes condiciones: que ambos padres sean trabajadores, que se trate de un período no superior a cinco semanas, que se haga uso a partir de la séptima semana del permiso, y que exista una "elección" de la madre tanto en el hecho de que el padre haga uso como en la cantidad de semanas de permiso.

La estructura jurídica implica entender que se trata de un permiso cuya titular es siempre la madre. Y, sólo bajo ciertas condiciones, ella puede disponer de su titularidad, otorgando por su voluntad un tiempo de uso al padre. Pero insistimos, siempre suponiendo su voluntad.

El mensaje con que se inició la discusión legislativa de la ley 20.545, que crea este segundo período denominado permiso posnatal parental, parte de la premisa de que se trata de una prolongación del permiso posnatal común, por ende, con su titularidad exclusivamente radicada en la madre. No obstante, ello, se reconoce al padre como parte importante, y hasta ese momento excluida, de la crianza de los menores de seis meses de edad. "Se ha destacado también la importancia de la figura paterna en el desarrollo infantil temprano y existen estudios que muestran que el apego seguro materno y paterno se influyen mutuamente y de manera interdependiente. Adicionalmente, la participación del padre en el período perinatal se asocia con un mayor nivel de desarrollo cognitivo y social del niño, una menor tasa de depresión materna, menor estrés parental y una mayor participación del padre en la crianza del hijo durante su vida." Así, el concepto de corresponsabilidad debiese ser una de las ideas matrices que ilumina la tramitación de la norma.

Sin embargo, pese a la declaración de intenciones, esta idea se diluye al momento de asumir la redacción final del actual artículo 197 bis, puesto que permiso posnatal parental posee una titularidad indefectiblemente unida a la madre, y la poca participación que podría tener el padre en el mismo pasa por la voluntad de la primera. Así, el permiso posnatal parental no hace sino institucionalizar, la ausencia de corresponsabilidad existente en los hogares nacionales. Ello se ve refrendado por las cifras, ya que, durante los primeros diez años de vigencia de la normativa analizada, sólo un 0,23% de los subsidios relacionados con este permiso fueron solicitados por los padres[4].

El segundo es el permiso al padre trabajador por el nacimiento del hijo, contenido en el inciso segundo del artículo 195 del Código del Trabajo. En este caso, el permiso es remunerado, y corresponde a cinco días hábiles contados sin considerar fines de semana o festivos, que se pueden utilizar de forma corrida desde el nacimiento del hijo o bien distribuidos dentro del primer mes de vida del menor. Este inciso también fue agregado por la ley 20.545, por ende, se entiende que comparte el sustento del permiso postnatal parental. Sin embargo y pese a que su titularidad es exclusiva del padre, su extensión es tan mínima que aparece como un verdadero detalle en el esquema general de cuidado del menor.

---

4 Comunidad Mujer, disponible en: https://comunidadmujer.cl/ley-de-posnatal-parental-cumple-una-decada-y-solo-023-de-hombres-lo-ha-usado-por-que-los-padres-no-se-involucran-en-cuidado-de-sus-hijos-recien-nacidos/.

III.3. Permisos relacionados con la salud del hijo/a menor a un año

El artículo 199 del Código del Trabajo regula el permiso por enfermedad grave del hijo menor de un año. En este caso, se trata de un menor de un año que requiere cuidado en el hogar por enfermedad grave, otorgándosele permiso por el tiempo que requiera ese cuidado, financiado a través de subsidio. Sólo si ambos padres son trabajadores, previa elección de la madre, el padre puede gozar del permiso y hacerse cargo del cuidado. En el caso de muerte de la madre o bien que el cuidado del menor se radique en el padre por sentencia judicial, es que la titularidad es exclusiva paterna, apareciendo como un caso excepcional.

De esta forma y si analizamos esta temática desde el punto de vista de la titularidad, es el mismo esquema utilizado a propósito del permiso postnatal parental. Se radica siempre en la madre, y sólo con su voluntad puede ser ejercido eventualmente por el padre.

III.4. Permisos relacionados con la salud del hijo/a menor de 18 años

Tratándose del cuidado de un menor de 18 años y mayor de un año, aquejado de una enfermedad o accidente grave con riesgo de muerte, el panorama jurídico es relativamente distinto.

El inciso segundo del artículo 199 bis del Código del Trabajo, señala que en el caso de existir una enfermedad grave de un hijo/a mayor a un año y menor de dieciocho años, entendiendo por grave el hecho de que sea aguda y con riesgo de muerte, tanto el padre como la madre tendrán derecho a ausentarse del trabajo. Por ende, este permiso podrá ser ejercido conjunta o separadamente por el padre y la madre, en el caso de que ambos sean trabajadores. Esta gran diferencia con los anteriores nos permite afirmar que estamos en presencia de una norma que, si trata a los titulares del cuidado desde la perspectiva de la corresponsabilidad, ya que no se establece diferencia alguna entre padre y madre para efectos del ejercicio. Por ende, si vemos la regla de forma aislada, no se comienza desde el presupuesto de que es la madre la destinada, según el estereotipo al cuidado, sino todo lo contrario, se invita a la coordinación en el ejercicio de este e incluso, la posibilidad de que dicho ejercicio sea conjunto.

Lo anterior posee una explicación de la que da cuenta la historia de la normativa. En efecto, este artículo fue modificado por la ley 21.063, publicada el 30 de diciembre de 2017, que crea un seguro para el acompañamiento de niños y niñas que padezcan las enfermedades que se indican, y modifica el Código del Trabajo para estos efectos. El mensaje que da inicio a la tramitación legislativa deja constancia de que, en los hechos, frente a una enfermedad grave de un menor de 18 años, uno de los padres renuncia a su trabajo para dedicarse a su cuidado. Esta renuncia en general la realiza la madre, lo que se puede en principio explica tanto por un esquema cultural de roles de cuidado asociados a la mujer, como por el menor nivel de ingreso de las mujeres trabajadoras.

De esta forma, se altera la tradicional titularidad materna en este tipo de permisos, y se permite que ambos padres se dediquen al cuidado. Lo cierto es que, si observamos las intenciones contenidas en el proyecto de ley y el resultado normativo, sí existe coherencia.

Ahora, sin desconocer lo anterior, debemos señalar que en este caso no estamos frente a un derecho propiamente tal. Si bien corresponde al concepto de permiso, no es posible configurarlo como derecho porque no es remunerado, debiendo compensarse las horas no trabajadas al feriado anual o bien, a través de horas extraordinarias. De esta forma, la entidad del cambio en la titularidad pierde fuerza, ya que pareciera que el asumir niveles de corresponsabilidad en términos normativos implica intentar que el ingreso de los trabajadores y su financiamiento quede a cargo de los mismos.

III.5. Permisos relacionados con el cuidado de las personas con discapacidad o dependencia severa

El artículo 199 bis del Código del Trabajo, establece permisos laborales para las personas que deban cuidar de otras que tengan un grado de discapacidad o dependencia severa.

En el caso de un menor de edad con discapacidad, los titulares de este permiso son los padres, la persona que tenga a cargo el cuidado personal, la persona registrada como cuidadora del menor en el Registro Nacional de Discapacidad, o bien la persona que cuide de un menor de seis años con discapacidad y que sea designada como cuidador/a por el médico tratante. Debemos señalar que en los dos últimos casos y de conformidad a lo establecido en el artículo 6° letra d) de la ley 20.422, no es requisito para ser cuidador o cuidadora tener un grado de parentesco con el o la menor cuidado/a.

En el caso de que nos encontremos con una persona mayor de dieciocho años con discapacidad mental psíquica o intelectual, multidéficit o dependencia severa, las mismas personas designadas en el párrafo anterior pueden hacer uso del permiso.

En cuanto a la estructura del derecho, es idéntica a la del permiso por enfermedad grave del menor de dieciocho años. La diferencia es la ampliación de las personas que puedan ser titulares del mismo.

Como podemos observar, en este caso no estamos de forma estricta frente a un permiso relacionado con la maternidad o la paternidad, sino que obedece más bien al concepto de cuidado en general. En efecto, el centro de la normativa está en la idea de discapacidad o dependencia, ya sea que ello afecte a los descendientes, ascendientes o bien, quienes puedan no tener un grado de parentesco con la persona cuidada.

Ahora bien, debemos recordar que el cuidado en general es un concepto que se encuentra estereotipado y muy relacionado con el género femenino, con independencia de quien deba ser la persona cuidada, sesgo del que no se libra nuestro Código del Trabajo. "A nivel de normas laborales, los Códigos de Trabajo de la región han dispuesto algunas cláusulas de conciliación trabajo-familia, pero principalmente dirigidas a mujeres trabajadoras[5]. Por ende, el hecho de que la norma jurídica no distinga por género en la titularidad de este permiso implica que no existe una definición per se en quien deba ejercer el cuidado, lo que no puede verse sino como un avance en materias de corresponsabilidad.

III.6. Permiso para alimentar al menor de dos años

El artículo 206 del Código del Trabajo regula el permiso para dar alimento al hijo menor de dos años. Este consiste el derecho de las mujeres trabajadoras para disponer de a lo menos una hora al día

---

5 Pautassi, 2018, p. 721.

para cumplir con este fin. El mismo puede ser realizado en cualquier momento de la jornada de trabajo, dividiéndolo a solicitud de la interesada en dos porciones, o bien postergando o adelantando en media hora o en una hora, el inicio o el término de la jornada de trabajo.

El tiempo destinado se contabilizará como parte de la jornada de trabajo, por ende, estamos en presencia de un permiso remunerado.

Si bien la redacción del inciso primero de la normativa indicaría que es un derecho del que es titular la madre, a través de la ley 20.761 publicada con fecha 22 de julio de 2014, se abre la posibilidad de que sea ejercido por el padre en el caso de que ambos progenitores sean trabajadores. En efecto, la modificación en la titularidad del ejercicio debe ser comunicada por escrito a ambos empleadores con treinta días de anticipación mediante instrumento firmado por padre y madre con copia a la respectiva Inspección del Trabajo.

El hecho de que sean ambos padres quienes deban firmar esta comunicación, implica entender que entre ellos debe preceder un acuerdo, y no una cesión de un derecho desde la madre hacia el padre, no estando en presencia de una titularidad per se adjudicada a la madre trabajadora. En este sentido, coincido con la interpretación que al efecto ha dado la Dirección del Trabajo en su Ordinario 3413/55 de 3 de septiembre de 2014, el que en su parte pertinente indica: "En caso de que la madre y el padre decidan hacer uso de la nueva facultad legal, y acuerden que será este último quien haga uso del beneficio en estudio, ambos deberán comunicar por escrito a sus empleadores respectivos tal determinación, con copia a la Inspección o Inspecciones del Trabajo respectivas, entendiéndose por tal la correspondiente al lugar donde se prestan los servicios, de acuerdo a Dictamen N° 4052/083 de 17.10.2011, de este Servicio, entre otros".

IV. CONCLUSIONES

La titularidad de la madre constituye un impedimento a la implementación del concepto de corresponsabilidad en la legislación laboral chilena.

Si analizamos el sistema de permisos laborales relacionados con el cuidado de los hijos en el Código del Trabajo chileno, desde una perspectiva de género, resulta clave el factor de la titularidad del derecho. Así, independiente de si el contenido de cada uno de ellos alcanza para el fin pretendido, debemos poner el acento en quien ejerce el cuidado de los hijos en nuestro sistema jurídico. En esta línea, no podemos sino concluir que nuestra legislación sigue perpetuando el concepto de madre cuidadora, más allá de las distinciones que por igualdad descriptiva debemos realizar.

Es evidente que el permiso de descanso prenatal es de titularidad de la madre, considerando que la finalidad del mismo es la preparación y cuidado previo al hecho del parto. Pero esta evidencia se diluye cuando abordamos el análisis de los restantes permisos existentes en nuestro sistema de reglas laborales.

El permiso postnatal es radicado de forma exclusiva en la madre, tratándose del primer período de doce semanas posteriores al parto, y de la madre con posibilidad de cesión al padre en el caso del permiso postnatal parental, y de enfermedad del hijo menor de un año, en las condiciones que se reseñaron en lo principal de este trabajo. Esta titularidad se diluye en cuanto hablamos de los permisos por enfermedad grave del hijo menor de dieciocho años, permisos por cuidado de personas con discapacidad y dependencia y permiso para dar alimentos. Pero en el caso de estos últimos, la entidad o el peso que poseen en cuanto a su contenido y aplicación distan con mucho de los primeros, por ende, el hecho de que la titularidad pudiese ser compartida aparece como menos atentatoria al estereotipo que nuestra legislación laboral mantiene. Ello no es sino reforzado por la regulación que posee el permiso del padre por nacimiento del hijo, el que no posee sino un carácter meramente ilustrativo dentro de la estructura analizada.

De esta forma aparece como inevitable la relación entre la madre y el cuidado, imponiendo cargas a la mujer relacionadas con el trabajo reproductivo. Ello provoca como consecuencias ya conocidas por todos y todas; brechas en la entrada al mundo del trabajo, brechas de salario, doble jornada de trabajo para las mujeres etc. Coincidiendo con Gamonal el esquema del Derecho en general es masculinizado[6]. Y las normas relativas al cuidado de los hijos, analizadas desde la perspectiva del sistema, optan por la sexualización de los roles, iden-

---

6 Gamonal, 2021, p. 326.

tificando el cuidado con la mujer, y si bien formalmente no establece una jerarquía entre ellos, materialmente si observamos un resultado discriminatorio debido a las consecuencias ya mencionadas.

Las modificaciones introducidas no alcanzan para alterar esta idea central de nuestra legislación. Si bien se valoran los esfuerzos graficados por las leyes 20.422, 20.545, y 21.063, estos son mínimos y aparecen como estériles en relación con la configuración general del sistema. Ya en el año 2011, Eduardo Caamaño escribía: "Sostenemos en esta normativa protectora de la maternidad, siendo valiosa en sí misma y en lo que respecta de cada uno de los derechos que en ella se comprenden, enfocada desde una perspectiva sistémica produce un efecto perverso, al estar edificada a partir de la arcaica premisa de la madre cuidadora". Pues bien, trece años más tarde, esta observación sigue teniendo vigencia, manteniéndose un sistema legal que perpetúa la idea de que quien cuida a los hijos, es la madre.

V. BIBLIOGRAFÍA

1. Caamaño Rojo, Eduardo, 2011: Mujer, trabajo y Derecho, Santiago de Chile, Editorial Legalpublishing.
2. Comunidad Mujer, Ley de posnatal parental cumple una década y sólo el 0,23% de los hombres lo ha usado. Disponible en: https://comunidadmujer.cl/ley-de-posnatal-parental-cumple-una-decada-y-solo-023-de-hombres-lo-ha-usado-por-que-los-padres-no-se-involucran-en-cuidado-de-sus-hijos-recien-nacidos/ [fecha de consulta 10.02.2025].
3. Federici, Silvia, 2018: El patriarcado del salario, Ciudad Autónoma de Buenos Aires, Tinta Limón Ediciones.
4. Gamonal Contreras, Sergio, 2021: Derecho Individual del Trabajo. Santiago de Chile, DER Ediciones.
5. Goodnow, J. J. and Warton, P., 1991: The social bases of social cognition: interactions about work and their implications. Merrill- Palmer Quarterly, 37 (1), 27-58.
6. Goodnow, J. J., & Warton, P. M., 1992: Understanding responsibility: Adolescents' views of delegation and follow-through within the family. *Social Development, 1*(2), 89-106. https://doi.org/10.1111/j.1467-9507.1992.tb00114.x
7. Gómez Urrutia, Verónica, Jiménez Figueroa, Andrés, 2015: Corresponsabilidad familiar y el equilibrio trabajo-familia: medida para mejorar la

equidad de género, en: Polis, Revista Latinoamericana, Vol. 40, nº 40, pp. 377-396.

8. Maganto, J. M., Bartau, I. y Etxeberria, J. (2003). "La participación en el trabajo familiar: Un reto educativo y social". Revista Electrónica de Investigación y Evaluación Educativa, 9(2), 160-183.
9. Pautassi, Laura, 2018: El cuidado como un derecho. Un camino virtuoso, un desafío inmediato. En: Revista de la Facultad de Derecho de México, Tomo LXVIII, Número 272, septiembre-diciembre.
10. Rojas Miño, Irene, 2022: El Derecho de no discriminación remunerativa por causa de sexo en Chile, Santiago de Chile, Editorial Thomson Reuters.
11. Walker Errázuriz, Francisco y Arellano Ortíz, Pablo, 2016: Derecho de las Relaciones Laborales I, Derecho Individual del Trabajo, Santiago de Chile, Editorial Librotecnia.

La flexibilidad de la jornada de trabajo y su impacto en la conciliación laboral y familiar*

IRENE ROJAS MIÑO**

I. INTRODUCCIÓN

Si bien el sistema jurídico laboral chileno ha incorporado recientemente el objetivo de conciliación laboral y familiar, y ello en el marco de las medidas de la protección a la maternidad y paternidad[1], paralelamente ha agregado una medida general de flexibilidad de la jornada por iniciativa del empleador[2] —sin perjuicio de las medidas específicas que ya existían en dicha materia, ya sea por vía normativa o por prácticas del sistema de relaciones laborales— lo que atenta directamente a la conciliación laboral y familiar.

Dada dicha contradicción, el sistema chileno parece desconocer que "la primera premisa para la conciliación (...) es la recuperación de nuestro tiempo"[3] o, como ha señalado la Comisión Mundial para el Futuro del Trabajo, "la soberanía del tiempo de trabajo"[4], en circunstancias de que el sistema de jornadas y descansos presenta desde décadas atrás altos niveles de flexibilidad por iniciativa del empleador.

Precisamente, en este trabajo se analiza esta especial medida general de flexibilidad de la jornada de trabajo por iniciativa del em-

* Este artículo forma parte del Proyecto de Investigación Fondecyt Regular, ANID-Chile, titulado "Redefinición de las medidas de conciliación entre el trabajo y la familia en el sistema chileno, a fin de garantizar el derecho de igualdad de trato y de oportunidades en el empleo en razón del género".

** Abogada, Licenciada en Ciencias Jurídicas y Sociales por la Universidad de Chile, Doctora en Derecho por la Universidad de Valencia. Profesora Titular de Derecho del Trabajo, Universidad de Talca.

1 Ley 21.645 de diciembre de 2023.

2 Tal como lo ha hecho la Ley 21.561 de abril de 2023.

3 BALLESTER, 2024, p. 12.

4 COMISIÓN MUNDIAL SOBRE EL FUTURO DEL TRABAJO, 2019, pp. 41 y 42.

pleador y se reflexiona sobre el impacto de la misma en la conciliación laboral y familiar.

II. ANTECEDENTES DE LA MEDIDA GENERAL DE FLEXIBILIDAD DE LA JORNADA

Lo cierto es que desde tiempo atrás el sistema de relaciones laborales chileno ha incorporado medidas de flexibilidad, pero todas ellas habían afectado a específicos sectores económicos, como es el agrícola y el de transporte, entre otros, pero ahora se ha incorporado una vía de flexibilidad que afecta a la jornada general del sistema jurídico chileno, es decir la jornada ordinaria, y que se plantea tanto respecto de su extensión como de su distribución, procediendo en ambos casos a través de la autonomía colectiva como a través de la autonomía individual.

En efecto, el pasado 26 de abril de 2023 se publicó la Ley 21.561, la que ha sido conocida coloquialmente como "ley de las cuarenta horas"[5] y que estableció la reducción gradual de la jornada laboral vigente entonces en Chile, de cuarenta y cinco a cuarenta horas semanales[6]. Sin embargo, este texto legal comprendió además otras materias referidas a los tiempos de trabajo, estableciendo, entre otras normas, la flexibilidad de la jornada ordinaria, la que se establece en el nuevo artículo 22 bis del Código del Trabajo.

Dicha flexibilidad de la jornada ordinaria está referida tanto a la extensión como a la distribución del tiempo de trabajo, cuyo establecimiento procede a través de un acuerdo de la autonomía colectiva o individual.

En relación con la extensión de la jornada, se permite el pacto de promediación en un ciclo de hasta cuatro semanas, en base a un promedio semanal de cuarenta y cuatro —o las que correspondan en el periodo de reducción gradual hasta el año 2028— y, en todo caso,

---

5 Además, su nombre destaca tal perspectiva, en cuanto se titula "Modifica el Código del Trabajo con el trabajo de reducir la jornada laboral".

6 Constituye una reducción gradual en cuanto se efectuará en un lapso de cinco años a partir de la entrada en vigencia de dicha Ley 21.545; así se reduce en una hora el año 2024, dos horas el 2026 y dos horas el 2028.

la extensión máxima de cada semana no puede exceder a cuarenta y cinco horas[7]. Dicho pacto debe también fijar el calendario con la distribución diaria y semanal de las horas de trabajo en el ciclo[8].

En cuanto al pacto de distribución, este procede como un segundo pacto que se adiciona al de extensión, pero que no consideraría la fijación del "calendario con la distribución diaria y semanal de las horas de trabajo en el ciclo", sino que permite el acuerdo para el establecimiento de "diferentes alternativas de distribución de la jornada en un ciclo"[9]; pudiendo el empleador aplicar cualquiera de ellas en el marco de promediación de las horas semanales, exigiéndose por ley que debe "comunicársela al trabajador con una semana de antelación[10].

Más allá de la particular voz que utiliza el legislador respecto de la procedencia de la jornada flexible a través de un 'pacto', en cuanto permite la vía de la autonomía individual para disponer de un derecho mínimo establecido por la norma legal, sólo requiere el acuerdo previo del respectivo sindicato en el supuesto de que el trabajador esté sindicalizado[11].

III. EL CARÁCTER DE LA FLEXIBILIDAD LABORAL, EN GENERAL, Y DE LA JORNADA DE TRABAJO EN PARTICULAR

Más allá del debate sobre el concepto de flexibilidad[12], y considerando a estos efectos la flexibilidad interna del contrato de traba-

---

7 Además, tampoco podrá extenderse este límite máximo a dos semanas continuas en el ciclo.

8 Artículo 22 bis, inciso segundo, primera parte, Código del Trabajo.

9 Artículo 22 bis, inciso segundo, segunda parte, Código del Trabajo.

10 Artículo 22 bis, inciso segundo, primera parte, Código del Trabajo.

11 Como se ha señalado, en la actualidad chilena sólo en el 6,3% de las empresas hay sindicatos, concentrándose estos en la gran empresa y, en alguna medida, en la mediana empresa. Dirección del Trabajo, 2019, pp. 250 y 251.

12 Es cierto que la flexibilidad laboral constituye un concepto bastante amplio, que va desde una versión general de "adaptación al tradicional esquema normativo del trabajo asalariado". Álvarez y Weindenslaufer, 2020, a una más precisa que plantea a la flexibilidad como "... la eliminación, disminución, aflojamiento o adaptación de la protección laboral clásica, con la finalidad —real

jo y, por consiguiente, la referida a las condiciones laborales, debe plantearse que la flexibilidad comprende diversas técnicas entre las que se consideran la disminución de beneficios, establecimiento de normas de carácter dispositivo o disminuyendo las sanciones ante su incumplimiento[13].

III.1. La dispositivización de los derechos laborales

La medida general de flexibilidad de la jornada, como también las de carácter específico que han sido dictadas, se ha efectuado a través de la técnica de dispositivización de derechos, en cuanto se dispone de un derecho laboral, sea por la autonomía colectiva e incluso por la autonomía individual —aunque esto último es totalmente extraordinario en el Derecho del Trabajo, en cuanto implicaría una renuncia a los derechos laborales—.

En efecto, como es sabido, el Derecho del Trabajo se autoconfigura principalmente en base a derechos mínimos que define la norma legal, pero que son susceptibles de ser mejorados por la autonomía colectiva o por la autonomía individual, premisa que rige también en el sistema jurídico chileno. Así, en el Derecho del Trabajo se distinguen entre normas de derecho necesario absoluto (que no admiten modificación alguna), normas de derecho necesario relativo (que son modificables en un solo sentido) y las normas de derecho dispositivo (que son modificables para mejorar o disminuir el derecho que se establece). Al efecto, el Derecho del Trabajo, se ha construido en base mayoritaria a las normas de derecho necesario relativo, en cuanto la norma legal se autoconfigura como norma mínima irrenunciable, dejando a la autonomía colectiva y a la autonomía individual la tarea de mejorar los mínimos legales.

Por su parte, en el ordenamiento jurídico vigente en Chile, la ley se autoconfigura como norma mínima, tal cual establece el artículo 5, incisos segundo y tercero, del Código del Trabajo, que expresamente señala: "*Los derechos establecidos por las leyes laborales son irrenun-*

---

o presunta— de aumentar la inversión, el empleo o la competitividad en la empresa". Ermida, 2021, p. 9.

13 Sala Franco, 1993, pp. 39-50.

ciables, mientras subsista el contrato de trabajo." "*Los contratos individuales y colectivos de trabajo podrán ser modificados, por mutuo consentimiento, en aquellas materias en que las partes hayan podido convenir libremente*". De esta forma, el instrumento colectivo y el contrato de trabajo sólo pueden mejorar los mínimos fijados por la ley. A su vez, la relación entre el instrumento colectivo y el contrato individual de trabajo está regulada en el artículo 311 del Código del Trabajo (imperatividad de los instrumentos colectivos). El citado artículo establece que "las estipulaciones de un contrato individual de trabajo no podrán significar disminución de las remuneraciones, beneficios y derechos que correspondan al trabajador por aplicación del contrato, convenio colectivo o del fallo arbitral por el que esté regido". De esta manera, las partes de la relación individual de trabajo sólo podrán modificar las cláusulas de un instrumento colectivo cuando ello vaya en beneficio del trabajador.

Por consiguiente, en nuestro sistema no procedería la dispositivización de la norma legal por la autonomía colectiva y, menos aún, por la autonomía individual, salvo que la misma ley lo autorice.

III.2. La dispositivización en los sistemas comparados

Por su parte, los sistemas comparados muestran la misma norma general de improcedencia de la dispositivización, requiriéndose una norma especial que la autorice, la que sólo ha procedido a través de la autonomía colectiva. En efecto, si bien algunos sistemas de relaciones laborales han efectuado una apuesta por la flexibilidad a fin de disminuir los niveles de rigidez de la ley, ello lo han hecho entregando las facultades reguladoras a la autonomía colectiva; es decir, las respectivas organizaciones de empresarios y de trabajadores establecen la nueva regulación más acorde a su realidad y en caso de que no se logre dicho acuerdo se mantiene la norma legal, la que tiene, en definitivas cuentas, un carácter supletorio. Así, en sistemas comparados, se ha podido flexibilizar la norma legal a través de acuerdos colectivos, a través de la cesión de espacio que la misma ley efectúa a la autonomía colectiva no tan sólo para mejorar los derechos mínimos establecidos sino que para disponer de los mismos y establecer una nueva regulación.

La disponibilidad de las normas laborales ante la autonomía colectiva se plantea precisamente en aquellos de alto desarrollo y cobertura de la negociación colectiva, con sindicatos altamente representativos y en paridad de posición negociadora con la parte empresarial, en cuanto la misma ley permite que a través de acuerdos colectivos se establezca una regulación alternativa, por lo que en determinadas materias la ley cede espacio a la autonomía colectiva no tan sólo para que se mejoren los mínimos establecidos sino que también para disponer de los mismos y establecer una nueva regulación, como es en materia de tiempos de trabajo, estableciéndose jornadas flexibles para la empresa o sector que se trate.

Pero la exigencia que plantean estos sistemas para que proceda dicha cesión es la existencia de una real manifestación de la autonomía colectiva, fundada en una negociación en paridad de condiciones, entre sindicatos y organizaciones empresariales en un ámbito nacional, de rama e incluso de niveles inferiores, en los que la negociación colectiva no se limita a materias remuneracionales y de condiciones de trabajo, sino que a todas las materias que importan a las relaciones laborales. Y ciertamente, este modelo de negociación colectiva se fundamenta en la alta valoración de los respectivos sistemas de los acuerdos normativos suscritos por los actores de las relaciones laborales, sistemas que inclusive no dudan en incorporar diversos mecanismos jurídicos de promoción de la negociación colectiva.

III.3. Los antecedentes de dispositivización de la jornada en el sistema jurídico chileno

Son varios los casos de dispositivización de la jornada, en cuanto que a partir del reconocimiento histórico de un específico derecho laboral, la ley plantea su dispositivización, y lo particular es que en muchos casos ello ha procedido a través de la autonomía individual. Sin embargo, en el marco del sistema jurídico chileno esta vía de flexibilidad tiene aplicación desde varias décadas atrás, verificándose una de carácter emblemático tal cual fue la efectuada respecto de la indemnización por término de contrato efectuada por el texto legal que adecuó la normativa laboral de corte individual a las bases neoliberales del Plan Laboral, a través de la Ley 18.018 de 1981[14].

Un primer caso de dispositivización de la jornada de trabajo es la que afecta a los turnos rotatorios, en cuanto en muchos casos son "constantemente modificados unilateralmente por la empresa", lo que genera la incertidumbre de cuál será la jornada concreta que será aplicada, tal como muestran diversos estudios del sistema de relaciones laborales chilenos, como es la Encuesta Laboral de la Dirección del Trabajo[15] y un estudio de casos del Departamento de Estudios de dicha entidad[16]. Cabe señalar que esta modificación unilateral de los turnos se configura como una práctica con la cual las empresas se reservan en el contrato individual o en el Reglamento Interno de la Empresa[17] la facultad de cambiar la duración y distribución de las jornadas de trabajo[18]. Sin embargo, esta práctica contradice las bases normativas del ordenamiento jurídico chileno, en cuanto este define

---

14 La Ley 18.018, y en el marco de un sistema de terminación del contrato de trabajo de libre despido que entonces se impuso, estableció que las indemnizaciones que procederían —estas eran por la aplicación de desahucio empresarial y cuyo monto era de un mes de remuneración por año trabajado con un monto máximo de cinco meses de remuneración, es decir el equivalente a 150 días—, fueran disponibles ante la autonomía individual.

15 Así lo plantea la Dirección del Trabajo (*ENCLA, Encuesta Laboral 2019*, pp. 250 y 251), lo que afectaría a un alto porcentaje de trabajadores sujeto a turnos rotativos, en cuanto que "según lo informado por dirigentes sindicales y trabajadores de empresas sindicatos, lo que es aproximadamente 6% del total de las personas trabajadoras. Sin embargo, este porcentaje puede aumentar, según qué se otorgue a la respuesta, toda vez que en la encuesta anterior (*ENCLA* 2014, pp. 151 y 152) se plantea que "en el 27,4% de las empresas que trabajan en turnos, el empleador modifica los turnos a pesar de estar asignados".

16 Echeverría, 2004, pp. 95 y ss.

17 Lo cierto es que se detectan diversas vías que otorgarían un supuesto sustento normativo para establecer la facultad empresarial de modificar unilateralmente la aplicación de los turnos —entre otras que han sido detectadas, aunque falta un estudio que las sistematice—, como es la facultad en el mismo contrato de trabajo o el establecimiento en el Reglamento Interno de la Empresa de más de cien turnos de trabajo.

18 Asimismo, el estudio de casos de Echeverría y otros ("Flexibilidad Laboral en Chile...", p. 64), efectuado respecto de cinco grandes empresas (con más de 200 personas trabajadoras cada una de ellas, las que desarrollan turnos rotativos aunque una de ellas no incorpora el trabajo nocturno), plantea que "todas las empresas estudiadas se reservan en el contrato individual o en el Reglamento

un sistema general de jornada que exige que el respectivo contrato de trabajo debe establecer con precisión la extensión y distribución de dicha jornada.

Un segundo supuesto es el de los trabajadores agrícolas, en cuanto que a través de un sistema de promediación de la extensión de la jornada diaria se presenta como categoría de jornada especial relativa a las personas trabajadoras agrícolas[19], respecto de las que se han planteado diversas observaciones de política legislativa dada la precarización laboral que ha generado dicha jornada.

Una tercera manifestación de dispositivización es la que afecta a los trabajadores de la movilización pública en lo relativo a los tiempos de espera, particularmente de los trabajadores de transporte rural colectivo de pasajeros. En efecto, la Ley 20.271 de 2008, estableció respecto de estas personas trabajadoras que los tiempos de espera "...que les corresponda cumplir entre turnos laborales sin realizar labor, no será imputable a la jornada, y su retribución o compensación se ajustará al acuerdo de las partes" (artículo 26 bis del Código del Trabajo). De esta manera se excluye del tiempo de la jornada de trabajo estos tiempos de espera en circunstancias de que en razón de lo expresamente declarado por el legislador "se considerará también jornada de trabajo el tiempo en que el trabajador se encuentra a disposición del empleador sin realizar labor por causas que no le sean imputables"; consiguientemente tampoco se remuneran estos tiempos de espera.

Un cuarto caso es el que afecta el descanso de colación de los trabajadores de restaurantes, que atiendan directamente al público. Si bien se ha discutido sobre el límite de la extensión máxima del descanso de colación, una interpretación sistémica plantea el límite de la extensión del descanso de colación[20]. Sin embargo, se dispositivizó

Interno la facultad de cambiar la duración y distribución de las jornadas de trabajo".

19 Promediación en cómputo anual y que se plantea en base a la autonomía individual (artículo 88 Código del Trabajo y Decreto 45 de 1986).

20 En efecto, **se** establece un descanso dentro de la jornada para el efecto de colación y éste será, a lo menos, de media hora. Si bien la ley no señala en forma expresa la duración máxima de la interrupción referida, ello no fundamenta la inexistencia normativa de un límite temporal máximo, ya que de la inter-

dicho máximo respecto del sector que planteaba mayor debate, el de restaurantes, planteándose a través de un supuesto pacto colectivo la procedencia de un descanso de colación superior a media hora y hasta cuatro horas[21].

Al respecto, no ha habido mayor debate sobre esta medida. Pero debe considerarse el aumento de la cobertura de esta norma dispositiva, en cuanto por mandato de la Ley 21.561 de 2023, también se aplicará a una especial de categoría de trabajadores: "la de hoteles y clubes que atiendan directamente al público".

En quinto lugar, están los denominados pactos de adaptabilidad, fruto de la reforma de 2016 a través de la Ley 20.940. Si bien en la actualidad no han tenido mayor vigencia, y menos aún después de su derogación, lo cierto es que ellos se enmarcan en la intención de acuerdo de dispositivización en materias de jornada laboral, los que fueron objeto del veto presidencial, después de la sentencia del Tribunal Constitucional que reconoció la titularidad de los grupos

---

pretación sistemática de las normas legales sobre jornada de trabajo es posible concluir en la existencia de un límite a dicho máximo.

En tal sentido, la interrupción de la jornada tiene un objetivo claro y preciso: el tiempo necesario para la colación —o como ha señalado la Dirección del Trabajo "… otorgar a los trabajadores el tiempo suficiente para ingerir el alimento que requieren para reponer las energías gastadas en el transcurso de la primera parte de dicha jornada que ya han cumplido"— y, por tanto, se trata de un lapso de tiempo prudencial para cumplir dicho fin.

Por lo demás, si éste es el objetivo de la ley, queda claro que no establece un doble sistema de jornada diaria, como es la histórica distinción entre jornada única y jornada partida —o doble jornada—, sino que establece un sólo sistema de jornada diaria, cualquiera sea su nombre, aunque se asemeja a lo que tradicionalmente se ha conocido como jornada única: la que se interrumpe para efecto de colación y no por otras causas.

21 Sin embargo, se plantea la exigencia de un pacto de carácter colectivo, y que incorporaría a todos los trabajadores del restaurante que atienda directamente al público —además de los trabajadores que en tales servicios y que sin atender directamente al público sean de difícil reemplazo—. Este pacto deberá celebrarse con la o las organizaciones sindicales existentes o, a falta de las mismas a través de un acuerdo colectivo que incorpore a tales trabajadores y suscrito ante un ministro de fe.

Respecto del contenido, las horas de interrupción de la jornada que exceda la media hora deberán ser remuneradas en base a uno y medio ingreso mínimo mensual.

negociadores en la negociación colectiva. En efecto, las materias objeto de pactos de adaptabilidad que fueron propuestas originalmente estaban referidas a determinados aspectos del régimen jurídico de los tiempos de trabajo y descansos: horas extraordinarias, sistemas excepcionales de jornadas y descansos y tiempos de espera. Durante la tramitación[22] se incorporaron otras dos materias: sobre distribución de la jornada semanal y distribución de jornada de trabajadores con responsabilidades familiares. Y tiene relevancia esta distinción, pues las materias que originalmente fueron propuestas para ser objeto de pactos de adaptabilidad fueron excluidas a través de un veto presidencial, quedando sólo las últimas. En todo caso, debe recordarse que ha sido suprimido, también por Ley 21.561, el pacto sobre distribución de jornada de trabajo, en cuanto, este ahora también procederá por autonomía individual.

IV. EL PROCESO DE INCORPORACIÓN DE LA MEDIDA GENERAL DE FLEXIBILIDAD EN EL EN EL SISTEMA JURÍDICO CHILENO

Paralelamente a la incorporación de medidas de flexibilidad específicas, el sector empresarial demandaba la procedencia de una vía de flexibilidad general de la jornada de trabajo. Al efecto, el Proyecto de ley que dio origen a la Ley 19.759 de 2001 acogió dicha demanda[23] pero una posterior Indicación del Ejecutivo suprimió dicha propuesta. Posteriormente, en el año 2003, el Gobierno de entonces condicionó a que dicha flexibilización fuera a través de la negociación colectiva en la que el titular por la parte laboral fuese un sindicato[24]; sin embargo, esta propuesta no tuvo mayor acogida. La discusión se volvió a plantear al interior de la Comisión Equidad y Trabajo del año 2008, originándose al respecto tres posiciones[25]. Las dos primeras

---

22 Específicamente por modificación propuesta por la Comisión de Trabajo y Previsión Social y la Comisión de Hacienda.

23 En cuanto el Proyecto de Ley presentado por el presidente Lagos en noviembre del año 2000 incorporó normas de "Adaptabilidad de la Jornada de Trabajo",

24 Véase "Propuesta del Gobierno sobre adaptabilidad Laboral", en Revista Laboral Chilena, abril de 2003, pp. 90-93.

25 Comisión Trabajo y Equidad, 2008, pp. 135-140.

manifiestan su conformidad a estos acuerdos que precisamente se denominan "pactos de adaptabilidad" y sus diferencias se refieren al requerimiento o no del sujeto sindical en su adopción. Mientras que la tercera posición condicionó su procedencia al cumplimiento de exigencias previas, en cuanto el pacto de adaptabilidad en el actual sistema de relaciones laborales, por la exigua tasa de sindicalización y la radicación de la negociación colectiva en la empresa, llevaría a "la desregulación normativa, aumentando las asimetrías de las relaciones laborales"[26].

Una particular propuesta de dispositivización se planteó en el Proyecto que antecedió a la Ley 20.940, en cuanto acogió la expresión diseñada en el Informe de la Comisión Equidad y Trabajo, e incorporó la procedencia del pacto de adaptabilidad a través del acuerdo colectivo pero con una eficacia personal particular, en cuanto ésta puede llegar a ser de carácter general en la respectiva unidad de negociación, es decir la empresa; en circunstancias que nunca se ha reconocido tal eficacia personal a los acuerdos colectivos suscritos en las modalidades establecidas por el modelo normativo vigente.

Con posterioridad en el año 2019, el gobierno de entonces presentó un Proyecto de Ley el que tuvo como particular nombre el de "modernización laboral para la conciliación, familia e inclusión"[27], pero que como se ha señalado, debería haberse denominado como "de las medidas de desregulación de las jornadas y descansos laborales y supresión de otros derechos del trabajo". En efecto, entre las diversas propuestas se planteó el pacto a través de la autonomía individual de un sistema de promediación de la jornada en cómputo mensual y el establecimiento de sistemas excepcionales de jornadas y descansos.

Finalmente, fue a través de la citada Ley 21.561, de 2023, que se estableció la medida general de jornada flexible tanto en la perspectiva de la extensión como de la distribución del tiempo de trabajo y que afectó a la jornada ordinaria. No obstante, ante la opinión pública el alcance de dicha flexibilidad ha sido excluido, en cuanto en

---

26 Comisión Trabajo y Equidad, 2008, pp. 139-140.

27 Proyecto presentado por el Ejecutivo ante la Cámara de Diputados con fecha 02 de mayo de 2019, Mensaje N° 021-367.

su presentación se enfatizó la reducción de la jornada semanal de trabajo a cuarenta horas; sin embargo, se ha omitido la otra gran modificación y que es la incorporación de la jornada flexible al régimen ordinario, jornada que inclusive podrá ser instaurada por la autonomía individual, es decir, a través de un supuesto acuerdo entre el concreto trabajador y su empleador.

Es cierto que el Proyecto original estaba sólo referido a la reducción de la jornada. Pero en su tramitación, y más allá de las adecuaciones técnicas requeridas, fue incorporada la jornada flexible, pareciendo así que hubo una transacción de reducción de la jornada por flexibilidad de la misma, dando respuesta con esta última medida de una demanda planteada desde décadas atrás por el sector empresarial.

V. EL PROBLEMA DE LA JORNADA FLEXIBLE

Debe recordarse que la limitación de la jornada es una conquista laboral y constituyó una de las primeras medidas que adoptó el Derecho del Trabajo: limitar el tiempo de trabajo y definir una jornada fija para las personas trabajadoras a fin de garantizarles tanto la posibilidad de desarrollo de sus múltiples dimensiones, como el control de su tiempo, teniendo así la certeza del inicio y término de su jornada de trabajo en un periodo prolongado.

La jornada flexible rompe con la certeza del inicio y término de los tiempos de trabajo, y por ende, del control que toda persona requiere de los mismos. En efecto, la jornada flexible plantea que la prestación de servicios se realiza en espacios de tiempo cuya distribución varía o puede variar de una semana a otra y, además de que alguno de los módulos de tiempo que se establecen exceden el máximo legal establecido.

Es cierto que muchos procesos productivos requieren jornadas flexibles, pero la respuesta a tal demanda debe efectuarse a través de la conciliación de los diversos intereses que concurren y no con la anulación de uno de ellos. Es por ello que en sistemas democráticos de relaciones laborales se establecen dichas jornadas flexibles a través de las negociaciones colectivas generales, en las que se negocian las diversas materias de las relaciones laborales y entre ellas la distribución de la jornada diaria o semanal respecto de un periodo calendario; garantizando de esta manera el control de cada trabajador/a de su tiempo de trabajo y respondiendo a la demanda requerida por los procesos productivos.

Pero la Ley 21.561 no efectuó el requerimiento de que sea la autonomía colectiva la que establezca la jornada flexible, sino que lo deja sujeto a un "acuerdo" entre el trabajador y su empleador, y sólo en el caso de que el trabajador esté sindicalizado dicho acuerdo requerirá la aprobación de la respectiva organización sindical. En los demás casos, bastará el sólo "pacto a través de la autonomía individual", los que, en la mayoría de los casos, bien sabemos, son imposición empresarial, toda vez que por esta vía difícilmente se responde al interés laboral.

Por lo demás, y como se ha señalado, sólo en un 6,3% de las empresas hay sindicatos, concentrándose estos en la gran empresa y, en alguna medida, en la mediana empresa; lo que significará que en la gran mayoría de las relaciones de trabajo procederá esta jornada flexible por "acuerdo individual" y ello a partir de un año contado desde la publicación de la citada "ley de 40 horas", mientras que la reducción total de la cinco horas contempladas será en forma gradual, concretándose en cinco años desde su publicación.

Podrá esgrimirse que el pacto de flexibilidad de la jornada tiene límites y ello es cierto, en cuanto sólo procedería en ciclos de hasta 4 semanas y no podría exceder las 45 horas semanales. Pero la flexibilidad se agrava con la posibilidad del pacto de "diferentes alternativas de distribución de la jornada en un ciclo" (nuevo artículo 22 bis, inciso segundo del Código del Trabajo), la que el empleador sólo comunicaría con a lo menos una semana de antelación. En tal sentido ¿cuál es el control que la persona trabajadora podrá tener de su tiempo laboral y del tiempo de sus demás actividades?

VI. LA JORNADA FLEXIBLE Y SU IMPACTO EN LA CONCILIACIÓN LABORAL Y FAMILIAR

Si bien es cierto que el análisis de las medidas de conciliación laboral y familiar desde la perspectiva de los tiempos de trabajo ha estado referido a la disponibilidad de "ausencias laborales" a fin de proceder a los cuidados, lo cierto es que en los últimos años se reclama la soberanía de los tiempos de trabajo, lo que se concreta principalmente en razón de los tipos de jornadas de trabajo que se establezcan y apliquen.

En efecto, tal como plantea la Comisión Mundial sobre el Futuro del Trabajo presidida por la Organización Internacional del Trabajo (en adelante OIT), en su Informe de 2019[28], en el marco de un trabajo decente se requiere de la soberanía de los tiempos de trabajo por parte de las personas trabajadoras, soberanía referida tanto a la capacidad de tener más opciones como a ejercer mayor control sobre las horas de trabajo[29], lo que, además, constituye un requerimiento insoslayable de la conciliación laboral y familiar, tal como ha afirmado la doctrina laboralista de sistemas comparados[30], a fin de "trasladar esa capacidad de disposición a su tiempo de no trabajo y atender a sus necesidades familiares y personales"[31]. De esta manera, se responde además al imperativo de igualdad de género que también reivindica la Comisión Mundial del Futuro del Trabajo —"La igualdad de género comienza en el hogar. Recomendamos que se adopten políticas que promuevan que hombres y mujeres compartan los cuidados y las responsabilidades domésticas"[32]—, involucrando, por consiguiente, tanto a mujeres como hombres, en un enfoque de corresponsabilidad[33].

Desde dicha perspectiva del objetivo de la conciliación, y de acuerdo con los antecedentes generales y, en particular con un estudio efectuado por la OIT[34], las jornadas que favorecen la conciliación laboral y personal son la de carácter flexible por iniciativa de la persona trabajadora y la estándar clásica. La primera lo hace en cuanto, básicamente, "los horarios de trabajo estable permiten la organización de la vida privada en función de los compromisos laborales"[35].

---

28 Comisión Mundial sobre el Futuro del Trabajo, 2019, pp. 41-42.

29 Comisión Mundial sobre el Futuro, 2019, p. 43. Sobre este concepto, véase Vega, 2020.

30 Por todas, Casas, 2019, pp. 17-21.

31 Casas, 2019, p. 19.

32 Comisión Mundial sobre el Futuro del Trabajo, 2019, p. 35.

33 Rodríguez, 2021, pp. 40-78.

34 OIT, 2023, pp. 51-71.

35 OIT, 2023, pp. 51-71

Mientras que la estándar clásica —corresponde a la que se define a través de "un número fijo de horas de trabajo por cada día laborable durante un número fijo de días"[36], debiéndose agregar que se trata de una jornada realizada en horario diurno— consigue la conciliación a través de la fijeza de la misma, "al establecer un horario estable que permite a los trabajadores organizar su vida privada en función de los compromisos laborales"[37].

Sin embargo, en el caso chileno, en el que históricamente había regido esta jornada fija, de forma paralela a los instrumentos específicos de conciliación laboral se han incorporado medidas de flexibilidad laboral por iniciativa del empleador que involucran la pérdida del control de los tiempos de trabajo. La vigencia de tales medidas de flexibilidad por iniciativa del empleador impide la conciliación, en cuanto rompe con la certeza del inicio y término de los tiempos de trabajo, y, por ende, del control que toda persona requiere de los mismos, en particular para organizar su vida familiar y personal.

VII. BIBLIOGRAFÍA

1. Álvarez, Paola y Weindenslaufer, Christine, 2020: *Flexibilidad horaria diaria en la legislación comparada.* Santiago de Chile, BCN.
2. Ballester, Amparo, 2024: "Género y Derecho del Trabajo", en Varas, Karla "Problemáticas de género en el Derecho del Trabajo ", Santiago de Chile, Ediciones DER, pp. 1-14.
3. Comisión Mundial sobre el Futuro del Trabajo, 2019: *Trabajar para un futuro más prometedor.* Ginebra, OIT.
4. Casas Baamonde, María Emilia, 2019: La organización del tiempo de trabajo con perspectiva de género: la conciliación de la vida privada y la vida laboral, *Documentación Laboral, nº 117,* pp. 17-21.
5. Comisión Trabajo y Equidad, 2008: *Informe Final,* agosto de 2008, pp. 135-140. Disponible en: https://www.consejoconsultivoemt.cl/wp-content/uploads/2014/09/Informe-Final-del-Consejo-Asesor-Presidencial-Trabajo-y-Equidad.pdf [Fecha de consulta: 7.11.2024].

36 OIT, 2023, pp. 51-52.
37 OIT, 2023, p. 52.

6. Dirección del Trabajo, 2019: *Novena Encuesta Laboral ENCLA, Informe de Resultados, Santiago de Chile.* Disponible en: https://www.dt.gob.cl/portal/1629/w3-article-119454.html [Fecha de consulta: 7.11.2024].

7. Dirección del Trabajo, 2014: *Octava Encuesta Laboral ENCLA, Informe de Resultados, Santiago de Chile.* Disponible en: https://www.dt.gob.cl/portal/1629/articles-108317_recurso_1.pdf [Fecha de consulta: 7.11.2024].

8. Echeverría, Magdalena y otros, 2004: Flexibilidad Laboral en Chile: Las empresas y las personas, *Cuadernos de Investigación nº 22, Departamento de Estudios de la Dirección del Trabajo,* Santiago de Chile, pp. 1-176.

9. Ermida, Oscar, 2021: *La flexibilidad.* Montevideo, Fondo de Cultura Universitaria.

10. OIT, 2023: *Tiempo de trabajo y conciliación de la vida laboral y personal en el mundo*", Oficina Internacional del Trabajo, Ginebra.

11. Revista Laboral Chilena, 2003: Propuesta del Gobierno sobre adaptabilidad Laboral, en *Revista Laboral Chilena, abril de 2003,* pp. 90-93.

12. Rodríguez, Emma, 2021: "De la conciliación a la corresponsabilidad en el tiempo de trabajo: un cambio de paradigma imprescindible para conseguir el trabajo decente", en *Lex Social, Vol. 11, nº 1,* pp. 40-78.

13. Sala Franco, Tomás, 1993: "El debate sobre las políticas de flexibilidad y el derecho del Trabajo"; en Riveros, Juan, "La Flexibilidad Laboral en España", Zaragoza, Editorial Universidad de Zaragoza, Instituto de Estudios Laborales, pp. 39-50.

14. Vega, María Luz, 2020: La soberanía del tiempo de trabajo: Un nuevo enfoque para un concepto tradicional, en *Revista Derecho Social y Empresa, nº 13,* pp. 19-39.

La paradoja de la flexibilidad laboral para la igualdad de género

Victoria Martínez Placencia*

I. INTRODUCCIÓN

Desde hace varias décadas ha tomado relevancia en el debate público internacional y nacional la desigual distribución de las labores de cuidado no remunerado. Según mediciones previas a la pandemia, las mujeres destinaban tres veces más tiempo a estas actividades, lo que constituía un 75% de la carga total de trabajo no remunerado[1]. La distribución desigual de estas tareas tuvo como consecuencia un impacto desfavorable en el ámbito laboral de las mujeres durante y después de la pandemia, ya que, además de la pérdida de empleos, se produjo un notable incremento en la carga de trabajos no remunerados que debían asumir[2].

En Chile, el Banco Central estimó que el trabajo doméstico y de cuidados no remunerado representó un 25,6% del PIB en el año 2020, y de esta cifra, un 17,5% correspondía a labores realizadas por mujeres[3]. Por los efectos de la pandemia, la contribución de las mujeres aumentó en un 4,8% respecto del año 2015. Esta realidad impacta en el acceso y participación de las mujeres en el mercado formal del trabajo. Antes de la pandemia un 56% de las mujeres participaba activamente en el mercado de trabajo, y tras la pandemia la participación se redujo a un 46%. Además de la pérdida de puestos

* Abogada y Licenciada en Ciencias Jurídicas y Sociales de la Universidad Alberto Hurtado (Chile). Máster en Teoría del Derecho por University College London (Reino Unido), candidata a doctora en derecho por la Facultad de Derecho de la Universidad Diego Portales (Chile). Profesora Instructora de Derecho del Trabajo de la Universidad Alberto Hurtado. Correo electrónico: vmartinez@uahurtado.cl

1 Charmes e ilo, 2019, p. 3.

2 united nations women, 2020, pp. 9-10.

3 Avilés-Lucero, 2021, p. 7.

de trabajo, durante el año 2020, un tercio de las mujeres dejaron de buscar empleo remunerado por dedicarse a trabajos domésticos y de cuidados en sus hogares[4].

El propósito de este trabajo es exponer cómo la legislación laboral chilena considera las responsabilidades de cuidado y problematizar la necesaria flexibilidad para que la distribución del cuidado sea más equitativa. La flexibilidad laboral es imprescindible para que las y los trabajadores con responsabilidades de cuidado puedan participar en el mercado del trabajo, pero al mismo tiempo estas medidas pueden ser fuente de precarización y profundizar la desigualdad de género.

II. EL DERECHO DEL TRABAJO CHILENO Y LA DIVISIÓN SEXUAL DEL TRABAJO

La legislación laboral chilena se destacó como pionera en la incorporación de regulaciones específicas destinadas a las mujeres y las madres que trabajaban, incluso precediendo al Convenio N° 3 de la Organización Internacional del Trabajo (en adelante OIT), sobre protección de la maternidad[5]. No obstante, al igual que en otras regiones del mundo occidental, estas leyes laborales no tenían como principal objetivo la protección de los derechos de las mujeres trabajadoras, sino más bien la garantía de condiciones sanitarias adecuadas para la reproducción y crianza de niños y niñas[6]. Este enfoque no perseguía la igualdad de oportunidades de las mujeres en el ámbito laboral ni fomentar su participación, sino más bien la protección de la familia obrera en su conjunto[7].

Las mujeres eran consideradas en términos de su potencial materno, y eran tratadas como sujetos con derechos más vulnerables que requerían una atención y protección especiales. De hecho, el Código del Trabajo de 1931 establecía restricciones que prohibían a las mujeres realizar trabajos nocturnos, laborar en entornos mineros

---

4 Instituto nacional de estadísticas chile, 2021.

5 La Ley N° 3.186 de 13/01/1917 estableció, entre otras cosas, el derecho a sala cuna y el derecho a amamantar.

6 Fuenzalida y Herrera, 2023, p. 7.

7 Caamaño, 2010, p. 193.

subterráneos y, en general, desempeñar tareas que se consideraban superiores a sus capacidades físicas[8]. Desde las primeras leyes laborales que abordaron la cuestión de la mujer trabajadora, la maternidad y el bienestar de los hijos y la familia ocuparon un lugar central en los debates y regulaciones[9].

Durante el transcurso del siglo XX, la legislación laboral continuó manteniendo un enfoque higienista, con un fuerte énfasis en la protección y el apoyo a la mujer y madre trabajadora[10]. Por ejemplo, prohibió condicionar la contratación, promoción o movilidad en el empleo a la ausencia de embarazo[11]; estableció un período de descanso por maternidad,[12] fuero maternal[13], el derecho a amamantar a niños menores de dos años[14] y la obligación del empleador de proporcionar una sala cuna o cubrir los gastos equivalentes[15].

Como puede observarse, para la legislación laboral chilena las trabajadoras son las únicas personas que tienen responsabilidades de cuidado. Todas las medidas para acomodar los cuidados y la vida laboral son derechos o beneficios de las mujeres. Recién a partir de 1990, las nuevas medidas de conciliación comenzaron a incluir a los varones trabajadores, como cuidadores subsidiarios de las mujeres. Por ejemplo, se estableció un permiso especial para que la madre pueda ausentarse y atender a hijos menores de 18 años con graves enfermedades[16]. La madre puede optar por ceder este derecho al padre cuando ambos progenitores son trabajadores. El padre solo es beneficiario de este derecho en casos donde sea el único tutor, o en situaciones en las que la madre haya fallecido o se halle incapacitada.

---

8 Caamaño, 2010, p. 193.

9 Casas y Valenzuela, 2012, p. 84.

10 Fuenzalida y Herrera, 2023, p. 10.

11 Ley N° 19.591 de 2008.

12 Artículos. 195 y ss., Código del Trabajo.

13 Artículo 201 Código del Trabajo

14 Artículo 206 Código del Trabajo. Recientemente la Ley N° 21.155 de 2019 incorporó como parte del derecho de alimentación el derecho al amamantamiento libre, que exige de los empleadores otorgar facilidades para la extracción y almacenamiento de leche.

15 Artículo 203 Código del Trabajo. En el año 2009 se extendió el derecho a sala cuna a los padres, cuando por sentencia judicial tiene el cuidado personal del hijo o hija, o cuando la madre ha fallecido (Ley N° 20.399 de 2009).

16 Ley N° 19.505 de 1997. Modificó el artículo 199 del Código del Trabajo.

Recién en el año 2005 se estableció una medida de titularidad exclusiva del padre trabajador, otorgando un permiso irrenunciable de cuatro días por el nacimiento o adopción de un hijo[17]. Esta ley significó un hito importante en la legislación laboral chilena, pues por primera vez se reconocen las responsabilidades familiares del varón trabajador[18]. Sin embargo, por la escasa duración de este permiso se profundiza la idea de que el padre es un cuidador ocasional o subsidiario[19]. En este mismo sentido, el permiso postnatal parental, que otorga un período de tiempo adicional luego del postnatal de la madre también es un derecho de la trabajadora que puede ser transferido al padre[20]. El padre trabajador es titular sólo cuando tiene el cuidado personal del hijo o hija, o cuando la madre ha fallecido.

En los últimos años, y tras los efectos de la pandemia se han establecido más medidas de conciliación y flexibilidad con titularidad universal: para madres, padres o tutores trabajadores. Por ejemplo, extensiones del permiso postnatal para prevenir riesgos sanitarios[21], la opción de teletrabajo a quién tenga el cuidado personal de niños preescolares durante alerta sanitaria o estado de catástrofe[22], el derecho de madres, padres y tutores de acudir a emergencias en el establecimiento educacional de niños y niñas del espectro autista[23], y a anticipar o retrasar la hora de entrada al trabajo cuando están al cuidado de niños menores de 12 años[24].

III. FLEXIBILIDAD LABORAL Y RESPONSABILIDADES DE CUIDADO

El desarrollo histórico del Derecho del Trabajo parte y contribuye a mantener un tipo de trabajador ideal, desprovisto de responsabili-

---

17 Ley N° 20.047 de 2005. La Ley N° 20.137 de 2006 elevó este permiso a 5 días.

18 Caamaño, 2008, p. 346.

19 Fuenzalida y Herrera, 2023, p. 12.

20 Ley N° 20.545 de 2011.

21 Ley N° 21.247 de 2020, Ley N° 21.510 de 2022.

22 Ley N° 21.391 de 2021.

23 Ley N° 21.545 de 2023.

24 Ley N° 21.561 de 2023.

dades de cuidado[25]. El trabajador ideal puede trabajar 40 horas semanales, no tener interrupciones en su carrera, y cuenta con disponibilidad para trabajar horas extra y cambiarse de ciudad[26]. La división sexual del trabajo mantiene las esferas pública y privada separadas y ficticiamente independientes, reforzando la disponibilidad de los varones para el trabajo y asignando a las mujeres el rol de cuidadoras.

Transformar esta realidad y dar paso a mayor corresponsabilidad implica garantizar que las mujeres participen en igualdad de condiciones en el mercado del trabajo y también permitir que los varones desarrollen su vocación de cuidadores. Para lograrlo es necesario compatibilizar la vida personal y la vida profesional para todos los trabajadores, transformando con ello las relaciones familiares y lo que se espera de la maternidad y paternidad[27]. Desde esta perspectiva, las labores de cuidado no remunerado no son solo una carga que debe ser distribuida de forma justa, sino que también habilitan una dimensión emocional y afectiva recíproca entre cuidadores y personas cuidadas de la cual los hombres han sido tradicionalmente excluidos[28].

La transición de un modelo de trabajador ideal hacia uno de trabajador con responsabilidades de cuidado conlleva significativas transformaciones para el derecho del trabajo. Idealmente, un trabajador cuidador(a) requiere la capacidad de gestionar tiempos dedicados al cuidado, disponer de opciones para flexibilizar su trayectoria laboral en momentos de alta demanda de cuidados, y está impedido de realizar cambios abruptos en su jornada laboral o residencia sin una planificación previa que permita gestionar sus responsabilidades de cuidado.

Por todo lo descrito, la flexibilidad laboral es una herramienta imprescindible para que todos los trabajadores, hombres y mujeres, sean cuidadores. Por flexibilidad laboral entendemos toda medida de adaptación que modifique el tradicional esquema del trabajo asalariado, caracterizado por su estabilidad y duración indefinida[29]. A

---

25 Williams, 1989, p. 822.
26 Williams, 1989, p. 833.
27 Salazar benítez, 2013, p. 42.
28 Busby, 2011, p. 42.
29 Alvarez y Cifuentes, 2022, p. 2.

diferencia de otras finalidades que puede perseguir la flexibilidad, como la desregulación o la adaptabilidad a las circunstancias de la empresa[30], en este contexto las medidas de flexibilidad tendrían por objeto acomodar las labores de cuidado permitiendo su compatibilidad con el trabajo remunerado. Por ejemplo, flexibilizando la jornada laboral, otorgando permisos para ausentarse del trabajo por circunstancias de cuidado, admitiendo el teletrabajo, entre otras.

La OIT ha recomendado que para garantizar los derechos de las y los trabajadores con responsabilidades de cuidado se deberían adoptar medidas para "(a) reducir progresivamente la duración de la jornada de trabajo y reducir las horas extraordinarias; (b) introducir más flexibilidad en la organización de los horarios de trabajo, de los períodos de descanso y de las vacaciones, habida cuenta del nivel de desarrollo y de las necesidades particulares del país y de los diversos sectores de actividad"[31].

IV. FLEXIBILIDAD LABORAL E IGUALDAD DE GÉNERO

Establecer medidas de flexibilidad laboral para acomodar las responsabilidades de cuidado es un paso esencial para fomentar la igualdad de género. Esto tiene dos aplicaciones posibles. Por un lado, fomentar la flexibilidad y desincentivar el trabajo en largas jornadas o en jornadas rígidas de trabajo permitiría a las mujeres competir en pie de igualdad en el mercado. La economista Claudia Goldin ha logrado establecer, a partir del análisis del mercado del trabajo de Estados Unidos, que la brecha salarial entre hombres y mujeres se reduciría o incluso desaparecería si las empresas no premiaran excesivamente a los individuos que trabajan más horas o que mantienen jornadas laborales fijas[32]. Cambiar estos incentivos implica repensar la forma en que se estructura el trabajo, reduciendo el vínculo que existe entre remuneración y jornadas laborales rígidas[33].

---

30 López y otros., 2004, p. 2.

31 OIT. Recomendación N° 165, pár. 18.

32 Goldin, 2014, p. 1092.

33 Goldin, 2014, p. 1117.

Por otro lado, la flexibilidad laboral para todos los trabajadores que tengan responsabilidades de cuidado permitiría redistribuir la carga de cuidados no remunerados, fomentando la corresponsabilidad. Esta aplicación de la flexibilidad exige que todas las medidas sean pensadas en función de las específicas necesidades de las y los trabajadores, y no diseñadas para el beneficio exclusivo del empleador. Además, es necesario que tanto hombres como mujeres hagan uso de estos mecanismos, lo que supone también cambios culturales acerca de los roles de género.

El diseño y la implementación de medidas de flexibilidad laboral exige evaluar cuidadosamente sus riesgos. El primero, que las empresas utilicen estas medidas para adaptar sus operaciones sin tener en cuenta las necesidades y responsabilidades de cuidado de los trabajadores. Esta ha sido una de las críticas a la Ley N° 21.561 de 2023, que junto con reducir la jornada ordinaria de trabajo incorpora medidas de flexibilidad horaria pactadas individualmente entre trabajador/a y empleador/a, cuya distribución específica puede ser avisada con una semana de antelación por el empleador[34]. Tal flexibilidad horaria puede ser un gran problema para las y los trabajadores con responsabilidades de cuidado, que requieren de un alto grado de planificación para coordinar los horarios de transporte, servicios de cuidado, escuelas, entre otros[35]. Si los acuerdos de flexibilidad no son pensados alrededor de estas necesidades, lo más probable es que hagan más difícil compatibilizar el trabajo remunerado y las labores de cuidado.

Un segundo riesgo a considerar es que las medidas de flexibilidad sean utilizadas solo por las trabajadoras. Si bien es un avance que las últimas leyes que establecen permisos y beneficios para el cuidado contemplen una titularidad amplia, que incluye a madres, padres y tutores, la elección puede ser fuertemente condicionada y repetir los actuales roles de género. Si solo las mujeres optan por medidas de flexibilidad es muy probable que se profundice una suerte de *mommy*

---

[34] Nuevo artículo 22 bis del Código del Trabajo, agregado por la Ley N° 21.561, con vigencia gradual.

[35] López y otros., 2004, p. 130.

track que deje a las mujeres en trabajos más precarios y en posiciones que no permiten su promoción o ascenso.

Un tercer riesgo es que, incluso estableciendo medidas de flexibilidad obligatorias para los hombres, esto no impacte significativamente en la redistribución del cuidado. Por ejemplo, un estudio reciente en Reino Unido concluye que el uso de medidas de flexibilidad en parejas heterosexuales no reduce la carga de labores no remuneradas de la mujer, por el contrario, estas aumentan[36]. Las mujeres suelen usar el nuevo tiempo disponible en realizar más tareas de cuidado directo o indirecto, mientras que los hombres utilizan este tiempo para realizar actividades relacionadas con el trabajo.

Todos estos riesgos deben ser tomados en cuenta para diseñar medidas de flexibilidad que efectivamente colaboren con la igualdad de género. Considerar estos riesgos implica cuestionar cómo se pacta la flexibilidad y quiénes forman parte de esta negociación. La negociación colectiva es un instrumento calificado para la flexibilidad laboral, que permitiría resguardar los derechos de las y los trabajadores[37]. Asimismo, es importante que algunas medidas sean opcionales y otras obligatorias para los hombres. De esta forma, las trayectorias laborales de hombres y mujeres podrían ser similares, disminuyendo las brechas y desventajas que experimentan las trabajadoras. Finalmente, parece ineludible la necesidad de cambios culturales y organizacionales que valoren y reconozcan las tareas de cuidado, como una labor que debe ser compartida.

V. CONCLUSIONES

La flexibilidad laboral es un imperativo para acomodar las responsabilidades de cuidado de las y los trabajadores, y para redistribuir las labores de cuidado. El modelo de trabajador ideal alrededor del cual se estructuró el trabajo remunerado y su regulación debe dar paso a un trabajador/a cuidador/a, que junto con participar en el mercado del trabajo tiene la responsabilidad de cuidar de otras personas.

---

36 Wang y Cheng, 2023, p. 17.

37 López y Echeverría, 2004, p. 14.

La paradoja, sin embargo, es que establecer medidas de flexibilidad exige considerar una serie de riesgos que de materializarse perjudicarían a las mujeres. Desde organizaciones de jornada variables en manos del empleador, que impiden la coordinación del cuidado, hasta medidas que solo sean utilizadas por mujeres profundizando aún más la brecha de género.

Cualquier intento de solución debe tomar en consideración los patrones culturales que rigen la distribución del cuidado en los hogares. Las mujeres han sido tradicionalmente las principales cuidadoras, y su trabajo no remunerado se ha entendido como parte natural de su rol. Estos patrones se extienden a la cultura organizacional de las empresas, que premia el trabajo en largas jornadas y la disponibilidad de trabajar a toda hora. Cualquier intento de transformación debe tomar en cuenta estas condicionantes culturales, y atender a la evidencia empírica que demuestre qué mecanismos efectivamente contribuyen a la redistribución de las labores de cuidado no remunerado.

VI. BIBLIOGRAFÍA

1. Álvarez, Paola y Cifuentes, Pamela, 2022: "Flexibilidad laboral para trabajadoras. Casos de Francia, España y Dinamarca", Asesoría parlamentaria de la Biblioteca del Congreso Nacional. Disponible en https://obtienearchivo.bcn.cl/obtienearchivo?id=repositorio/10221/33389/1/Flexibilidad_Mujeres.pdf [Fecha de consulta: 27.11.2024].
2. Avilés-Lucero, Felipe, 2021: "Estimación trabajo doméstico no remunerado", División de Estadísticas Banco Central de Chile. Disponible en https://www.bcentral.cl/contenido/-/detalle/estimacion-trabajo-domestico-no-remunerado [Fecha de consulta: 27.11.2024].
3. Busby, Nicole, 2011: *A Right to Care? Unpaid Care Work in European Employment Law,* Oxford: Oxford University Press.
4. Caamaño, Eduardo, 2008: "El permiso parental y la progresiva inclusión del padre en los derechos para la armonización del trabajo y la vida familiar", Revista de Derecho (Valparaíso), Vol. 30, N° 2. Disponible en https://doi.org/10.4067/S0718-68512008000200008 [Fecha de consulta: 27.11.2024].
5. Caamaño, Eduardo, 2010: "Mujer y trabajo: Origen y ocaso del modelo del padre proveedor y la madre cuidadora", Revista de Derecho (Valparaíso), Vol. 34. Disponible en https://doi.org/10.4067/S0718-68512010000100005 [Fecha de consulta: 27.11.2024].

6. Casas, Lidia y Valenzuela, Ester, 2012: "Protección a la maternidad: Una historia de tensiones entre los derechos de infancia y los derechos de las trabajadoras", Revista de Derecho (Valdivia), Vol. 25, N° 1, pp. 77-101. Disponible en https://doi.org/10.4067/S0718-09502012000100004 [Fecha de consulta: 27.11.2024].

7. Charmes, Jacques, & International Labour Office, 2019: "The Unpaid Care Work and the Labour Market. An analysis of time use data based on the latest World Compilation of Time-use Surveys". Disponible en https://www.ilo.org/sites/default/files/wcmsp5/groups/public/@dgreports/@gender/documents/publication/wcms_732791.pdf [Fecha de consulta: 27.11.2024].

8. Fuenzalida, Patricia y Herrera, Florencia, 2023: "Maternidad, labores de cuidado e igualdad en la legislación laboral chilena", en *Revista de Derecho Aplicado LLM UC, N° 11*. Disponible en https://doi.org/10.7764/rda.11.54011 [Fecha de consulta: 27.11.2024].

9. Goldin, Claudia, 2014: "A Grand Gender Convergence: Its Last Chapter", en *American Economic Review, Vol. 104, N° 4*, pp. 1091-1119. Disponible en https://doi.org/10.1257/aer.104.4.1091 [Fecha de consulta: 27.11.2024].

10. Instituto Nacional de estadísticas Chile, 2021: "Género y empleo: Impacto de la crisis económica por Covid-19". Disponible en https://www.ine.gob.cl/docs/default-source/genero/documentos-de-an%C3%A1lisis/documentos/g%C3%A9nero-y-empleo-impacto-de-la-crisis-econ%C3%B3mica-por-covid19.pdf [Fecha de consulta: 27.11.2024].

11. López, Diego y Echeverría, Magdalena, 2004: "Flexibilidad laboral en Chile: Las empresas y las personas", Departamento de Estudios de la Dirección del Trabajo. Disponible en https://dt.gob.cl/portal/1629/articles-74726_recurso_1.pdf [Fecha de consulta: 27.11.2024].

12. Salazar Benítez, Octavio, 2013: *Masculinidades y ciudadanía: Los hombres también tenemos género*. Madrid: Dykinson.

13. United Nations Women, 2020: "From Insights to Action: Gender Equality in the Wake of COVID-19" Disponible en https://doi.org/10.18356/f837e09b-en [Fecha de consulta: 27.11.2024].

14. Wang, Shenhu y Cheng, Cheng, 2023: "Opportunity or Exploitation? A Longitudinal Dyadic Analysis of Flexible Working Arrangements and Gender Household Labor Inequality", Social Forces, Vol. 102, N° 4. Disponible en https://doi.org/10.1093/sf/soad125 [Fecha de consulta: 27.11.2024].

15. Williams, Joan, 1989: "Deconstructing Gender", en *Michigan Law Review*, Vol. 87, N° 4, pp. 797-845.

Trabajando con dolor: la vida laboral y la menstruación incapacitante

Diego Ramón León Quintana*

I. INTRODUCCIÓN

La menstruación es una experiencia biológica que afecta a las personas menstruantes durante gran parte de su vida. No obstante, a pesar de ser una realidad cotidiana para muchas, ha sido un tema rodeado de tabú y silencio en numerosas sociedades, perpetuando la normalización del dolor menstrual, socavando la equidad de género y limitando el pleno ejercicio de los derechos laborales de la mujer. Esta falta de diálogo y comprensión en torno a la menstruación ha llevado a consecuencias negativas, especialmente en el ámbito laboral.

El derecho del trabajo, en su esencia, busca garantizar condiciones justas y equitativas para los trabajadores. Sin embargo, la menstruación ha sido ampliamente ignorada en las discusiones sobre derechos laborales dejando a las mujeres expuestas a dificultades en su entorno de trabajo.

La persona que menstrúa y padece de una dismenorrea incapacitante se enfrenta a un doble castigo en el ámbito laboral. La afectación en su bienestar físico y psíquico, debido a síntomas tales como dolores de cabeza, sensación de cansancio, migrañas, dolor abdominal, problemas digestivos como estreñimiento o diarrea, náuseas o vómitos, calambres, fatiga, una sensación de debilidad, entre otros, no solo perjudica su desempeño laboral, sino que también la expone a una vulnerabilidad única. Puesto que, al enfrentar estos síntomas mientras cumple sus responsabilidades laborales se ve obligada a trabajar en condiciones que afectan su productividad y bienestar general. Esta disminución en el rendimiento laboral no

* Ayudante del Departamento de Derecho del Trabajo y Seguridad Social, Universidad de Valparaíso. Correo electrónico: drleonquintana@gmail.com

solo repercute en su desarrollo profesional, sino que también la coloca en una posición delicada ante posibles sanciones de parte del empleador. La mujer, al vivir esta realidad mensual, no solo lucha contra el dolor físico y emocional, sino que también se enfrenta a la posibilidad de ser penalizada por circunstancias que escapan a su control. Este doble castigo pone de manifiesto la necesidad urgente de políticas y medidas que reconozcan y aborden la complejidad de la menstruación en el entorno laboral, garantizando un trato justo y equitativo para todas las personas menstruantes. Además, esta situación plantea una eventual vulneración de sus derechos fundamentales, destacando la importancia de promover entornos laborales que respeten y protejan los derechos inherentes a la salud y bienestar de las mujeres.

Por tanto, es crucial abrir un diálogo franco y sin prejuicios sobre la menstruación y su relación con los derechos laborales. Abordar este tema de manera abierta permite comprender mejor las necesidades y desafíos de las mujeres trabajadoras, asimismo fomenta la igualdad de género y el respeto por la diversidad en el lugar de trabajo, avanzando en medidas que permitan garantizar el bienestar de la persona menstruante y su óptimo desempeño[1].

En consecuencia, es hora de dejar de lado el tabú que rodea la menstruación en el ámbito laboral y promover un diálogo abierto y respetuoso. Al hacerlo, podremos avanzar hacia un entorno laboral más equitativo, donde se reconozcan y atiendan las necesidades de todas las personas menstruantes, y se establezcan los cimientos para una sociedad más justa y compasiva.

---

1 Desde la perspectiva de la igualdad de género, resulta relevante considerar que la consagración de derechos específicos para mujeres es discutible, ya que, aunque busca proteger necesidades particulares, puede generar efectos no deseados en el ámbito laboral, como el desincentivo a su contratación. Un ejemplo ilustrativo de esta problemática son las normas de protección a la maternidad, que en algunos contextos han sido interpretadas como un factor de desigualdad estructural al aumentar los costos asociados a la contratación femenina.

II. LA DISMENORREA Y EL DERECHO DEL TRABAJO CHILENO

Para iniciar es necesario saber que la dismenorrea es el dolor uterino en el momento de la menstruación que puede aparecer con ella o precederlas 1 a 3 días, aunque el dolor tiende a ser más intenso 24 horas después del inicio de esta y continúa por 2 a 3 días[2]. Esta a su vez, puede clasificarse en dos; dismenorreas primarias las cuales son idiopáticas, y; dismenorreas secundarias que suelen estar vinculadas a patologías o anomalías orgánicas (endometriosis, miomas, pólipos poliquísticos, adenomiosis, entre otras).

En atención a lo anterior, resulta pertinente plantearse cuáles son los mecanismos actualmente disponibles para salvaguardar a las personas menstruantes que padecen de menstruaciones dolorosas e incapacitantes. Desde ya, advertir que lamentablemente no existen mecanismos que brinden protección específica en estos escenarios, es más, nuestro código no contiene la palabra menstruar ni sus variantes en ninguno de sus artículos.

En nuestro código laboral se contemplan diversos permisos remunerados que abarcan una amplia gama de circunstancias. Estos permisos incluyen el fallecimiento de un hijo o la pérdida durante el período de gestación, el fallecimiento de un padre, madre, cónyuge o conviviente del trabajador (según el artículo 66 del Código del Trabajo). Asimismo, se establecen permisos para someterse a exámenes médicos (según el artículo 66 bis del Código del Trabajo), para recibir vacunas (según el artículo 66 ter del Código del Trabajo) y para que los voluntarios de bomberos puedan desempeñarse como tales durante una emergencia (según el artículo 66 quater del Código del Trabajo). También se otorgan permisos para cuidar de la salud de un menor de 18 años (según el artículo 199 bis del Código del Trabajo) y para contraer matrimonio o celebrar un acuerdo de unión civil (según el artículo 207 bis del Código del Trabajo).

Sin embargo, es importante destacar que ninguno de los permisos mencionados anteriormente aborda ni protege la situación de una persona menstruante que experimenta un dolor incapacitante debi-

---

2 LAMPERT, 2023, p. 4.

do a su biología. Estos permisos existentes no contemplan de manera adecuada esta circunstancia y, por lo tanto, no brindan protección suficiente en dichos casos. En última instancia, esta situación obliga a la persona a recurrir a días de feriados anuales para hacer frente a su condición médica.

Además, que el legislador deba explicitar estos permisos tan específicos da cuenta de la debilidad del trabajador en nuestro país y de la carencia de una tutela sindical efectiva. Muchos de estos permisos son materia de negociación colectiva ramal en los países de la OCDE[3].

En relación con este tema, y con el propósito de abordar la situación mencionada, se ha presentado el 15 de mayo de 2023 un proyecto de ley a través de una moción parlamentaria, el cual corresponde al boletín N° 15933-34. Actualmente se encuentra en el primer trámite constitucional en la Cámara de Diputados, en la fase de discusión general. Este proyecto tiene como objetivo principal corregir uno de los impedimentos con que se encuentran hoy las personas menstruantes y las mujeres para poder acceder y gozar de los niveles óptimos que hagan realidad la igualdad material, a la vez, que permitan el desarrollo pleno de todas las personas reconociendo la dismenorrea primaria y secundaria asociada a patologías como motivo de incapacidad temporal. De modo que las personas afectadas por estas patologías podrán presentar licencia médica para ausentarse de sus labores sin ver un menoscabo en su salario ni en sus vacaciones[4].

Con el fin de abordar lo anterior, el proyecto de ley propone modificar el artículo 66 Bis del Código del Trabajo estableciendo un permiso específico para la menstruación dolorosa, el cual tendría una duración mínima de 1 día y máxima de 3 días consecutivos. Además, se añadiría como requisito para acceder a este derecho la presentación de un certificado médico una vez al año, de manera que en adelante solo sea necesario notificar su utilización.

Este proyecto no constituye una novedad en el ámbito del derecho comparado, ya que diversos países como Japón, Corea del Sur, Indonesia, entre otros, ya han adoptado medidas similares. Un ejem-

---

3 Gamonal, 2021, p. 238.

4 Bello y Tello, 2023, p. 2.

plo notable es España, que promulgó el 1 de marzo de 2023 la Ley Orgánica 1/2023, de 28 de febrero, que modifica la Ley Orgánica 2/2010, de 3 de marzo, sobre salud sexual y reproductiva y la interrupción voluntaria del embarazo. Esta ley incluye la regulación de las menstruaciones dolorosas, conocidas técnicamente como dismenorreas, y entró en vigor el 1 de junio del 2023.

Si bien, el proyecto de ley chileno hasta la fecha se encuentra en una fase inicial y su contenido será definido y precisado durante el proceso legislativo, ya se pueden anticipar algunas similitudes con la ley española. En primer lugar, ambos cuerpos reconocen la dismenorrea asociada a patologías como causa de incapacidad temporal, dejando fuera de protección las dismenorreas primarias que se caracterizan por ser idiopáticas. En segundo lugar, ambos cuerpos otorgan a la ciencia médica la determinación del tipo de menstruación y su impacto en cada caso en concreto.

Sin embargo, también existen algunas diferencias importantes en mi opinión. Para comenzar la distinción en la financiación del permiso entre España y Chile no solo implica diferencias administrativas, sino que podría generar consecuencias profundas en las dinámicas laborales y la equidad de género. En el caso de España, los permisos por incapacidad temporal son subsidiados a través del sistema de seguridad social del país, es decir, es el Estado quien asume el costo evitando cargar a los empleadores la responsabilidad financiera directa. Esto, por supuesto, contribuye a mantener un terreno más equitativo donde los permisos por incapacidad temporal no se traduzcan en una carga adicional para las empresas. En cambio, en Chile, la carga recaerá directamente en los empleadores, existiendo el riesgo de que estos vean los permisos relacionados con la menstruación como un costo adicional y, potencialmente, como un factor que podría influir en sus decisiones de contratación. Esta dinámica puede generar un entorno en el que las mujeres en edad fértil enfrenten discriminación y limitaciones en sus oportunidades laborales, creando así una disparidad que podría contribuir a la brecha de género ya existente.

Otra distinción crucial, radica en el proceso de acceso al permiso. En el contexto español, se requiere que la persona afectada consulte a un médico cada vez que necesite hacer uso del permiso por menstruación[5]. En contraste, en el caso chileno, hasta ahora, la exigencia se reduce a la presentación de un certificado médico anual para acceder al beneficio.

Adicionalmente, es válido criticar tanto a la ley española como al proyecto de ley chileno, que podrían haber ampliado el abanico de soluciones y no contemplar la incapacidad temporal como única solución al problema, por ejemplo, podrían haberse abierto a la posibilidad de pactar (de manera individual o colectiva) una adaptación de la jornada y/o funciones, atendiendo a las circunstancias concretas de cada mujer. Incluso prever el teletrabajo, como solución durante los días de la menstruación a fin de facilitar que la mujer pueda estar más cómoda en la casa y su actividad laboral sea más sedentaria[6].

Si bien el proyecto de ley sobre la dismenorrea incapacitante tiene limitaciones y aspectos que pueden y deben mejorarse, es innegable que representa un gran avance al poner en evidencia y promover la discusión en torno a este tema.

Es importante reconocer que la implementación de políticas específicas que aborden los desafíos relacionados con la menstruación en el ámbito laboral es un paso significativo hacia la equidad de género y el reconocimiento de los derechos de las personas menstruantes. A través de este proyecto de ley, se visibiliza la realidad de las mujeres que sufren dolor incapacitante durante su ciclo menstrual y se plantea la necesidad de tomar medidas concretas para brindarles el apoyo necesario.

Los proyectos que se alinean con esta perspectiva son indudablemente beneficiosos, ya que otorgan a las trabajadoras la capacidad de manejar y tratar sus síntomas menstruales, promoviendo así un entorno laboral saludable. Además, también contribuyen a reducir el impacto negativo en su integridad física y psicológica. Asimismo, al permitirles cuidar de su salud, se posibilita que mantengan su productividad y rendimiento laboral. En última instancia, esto conlleva

---

5 Los artículos relevantes que utilicé para la comparación son los artículos 169 y siguientes del Real Decreto Legislativo 8/2015, de 30 de octubre, "Ley General de la Seguridad Social".

6 López, 2023, p. 55.

a la materialización de la igualdad de oportunidades y garantiza un ambiente de trabajo saludable y seguro.

Como mencioné anteriormente, si bien es válido señalar que el proyecto citado tiene áreas de mejora, es fundamental destacar que su mera existencia puede generar un debate y llamar la atención sobre la importancia de abordar el dolor menstrual en el ámbito laboral. En definitiva, no se puede subestimar su impacto como un gran avance para poner sobre la mesa este tema relevante y fomentar la discusión sobre la necesidad de proteger y apoyar a las personas menstruantes en el ámbito laboral.

Por otra parte, es crucial reflexionar acerca de si se protege la maternidad y se implementan políticas públicas destinadas a fomentar y garantizar el bienestar de las mujeres durante el embarazo y la crianza de sus hijos, resulta lógico y coherente que también nos hagamos cargo y protejamos el presupuesto biológico que da inicio a dicho proceso: la fertilidad y, por consiguiente, la menstruación.

La protección de la maternidad implica reconocer y valorar la importancia de la salud y el bienestar de las mujeres en todas las etapas de su vida reproductiva. Siendo la menstruación una parte intrínseca de esta experiencia, es fundamental considerarla y brindar el apoyo necesario para que las mujeres puedan atravesar este ciclo de manera saludable y sin impedimentos.

La menstruación puede tener un impacto significativo en la vida de las mujeres, tanto a nivel físico como emocional. Los síntomas asociados, como el dolor menstrual incapacitante, pueden afectar negativamente la calidad de vida y el desempeño laboral. Por lo tanto, reconocer y proteger el derecho de las mujeres a trabajar sin dolor menstrual es una extensión natural de las políticas de protección de la maternidad.

Al proteger y atender las necesidades relacionadas con la menstruación, se envía un mensaje claro de inclusión y equidad de género. Se reconoce que la salud menstrual es un aspecto relevante de la salud y el bienestar general de las mujeres y se promueve un entorno laboral que respeta y valora las diferencias biológicas.

Además, proteger la menstruación no solo beneficia a las mujeres individualmente, sino que también contribuye a construir una sociedad más justa y equitativa al abrir espacios de diálogo y generar conciencia sobre la importancia de proteger el presupuesto biológico que da origen a la maternidad.

III. CONCLUSIONES

La normalización del dolor menstrual, rodeado de tabúes, afecta negativamente la equidad de género y los derechos laborales. Romper el silencio y fomentar el diálogo en torno a la menstruación es esencial para crear un entorno laboral justo e inclusivo. Comprender las necesidades y desafíos que enfrentan las personas menstruantes permitirá implementar políticas y medidas de apoyo, garantizando así que puedan trabajar sin limitaciones debido a su ciclo menstrual. Al superar los estigmas asociados con la menstruación, avanzamos hacia una sociedad más empática y respetuosa, donde todas las personas menstruantes puedan ejercer sus derechos laborales plenamente.

Si bien nuestro código laboral contempla diversos permisos remunerados para distintas situaciones, es preocupante que ninguno de ellos aborde o proteja a las personas menstruantes que experimentan dolor incapacitante debido a su ciclo biológico. Esta omisión refleja la necesidad de reconocer y abordar la menstruación en el ámbito laboral, garantizando medidas específicas que protejan la salud y bienestar de estas personas.

El proyecto de ley chileno para abordar la dismenorrea incapacitante representa un paso significativo hacia la equidad de género y el reconocimiento de los derechos laborales de las personas menstruantes. Aunque presenta limitaciones, su existencia ha promovido un debate importante y ha destacado la relevancia de abordar el dolor menstrual en el ámbito laboral. Es esencial seguir impulsando políticas inclusivas que protejan y apoyen a las personas menstruantes, reconociendo la importancia de atender sus necesidades específicas en el entorno laboral. A pesar de las similitudes con leyes de otros países, es válido cuestionar tanto el proyecto chileno como las normativas existentes en otros lugares, buscando soluciones más amplias y flexibles para abordar el tema. En definitiva, este proyecto representa un avance significativo para visibilizar y promover la discusión sobre la protección de las personas menstruantes en el ámbito laboral, sentando las bases para un entorno más inclusivo y respetuoso para todas las trabajadoras.

Por último, proteger el derecho a trabajar sin dolor menstrual es una extensión natural de las políticas de protección de la maternidad. Reconocer y atender las necesidades relacionadas con la menstruación envía un mensaje de inclusión y equidad de género, promoviendo un entorno laboral que valora las diferencias biológicas. Además, proteger la menstruación beneficia tanto a las mujeres individualmente como a la sociedad en su conjunto, al contribuir a una sociedad más justa y equitativa. Al reflexionar sobre la importancia de proteger el presupuesto biológico que da origen a la maternidad, se fomenta el bienestar y la calidad de vida de las mujeres en todas las etapas de su vida reproductiva.

IV. BIBLIOGRAFÍA

1. Bello, María Francisca y Tello, Carolina, 2023: "Proyecto de ley que modifica el Código del Trabajo en su artículo 66 bis con el objeto de otorgar permiso laboral por menstruación dolorosa", p. 2. Disponible en https://tramitacion.senado.cl/appsenado/templates/tramitacion/index.php?boletin_ini=15933-34 [Fecha de consulta: 26.11.2024].

2. Gamonal, Sergio, 2021: *Derecho Individual del Trabajo. Doctrina, materiales y casos*, Chile: Ediciones Der.

3. Lampert Grassi, María Pilar, 2023: "Permiso Laboral Menstrual; Normativa de España, Japón y México", p. 4. Disponible en https://obtienearchivo.bcn.cl/obtienearchivo?id=repositorio/10221/34542/1/BCN__Permiso_menstrual__antecedentes_y_leyes__Final.pdf [Fecha de consulta: 25.11.2024].

4. López Insua, Belén, 2023: "Derecho a trabajar "sin dolor" la cara femenina de la incapacidad temporal tras la Ley Orgánica 1/2023, de 28 de febrero", Revista Internacional y Comparada de Relaciones Laborales y Derecho del Empleo, ISSN-e 2282-2013, Vol. 11 nº 2, pp. 42-59.

Regulación del trabajo doméstico remunerado en Chile, desafíos pendientes a la luz de la normativa de la Organización Internacional del Trabajo*

María Soledad Jofré Bustos**

I. INTRODUCCIÓN

Históricamente las tareas relacionadas con el cuidado del hogar y la familia han sido asociadas a labores típicamente femeninas[1]. En efecto, se ha entendido que se trata de funciones que tienen una naturaleza propia del género, y por lo tanto, son las responsables de llevarlas a cabo.

Sin perjuicio de la inserción de la mujer al mercado de trabajo y la evolución en el desarrollo de las ideas que promueven la igualdad entre hombres y mujeres, las tareas domésticas y familiares continúan siendo asignadas naturalmente a estas. Esto puede deberse a múltiples factores, principalmente que el ordenamiento jurídico no promueva la corresponsabilidad y la división de las tareas dentro del hogar, así como las menores condiciones de trabajo ofrecidas a las mujeres fuera de la casa, y las permanentes brechas salariales y de oportunidades laborales.

---

* Este artículo se enmarca dentro de la ejecución del Proyecto Fondecyt Regular N° 1230019, "Redefinición de las medidas de conciliación entre el trabajo y la familia en el sistema chileno, a fin de garantizar el derecho de igualdad de trato y de oportunidades en el empleo en razón del género", del que la autora es coinvestigadora.

** Abogada, Licenciada en Ciencias Jurídicas y Sociales por la Universidad de Talca. Magíster en Derecho del Trabajo y Seguridad Social por la Universidad de Talca y la Universidad de Valencia. Profesora de Derecho del Trabajo y Seguridad Social de la Universidad de Talca. Correo electrónico: majofre@utalca.cl

1 Los estudios demuestran que incluso en períodos donde las tareas manuales eran realizadas por esclavos, correspondía a las mujeres las labores de cuidado, cocina, etc. Sanz, 2018, p. 2.

Independientemente de la causa, parece mantenerse la estructura tradicional en que frente a la división del trabajo, los hombres siguen manteniendo un rol fuera del hogar como una figura proveedora, mientras que las mujeres deberán asumir la carga de las tareas domésticas, sea que realicen un trabajo fuera de la casa o no.

En dicho sentido, se entiende que el trabajo doméstico puede ser no remunerado o remunerado. En el primer caso, las mujeres deben asumir las tareas del hogar sin tener asociada formalmente una remuneración[2], ya sea porque no realizan otro trabajo formal dentro o fuera de la casa (situación en la cual típicamente en nuestro país se utiliza la expresión "dueña de casa"), o incluso en los supuestos en que además de cumplir con una jornada de trabajo formal, debe realizar tareas relacionadas con el cuidado del hogar[3].

En el segundo caso, las tareas del hogar se externalizan a otra persona trabajadora quien es contratada para asumir dichas tareas, pasando entonces a ser trabajo doméstico remunerado. La asignación de las tareas del hogar a una tercera persona ajena a la familia es una figura que también tiene una larga evolución histórica[4], desde las figuras de los esclavos o sirvientes, que debían asumir dichas funciones en precarias condiciones y que estaba asociado a un alto estatus de las familias que podían disponer de dichos servicios, hasta la actualidad, donde la Organización Internacional del Trabajo (en adelante OIT) se encuentra promoviendo el concepto de trabajo decente para los trabajadores domésticos remunerados, entendiendo su necesaria equiparación a las demás personas trabajadoras.

Sin perjuicio de lo anterior, y de algunos avances en la regulación para reconocer la igualdad de derechos para quienes realicen trabajo doméstico remunerado, se trata de una actividad que sigue pre-

---

2 Sin perjuicio de no tener asociada una remuneración formal, los estudios indican que este tipo de trabajo sí tiene un impacto económico de gran relevancia en la sociedad, aunque no forma parte de las mediciones tradicionales. ONU-MUJERES, 2015, p. 82.

3 El concepto de que las mujeres luego de cumplir con sus trabajos formales deben llegar a su casa a realizar las tareas propias del hogar, ha sido denominada como el "segundo turno" o "*the second shift*" en su expresión original acuñada por Arlie Hochschild en el año 1989. Hochschild, 1989.

4 Ver Sarti, 2015, pp. 25 y ss.

sentando un alto nivel de precariedad en los distintos ordenamientos jurídicos, y nuestro país no es la excepción en dicha materia.

En atención a ello, el propósito de este trabajo es analizar la regulación del trabajo doméstico remunerado, entendido como una actividad de gran relevancia para ayudar a promover la inserción de las mujeres en el trabajo, tanto para quienes realizan trabajo doméstico remunerado como para quienes gracias a que pueden contratar este tipo de trabajo, pueden a su vez insertarse en el mercado de trabajo.

El punto de partida será el análisis de la normativa nacional, particularmente en lo que se refiere a los tiempos de trabajo, observando los avances y deficiencias en su regulación, para poder identificar los desafíos que se presentan a la luz de los estándares de la normativa internacional, en particular, a lo señalado por la OIT.

II. REGULACIÓN DEL TRABAJO DOMÉSTICO REMUNERADO EN CHILE

Desde el punto de vista histórico, si bien se reconoció tempranamente la relevancia de esta materia y su necesidad de regulación[5], el trabajo doméstico remunerado fue excluido de las primeras leyes sociales del año 1924 y no fue sino hasta la promulgación del Código de 1931 que se estableció una regulación específica al respecto, pero que tenía el carácter de norma especial, y por lo tanto con un menor reconocimiento de derechos que las demás personas trabajadoras[6].

A partir de entonces, la situación jurídica de las personas que desempeñan tareas de hogar de forma remunerada se ha mantenido regulada de forma separada de otros tipos de trabajo, y en condiciones diferentes y con menor protección que para los demás trabajadores, dejándolos fuera del reconocimiento de derechos mínimos[7].

5 "El carácter personalísimo de la prestación, así como fuertes exigencia de orden histórico y cultural, llevaron progresivamente a que la legislación laboral chilena se hiciera cargo del trabajo de cada particular a través de un contrato de carácter especial". IRURETA, 2023, p. 999.

6 HUTCHINSON, 2021, p. 37

7 HUTCHINSON, 2015, p. 514.

En efecto, el contrato especial para trabajadores de casa particular se ha caracterizado por incluir dentro de sus normas especiales disposiciones que permitían pagar una remuneración inferior al mínimo legal y trabajar por jornadas más prolongadas que los demás trabajadores. Además, es un contrato que se ha caracterizado por tener un alto nivel de informalidad, y que permite la terminación por la sola voluntad del empleador.

Si bien en los últimos años se han introducido algunas reformas legales que han tenido como objetivo equiparar en parte su regulación a la de las demás personas trabajadoras[8], no siempre se ha logrado dicho propósito y aún persisten diferencias importantes que precarizan la situación laboral estas trabajadoras. En dicho sentido, llama la atención que incluso en la actualidad es frecuente que la trabajadora de casa particular no sea identificada como tal, y sea nombrada con otros términos que difuminan o disfrazan su entidad como persona trabajadora[9].

Actualmente, se entiende que son trabajadores de casa particular "quienes se dediquen de forma continua, a jornada completa o parcial, al servicio de una o más personas naturales o de una familia, en trabajos de aseo y asistencia propios o inherentes al hogar"[10]. Además, quedan sujetos a esta regulación quienes realicen las mis-

---

8 Por ejemplo, la Ley N° 20.336/2009, modificó el tiempo de trabajo, permitiendo fraccionar en dos medios días el día de descanso, a petición del trabajador. Cabe preguntarse sobre la real aplicación de una regla de esta naturaleza, que parte del supuesto que la trabajadora podrá acordar con el empleador el uso de sus tiempos de descansos, en un contexto en que su poder de negociación será muy limitado. Por su parte, en el año 2014 se dictó la Ley N° 20.786/2014, que ha sido la reforma de mayor envergadura en esta materia, incorporando exigencias a la formalización del contrato de trabajo y su fiscalización; limitaciones a los tiempos de trabajo; equiparación del ingreso mínimo y prohibición de incluir dentro de la remuneración los gastos relacionados con habitación y alimentos; y la prohibición del uso de uniformes en espacios públicos. Por último, la Ley N° 21.269 del año 2020 incorporó a las trabajadoras de casa particular al seguro de desempleo.

9 Por ejemplo, es común el uso de la expresión "asesora del hogar", incluso en espacios formales.

10 Artículo 146 del Código del Trabajo. Al efecto, ver Dirección del Trabajo, Ordinario 0325, de 19 de agosto de 2017.

mas labores en instituciones de beneficencia, y los choferes de casa particular.

Por lo tanto, son tres los criterios que identifican y delimitan este tipo de trabajo. En primer lugar, quién contrata; en segundo término las tareas a realizar; y por último, el lugar de la prestación de servicios.

Respecto del primer criterio, la legislación impone un límite respecto al empleador en cuanto a que sólo puede tratarse de personas naturales, excluyéndose entonces la utilización de esta figura para el trabajo en empresas u otro tipo de organizaciones[11]. Es una excepción a la regla general que permite que el empleador sea persona jurídica, y por lo tanto, en principio facilita la identificación del empleador. Sin embargo, el mismo artículo señala que los servicios son prestados a una o más personas naturales o a una familia, lo que de nuevo difumina la figura del empleador. Sin perjuicio de que sólo una persona deberá comparecer como empleador en el respectivo contrato, el servicio prestado puede ser a muchas personas dentro de ese contexto familiar[12].

El segundo criterio, se refiere a las tareas a realizar respecto de lo cual la legislación no establece mayores limitaciones, ya que señala que además de trabajos de aseo, son los trabajos propios e inherentes al hogar. Por lo tanto, será necesario identificar apropiadamente cuáles son dichas tareas, para establecer cuáles son las exigencias hacia la trabajadora y los límites al empleador. Esto podrá ser especialmente difícil cuando las tareas también incluyan labores de cuidado de personas, por la mayor complejidad de su delimitación y el mayor grado de responsabilidad que conlleva para la trabajadora. Para dar certeza a las partes, todas las tareas deberían quedar debidamente

---

11 Ver Dirección del Trabajo, Ordinario 4129, de 7 de agosto de 2018, que analiza la situación de una Embajada que requiere contratar estos servicios.

12 Esta regulación permite la aplicación de una curiosa regla establecida en el artículo 148 del Código del Trabajo, que indica que en caso de muerte del jefe de hogar, el contrato subsiste con quienes vivan en la casa quienes serán solidariamente responsable de las obligaciones laborales. Llama la atención porque es una excepción a la regla general de la continuidad laboral regulada en el artículo 4 del Código del Trabajo, que significaría que las obligaciones laborales se deberían traspasar a los herederos del causante, sea que vivan o no en el hogar.

pactadas en el respectivo contrato de trabajo, de acuerdo con las reglas generales[13].

Finalmente, el tercer elemento se refiere al lugar de la prestación de servicios. Si bien en consideración al primer criterio se descarta que los servicios se puedan prestar en empresas u otras organizaciones similares, el Código señala que también se pueden prestar estos servicios en instituciones de beneficencia "cuya finalidad sea atender a personas con necesidades especiales de protección o asistencia, proporcionándoles los beneficios propios de un hogar"[14]. Esto puede generar un problema respecto a las labores a realizar, sobre todo cuando se refiere a las labores de cuidado de personas, que según el criterio anterior podrían considerarse como inherentes al hogar. Así por ejemplo, se ha discutido el caso de personas que trabajen en centros de cuidados niños y niñas, y de acuerdo a las funciones que realicen dependerá si quedan o no bajo el régimen de trabajadores de casa particular[15].

En cuanto a su contenido, este contrato debe incluir las mismas cláusulas que los contratos de trabajo en general, con especial indicación del tipo de labor a realizar y el domicilio específico donde se prestarán los servicios[16]. Además, el empleador deberá registrar el contrato en la Inspección del Trabajo, para que sea posible la fiscalización de las condiciones de trabajo[17].

Uno de los aspectos más importantes de este contrato, es la distinción que realiza respecto de los trabajadores que viven dentro y fue-

---

13 Artículo 10 N° 3 del Código del Trabajo.

14 Artículo 146 del Código del Trabajo.

15 No es un contrato de trabajadores de casa particular cuando las funciones de las trabajadoras "exceden los trabajos de aseo y asistencia, o de brindar una atención propios del hogar, escapando así al ámbito puramente doméstico toda vez que abarca el cuidado integral de los niños tales como responsabilidades escolares, atenciones médicas, y otras vinculadas al desarrollo personal". Dirección del Trabajo, Ordinario 3106, de 9 de julio de 2018.

16 Artículo 146 bis del Código del Trabajo. Esta norma introducida en el año 2014 es muy relevante, ya que impide que los servicios puedan ser prestados en un lugar diferente al pactado en el contrato. Por ejemplo, no estaría permitido que la trabajadora preste servicios en el lugar donde la familia se encuentra de vacaciones, a menos que esté expresamente pactado en el contrato.

17 Dirección del Trabajo, Ordinario 4268/68, de 30 de octubre de 2014.

ra de la casa del empleador. Si bien actualmente la gran diferencia desde el punto de vista legal entre estos dos supuestos dice relación con los tiempos de trabajo, sin duda la situación en que se ubica la trabajadora que vive en la casa del empleador es de un mayor nivel de precariedad.

En efecto, el hecho que el lugar de trabajo sea el mismo que aquel donde vive una trabajadora hace mucho más difusos los límites entre la vida privada y laboral[18]. Por lo mismo, la trabajadora queda más expuesta a que sus derechos laborales y fundamentales no sean respetados con la misma intensidad que debería darse en los demás contextos en los cuales no se produce esta situación de mayor cercanía con el empleador, y por lo tanto, se produzca una situación de mayor desprotección.

En cuanto a los tiempos de trabajo, es obligación del empleador llevar los registros de asistencia correspondientes[19], y efectivamente la situación de la trabajadora que vive fuera de la casa del empleador se asemeja más a la regla general. Así, la jornada máxima semanal se ajusta a la regla general vigente, que actualmente no puede exceder las 44 horas, y que se reducirá en una hora cada año hasta llegar a un máximo de 40 horas, y que puede distribuirse en un máximo de 6 días[20].

A su vez, en caso de que las personas trabajadoras tengan una jornada parcial, es decir que no supere las 30 horas semanales, podrán pactar por escrito con su empleador hasta un máximo de 12 horas adicionales, que deberán ser pagadas como horas extraordinarias. En cuanto a los descansos, se establece un descanso diario de colación y un día de descanso semanal, de acuerdo a las reglas generales.

Respecto de las trabajadoras que viven en la casa del empleador, la situación es bastante diferente, por tres aspectos. En primer lugar, no están sujetas a horario pero debe existir un descanso absoluto mí-

---

18 Gorban y Tizziani, 2018, p. 139 y ss.

19 Obligación del empleador de llevar un registro de asistencia para trabajadores que vivan dentro o fuera de la casa del empleador. Dirección del Trabajo, Ordinario. 1326/013, de 11 de abril de 2019.

20 No se puede registrar un contrato de trabajo de casa particular cuya jornada incluya los domingos. Dirección del Trabajo, Ordinario 2154, de 11 de junio de 2019.

nimo de 12 horas diarias, pero entre una jornada y otra el descanso será de un mínimo de 9 horas y las 3 horas restantes se pueden fraccionar durante el día, incluyendo el tiempo destinado a las comidas. Por lo tanto, en estos casos la jornada semanal será de 45 horas (de lunes a viernes), pero es bastante cuestionable que las 3 horas de descanso dentro del día sean efectivamente ejercidas por la trabajadora.

En segundo lugar, respecto de los descansos, además del descanso dominical tienen derecho a descansar los sábados[21]. Sin embargo, respecto de este último existe flexibilidad, ya que se podrá acumular, fraccionar o intercambiar por otros días, con la limitación de que debe ser ejercido dentro del mismo mes calendario y que no pueden ser compensados en dinero.

En el mismo sentido, la ley permite que puedan disponer de los días festivos legales, permitiendo trabajar en dichos días siempre que sea pactado por escrito con el empleador con anterioridad, y que el descanso se efectúe en un plazo no superior a 90 días, de lo contrario el derecho caducará, lo que, de nuevo es bastante cuestionable, ya que se trata de días de descansos determinados por ley, y por lo tanto debería ser un derecho irrenunciable para los trabajadores[22].

En tercer lugar, se otorgan 2 días de libre disposición en cada mes, que no pueden ser compensados en dinero y que pueden acumularse por 3 meses. Esta fue una modificación introducida por la Ley nº 21.561 de 2023, que estableció como regla general la jornada de 40 horas semanales, pero de la cual quedan excluidas estas personas trabajadoras. Por lo tanto, los días adicionales se incorporan como una vía para disminuir las horas de trabajo en general de estas trabajadoras.

---

21 Modificación introducida por la Ley nº 20.786 de 2014.

22 En el mismo sentido, Ruay y Sierra sostienen que "No compartimos esta caducidad, ya que, muchas veces, la falta de ejercicio de este derecho puede producirse por una imposición del empleador, quien puede haberse negado a que este descanso se materializara. Consideramos que hubiera sido más aconsejable que, de no poder hacer uso el trabajo de ese derecho el plazo correspondiente, se calificase tal cuestión como una infracción laboral —sujeta a multas— y se obligara al empleador a pagar una compensación, al menos, con el recargo correspondiente a las horas extraordinarias". Ruay y Sierra, 2020, p. 336.

Si bien se observa que las modificaciones legales introducidas en los últimos años han tenido como propósito disminuir la jornada de trabajo total, es cuestionable que el mecanismo utilizado para hacerlos efectivos sea la flexibilidad sobre dichos días de descanso adicionales, en base a los acuerdos entre trabajadora y empleador. En efecto, es criticable la técnica legislativa en este aspecto por cuanto parte de la base de que la persona trabajadora efectivamente tendrá la capacidad para disponer de dichos días y poder negociar un acuerdo con su empleador, cuestión que ya es difícil en el plano individual para la mayoría de los trabajadores en nuestro sistema jurídico, y por lo tanto resultará aún más complejo poder ejercer estos derechos para trabajadoras que viven en la misma casa del empleador, con las dificultades adicionales que ello implica.

En todo lo que no esté regulado de forma especial, se deberán aplicar las normas generales del Código del Trabajo para todas las personas trabajadoras. Por lo tanto, se entienden comprendidos todos los derechos y deberes de las partes, tanto en materia de derecho del trabajo, como aquellas reguladas por las normas del derecho de la seguridad social, incluyendo el respeto por los derechos fundamentales, y las obligaciones de salud y seguridad laboral del empleador.

III. EL TRABAJO DOMÉSTICO REMUNERADO DESDE LA PERSPECTIVA DE LA OIT

De acuerdo a lo señalado por la OIT, el trabajo doméstico es aquel realizado por hombres y mujeres en un hogar[23]. Sin perjuicio de esta definición, la misma organización ha indicado que se trata de un trabajo que principalmente es realizado por mujeres[24]. En el mismo sentido, según datos de la OEA, en particular de la Comisión Interamericana de Mujeres, al año 2021 el 9,7% de las mujeres que trabajan de

---

23 Convenio 189 OIT del año 2011, sobre el trabajo decente para las trabajadoras y los trabajadores domésticos, que entró en vigencia en 2013, y fue ratificado por Chile en el año 2015.

24 "En el trabajo doméstico predominan las mujeres, que representan el 76,2% de las personas ocupadas en los hogares". OIT, 2023, p. 6.

forma remunerada en América Latina y el Caribe, son trabajadoras domésticas o de hogar.

Desde la perspectiva internacional, se ha entendido que el trabajo doméstico remunerado abarca no solamente las tareas propias relacionadas con la mantención del hogar, como son la limpieza, cocina, etc., sino que también comprende las labores de cuidados de los miembros de la familia, principalmente niñas, niños y personas mayores[25].

Por lo tanto, se trata de una actividad de gran relevancia para el desarrollo del trabajo de las mujeres, ya que por una parte, permite su inserción al mercado de trabajo formal, en particular de mujeres que tienen una menor calificación o se encuentran en una situación de mayor vulnerabilidad (por ejemplo, trabajadoras migrantes). Por otra parte, constituye una herramienta para que otras mujeres puedan delegar las tareas del hogar e incorporarse en puestos de trabajo fuera de la casa.

En atención a ello, es que la OIT se ha preocupado especialmente de las condiciones laborales que los ordenamientos jurídicos reconocen a estas trabajadoras, observando que a pesar de que dependen de diversos factores[26], en general las regulaciones nacionales entregan un ámbito de protección menor y acentúan la desigualdad de oportunidades para las mujeres.

En dicho sentido, la regulación del trabajo doméstico, o la falta de ésta, sostienen las diferencias económicas, ya que sólo podrán acceder a contratar este tipo de trabajo las familias que tengan ingresos

---

25 "La inclusión de las trabajadoras y los trabajadores domésticos en la fuerza de trabajo del cuidado reconoce de ese modo que la prestación de cuidados comprende no solamente al personal del cuidado, sino también al trabajo de cuidados indirecto que no implica relaciones, como la limpieza y la cocina, los cuales sientan las condiciones previas necesarias para la prestación de cuidados personales", OIT, 2019, p. 168.

26 "Las condiciones de trabajo de las trabajadoras y los trabajadores domésticos son consecuencia de un conjunto de políticas (o de ausencia de políticas) de mercado de trabajo, de migración y de cuidado. En particular, el costo y la complejidad de diversas opciones de cuidados configuran las opciones de que disponen los hogares. Cuando se enfrentan a alternativas que no se pueden permitir, los hogares pueden encontrar más tentador recurrir a las soluciones más económicas y fáciles existentes en el mercado para los cuidados". OIT, 2019, p. 192.

más altos. Por lo tanto, quienes no cuenten con los medios suficientes deberán entregar el cuidado a las mismas trabajadoras convirtiéndose en trabajo doméstico no remunerado, según lo explicado anteriormente[27].

Es por todo lo anterior, que una de las estrategias actuales de la OIT es avanzar hacia el "trabajo doméstico decente" intentando que los países logren regular mejores instrumentos de protección para estas trabajadoras, consagrado en el Convenio 189. Esta normativa, reconoce que a pesar de la importancia que tiene el trabajo doméstico para la economía y la sociedad, se trata de un trabajo infravalorado en los distintos ordenamientos jurídicos.

El Convenio indica que los países deberán promover que los trabajadores domésticos gocen de condiciones laborales equitativas y decentes, además del respeto de todos los derechos fundamentales, haciendo hincapié en el de libertad sindical, en particular a la negociación colectiva efectiva, como un mecanismo para alcanzar mejores condiciones laborales[28].

Además, el convenio indica que los países deben prestar especial atención a los tiempos de trabajo, garantizando el goce de descansos diarios y semanales, horas extraordinarias y vacaciones pagadas. Ello, en atención a que por las especiales características del trabajo será más probable que estén sujetas a jornadas más extensas o que los tiempos de descanso no sean respetados, especialmente cuando las trabajadoras vivan en la casa del empleador.

Incluso, en el caso de que las trabajadoras no vivan en la casa del empleador, y por lo tanto su jornada de trabajo esté más limitada, puede darse el supuesto que presten servicios en distintos lugares,

---

27 "Cuanto más desigual es un país, más probable es que los trabajadores domésticos supongan una proporción significativa del empleo total (véase el gráfico 4.8). Esto es comprensible dado que, para que los hogares se puedan permitir emplear a asalariados, sus propios ingresos tienen que ser lo suficientemente superiores a los salarios que pagan como empleadores" OIT, 2019, p. 190.

28 En nuestro país existe desde el año 1979 el Sindicato interempresa de trabajadoras de casa particular, SINTRACAP (que tiene su origen en el Sindicato de Empleadas Domésticas del año 1947), y desde el año 2013 forman la Federación de Trabajadores de Casa Particular, FESINTRACAP. Su acción fue muy relevante a la hora de la discusión y aprobación de la ley N° 20.786 de 2014.

lo que se asocia con un mayor nivel de informalidad y que podría resultar en que igualmente quedarán sujetas a jornadas más extensas o a privarse de los descansos legales[29].

Otro punto en que el Convenio pone énfasis es en la regulación de la remuneración, estableciendo la obligación de un salario mínimo de acuerdo con las reglas internas, así como su pago oportuno y regular, y la limitación al pago en especie[30].

Finalmente, el Convenio también incluye disposiciones respecto de la regulación del trabajo infantil; la situación de trabajadores migrantes; ambiente de trabajo seguro y saludable; acceso a la seguridad social y beneficios de maternidad; y acceso a la justicia o a la administración laboral.

IV. DESAFÍOS PENDIENTES A LA LUZ DE LA NORMATIVA INTERNACIONAL

Si bien en nuestro país el Convenio 189 se encuentra vigente, y nuestra legislación nacional ya se había ajustado en varios aspectos a las exigencias internacionales, se mantienen varios puntos que aún constituyen un desafío para alcanzar el trabajo decente para todas las trabajadoras de casa particular.

En primer lugar, las condiciones de trabajo de quienes viven en la casa del empleador. Si bien la ley laboral permite la fiscalización administrativa de las condiciones de trabajo, es difícil que en la práctica se dé cumplimiento a las limitaciones de los tiempos de trabajo y se ejerzan efectivamente los descansos. El hecho que la ley permita que estas trabajadoras no tengan horario, facilita que en los hechos los tiempos de trabajo queden a disposición del empleador, resultando

---

29 "Mientras que es poco probable que el personal doméstico tenga horarios de trabajo compatibles con lo que se considera como jornadas semanales normales, es en cambio más probable que trabajen en jornadas muy cortas o muy largas en comparación con los horarios de los demás trabajadores." OIT, 2023, p. 23.

30 Sobre estas materias, nuestro país ya había ajustado su regulación interna con la reforma del año 2014, por lo tanto, por lo tanto el informe de la OIT es favorable en este sentido. OIT, 2021, p. 22.

en jornadas mucho más extensas que lo permitido. En estos casos, la trabajadora tendrá muy poca capacidad de negarse a los requerimientos de los empleadores, especialmente cuando las funciones comprenden el cuidado de niños y niñas. La posibilidad de llegar a acuerdo o flexibilizar los días de descanso refuerzan este problema, y a propósito de la ley de las 40 horas se podría haber aprovechado de limitar la jornada, en lugar de otorgar días adicionales que probablemente muchas trabajadoras no podrán utilizar.

Sobre este punto, también es especialmente delicado el lugar de la prestación de servicios, sobre todo en los períodos de vacaciones. Si bien el Convenio indica que ningún trabajador puede ser obligado a acompañar a la familia, nuestro Código del Trabajo lo deja al acuerdo de las partes, lo que finalmente puede resultar en una imposición patronal. De hecho, aún es bastante común que las trabajadoras deban desplazarse a prestar servicios al lugar donde estén vacacionando, sin que puedan efectivamente oponerse a ello.

En segundo lugar, el respeto a los derechos fundamentales en el trabajo. El Convenio señala expresamente que se debe garantizar un espacio seguro libre de abuso, acoso y violencia. Sobre este punto, es importante recalcar que con la ratificación por nuestro país del Convenio 190 y con la entrada en vigencia de la "Ley Karin" N° 21.643, se incorporaron nuevas obligaciones en torno a esos derechos, los que también alcanzan a las trabajadoras de casa particular.

En efecto, la Superintendencia de Seguridad Social a través de su Circular n° 3819[31], establece las obligaciones específicas para los empleadores, quienes deben poner a disposición de las trabajadoras un protocolo de prevención de acoso sexual, laboral y de violencia en el trabajo. Este documento, debe contener la información sobre los conceptos aplicables; los posibles riesgos identificados en este tipo de trabajo; las medidas de prevención y de resguardo; la obligación de capacitación; y los mecanismos de denuncia de estas conductas.

Sin perjuicio de valorar positivamente el propósito de esta regulación, y que se haya explicitado su aplicación a las trabajadoras de casa particular, es importante destacar que a pesar de su reciente entrada en vigor ya cuenta con alto número de denuncias, lo que

---

31 Del 26 de julio de 2024.

parece indicar que existe un alto grado de vulneración de estas materias en el trabajo en general[32]. Ahora, cabe preguntarse cuántas de estas denuncias corresponderán a trabajadoras de casa particular, ya que a pesar de que su trabajo las hace más vulnerable a este tipo de abusos, también resulta más difícil la posibilidad de denunciar y que la norma se cumpla de manera efectiva.

En el mismo sentido, el respeto a la privacidad y a la intimidad de la trabajadora resulta más difícil cuando el lugar de trabajo es un hogar, especialmente cuando la trabajadora vive en la misma casa. Si bien esos derechos están garantizados y las trabajadoras podrían eventualmente ejercer las acciones correspondientes en caso de vulneración, el problema está en su capacidad de denunciar estos hechos. Será vital entonces la acción fiscalizadora de la administración laboral, así como la información y capacitación sobre estas materias[33].

En tercer lugar, y en línea con lo anterior, un ambiente de trabajo seguro y saludable. El Convenio señala que se deberán adoptar todas las medidas para lograr este objetivo, en atención al tipo de trabajo de que se trata. Como la legislación nacional no se refiere en específico a este punto, se deberán aplicar las reglas generales respecto al deber de protección del empleador para cuidar la vida y salud de las trabajadoras.

Las particularidades de este trabajo, atendidas las largas jornadas y la cantidad de tareas a desempeñar, suponen riesgos específicos para las trabajadoras, los que deben ser debidamente advertidos por el empleador y prevenidos a través de mecanismos efectivos. En este

---

32 Según datos entregados por el Gobierno, al 30 de septiembre de 2024 se registraban 4820 denuncias, de las cuales 3844 corresponden al sector privado, y dentro de estas el 68% fueron efectuadas por mujeres. SUSESO (sitio web) Balance de Ley Karin.

33 "Dentro del sector se percibe una débil fiscalización por parte de las autoridades laborales. La naturaleza privada de los hogares dificulta las inspecciones efectivas y completas (poder supervisar el espacio laboral), lo que permite que muchas irregularidades pasen desapercibidas. Además, los recursos limitados y la falta de personal especializado en la fiscalización de este sector agravan el problema. Sin un monitoreo constante, las trabajadoras quedan desprotegidas frente a abusos, condiciones laborales informales y la ausencia de contratos, e incluso a veces optan por tomar la fiscalización por sus propios medios realizando sus propias investigaciones". Greene, 2024, p. 120.

sentido, además de la obligación del empleador respecto del seguro de accidentes del trabajo y enfermedades laborales, deberá informar oportunamente los riesgos que conlleva la actividad, especialmente cuando se está al cuidado de otras personas, y entregar todos los elementos de protección personal que correspondan[34].

En cuarto lugar, el acceso a la seguridad social. Si bien en esta materia se deben aplicar las reglas generales, el mayor nivel de informalidad de este tipo de trabajo así como las bajas remuneraciones, resultarán en un menor nivel de protección en materia previsional y de salud, por ejemplo. En materia de cesantía, las trabajadoras de casa particular fueron incorporadas al seguro en el año 2020, pero en el contexto de la emergencia sanitaria y con el propósito de que pudieran acceder a su fondo de indemnizaciones por término de contrato ante la suspensión de sus contratos de trabajo producto del COVID. Superada la emergencia, las trabajadoras quedaron sujetas a dicho seguro con cargo al empleador, pero con el mismo porcentaje de cotización que previamente se utilizaba para la indemnización por término de contrato[35].

Además, el convenio pone especial énfasis en los derechos de maternidad. En este sentido, también se deberán aplicar las reglas generales, por lo tanto, las trabajadoras tendrán derecho a fuero, los descansos de maternidad y en la medida que cuente con las cotizaciones correspondientes, a los subsidios. Esto último de nuevo dependerá del nivel de formalidad del trabajo y el cumplimiento con el pago de las cotizaciones de seguridad social.

Siguiendo con las reglas generales, a las trabajadoras también se les debería aplicar lo dispuesto en el artículo 202 del Código del Trabajo, en cuanto a que mientras esté embarazada no deberá reali-

---

34 En el año 2016, la OIT publicó una "Guía de seguridad y salud en el trabajo para trabajadoras de casa particular", que contiene las obligaciones específicas del empleador, así como los derechos de las trabajadoras.

35 Es decir, el 4,11% que anteriormente debía cotizar el empleador para efectos de la indemnización ahora se divide de la siguiente forma: 1,1% va al fondo de dicha indemnización; y el 3% restante se destina al seguro de cesantía. Sin embargo, de ese porcentaje sólo el 2,2 se queda en la cuenta individual de cesantía de la trabajadora, ya que el 0,8% restante se aporta al fondo solidario de cesantía.

zar trabajos perjudiciales para su salud. Además, tendrán derecho a disponer de al menos una hora al día para dar alimento a sus hijos menores de dos años. Respecto de estos dos últimos derechos, sin embargo, cabe preguntarse sobre la eficacia de su aplicación.

V. CONSIDERACIONES FINALES

No cabe duda la importancia que presenta el trabajo doméstico remunerado a nivel global, y en particular en nuestra sociedad, donde la figura de la trabajadora de casa particular es muchas veces imprescindible a la hora de que muchas mujeres puedan insertarse al mercado de trabajo, o permitirles dejar de hacerse cargo del trabajo doméstico de forma no remunerada.

Sin perjuicio de ello, y de las modificaciones legislativas realizadas e incluso de los compromisos internacionales adquiridos, sigue siendo un trabajo infravalorado y con un alto nivel de desprotección, alcanza todavía altas tasas de informalidad en nuestro país[36].

La prestación de servicios al interior de un hogar y muchas veces al cuidado de una familia, puede confundir los roles e invisibilizar el carácter laboral de la relación, desconociendo los derechos de que debe gozar la trabajadora de casa particular. Esta situación muchas veces se traduce en incumplimiento de normativa laboral y vulneración de derechos por parte de los empleadores.

Si bien el propósito de la OIT es lograr que el trabajo doméstico remunerado tenga las características de trabajo decente, y se equipare al de las demás personas trabajadoras, aún es posible observar que las trabajadoras de casa particular se ubican en una posición de menor nivel de protección respecto de otros tipos de trabajo, al tratarse de un tipo de trabajo eminentemente feminizado y que en general ocupa a personas más vulnerables.

Esta situación se agudiza aún más respecto de aquellas trabajadoras que viven en la casa del empleador, donde resultará más difícil que la trabajadora pueda denunciar en caso de incumplimiento. Pe-

---

36 El porcentaje de trabajadoras en situación de informalidad alcanzaría el 54,7%. OIT, 2021, p. 83.

ro no excluye a las trabajadoras que viven fuera, quienes a pesar de que desde el punto de vista legal tienen reconocidos casi los mismos derechos laborales que las demás personas trabajadoras, en la práctica no tienen la posibilidad de denunciar incumplimientos o llegar a acuerdos con el empleador.

La falta de formalización del contrato de trabajo, la alta carga laboral con diversas tareas muchas veces no debidamente especificadas, largas horas laborales con poco ejercicio de los derechos de descanso, bajas remuneraciones, falta de capacitación respecto a los derechos laborales, son elementos que aún persisten y que nos alejan del concepto de trabajo decente propuesto por la OIT.

Es necesario avanzar hacia el fortalecimiento del actor colectivo, que ha tenido un rol muy relevante en los avances legislativos de los últimos años, y en la profesionalización del trabajo doméstico remunerado, entregando las herramientas necesarias para que las trabajadoras puedan conocer y ejercer sus derechos, y se otorgue el debido reconocimiento de este tipo de trabajo como de igual valor al que realizan otras personas trabajadoras.

VI. BIBLIOGRAFÍA

1. Gorban, Débora y Tizziani, Ania, 2018: *¿Cada una en su lugar? Trabajo, género y clase en el servicio doméstico.* Argentina, Editorial Biblos.
2. Greene, Monserrat, 2021: Estudio sobre el trabajo doméstico remunerado desde la perspectiva de género: sistematización y análisis para la política pública en Chile. Chile, Dirección del Trabajo.
3. Hochschild, Arlie, 1989: *The second shift, working families and the revolution at home.* Estados Unidos, Penguin Books.
4. Irureta, Pedro, 2023: *Derecho del trabajo chileno, derecho individual.* Valencia, Tirant lo Blanch.
5. Hutchinson, Elizabeth, 2015: "The problem with domestic service in Chile, 1924-1952", en Dirk Hoerder, Elise Van Nederveen Meerkerk y Silve Neunsinger (editores), *Towards a global history of domestic and caregiving workers,* Leiden, Brill, pp. 511-529.
6. Hutchinson, Elizabeth, 2021: *Workers like all the rest of them, domestic service and the rights of labor in the twentieth-century Chile.* Estados Unidos, Duke University Press.

7. ONU-Mujeres, 2015: *El progreso de las mujeres en el mundo 2015-2016. Transformar las economías para realizar los derechos.* Disponible en: https://www.unwomen.org/sites/default/files/Headquarters/Attachments/Sections/Library/Publications/2015/POWW-2015-2016-es.pdf [fecha de consulta 14.11.2024].

8. Organización Internacional del Trabajo, 2019: *El trabajo de cuidados y los trabajadores del cuidado para un futuro con trabajo decente.* Disponible en: https://www.ilo.org/sites/default/files/wcmsp5/groups/public/@dgreports/@dcomm/@publ/documents/publication/wcms_633168.pdf [fecha de consulta 14.11.2024].

9. Organización Internacional del Trabajo, 2021: *El trabajo doméstico remunerado en América Latina y el Caribe, a 10 años del Convenio número 189.* Disponible en: file:///C:/Users/56987/Downloads/wcms_828455%20(2).pdf [fecha de consulta 05.11.2024].

10. Organización Internacional del Trabajo, 2023. *La vía hacia el trabajo decente para las trabajadoras y los trabajadores domésticos.* Disponible en: https://www.ilo.org/sites/default/files/wcmsp5/groups/public/@ed_protect/@protrav/@travail/documents/publication/wcms_885233.pdf [fecha de consulta 10.11.2024].

11. Ruay, Francisco y Sierra, Alfredo, 2020: "El convenio 189 de la Organización Internacional del Trabajo, sobre el trabajo decente para las trabajadoras y los trabajadores domésticos, en Chile", en Arellano, Pablo y Severín, Juan Pablo "*Chile y la Organización Internacional del Trabajo, 100 años de relación normativa*", España, Tirant lo Blanch, pp. 329-354.

12. Sanz, Concepción, 2018: *Génesis y evolución del trabajo doméstico.* España, Editorial Comares.

13. Sarti, Rafaella, 2015: "Historians, social scientists, servants, and domestic workers: fifty years of research on domestic and care work", en Dirk Hoerder, Elise Van Nederveen Meerkerk y Silve Neunsinger "*Towards a global history of domestic and caregiving workers*", Leiden, Brill, pp. 25-60.

14. SUSESO (sitio web) Balance Ley Karin. Disponible en: https://www.suseso.cl/605/w3-article-739902.html [fecha de consulta: 15-11-2024].

Manejo de agroquímicos y pesticidas de las trabajadoras agrícolas de temporada y su necesidad de conciliar trabajo y cuidados. Análisis específico en la Región de O'Higgins

María José Espinoza Ramírez*

I. INTRODUCCIÓN

Si nos detenemos a analizar la legislación actual respecto a la protección de los trabajadores y el manejo de agroquímicos y pesticidas en el área agrícola nos encontramos con importantes falencias en materia de regulación. Tales deficiencias influyen desfavorablemente en la salud de las trabajadoras de temporada, manifestándose en enfermedades, tales como mayores índices de cáncer de mamas, infertilidad e inclusive incidiendo en el mayor número de nacimientos con malformaciones congénitas[1], menoscabando de esta forma, sus derechos sexuales y reproductivos, junto con su desarrollo en diferentes aristas de su vida.

El propósito de este breve trabajo es hacer mención junto con dar visibilidad a algunas de las problemáticas que genera en cadena la normativa vigente en materia de protección de las trabajadoras agrícolas, específicamente en la protección y manejo de pesticidas y productos agroquímicos en el desempeño de sus diferentes funciones, junto con algunas de las diferentes incidencias en la salud del grupo antes mencionado.

La caracterización del grupo observado y los datos verificados que dan cuenta de las afecciones mencionadas corresponden a trabaja-

* Egresada en proceso de titulación de la Escuela de Derecho de la Pontificia Universidad Católica de Valparaíso. Correo electrónico: maria.espinoza.r01@mail.pucv.cl

1 Ojeda y Moreno, 2017, pp. 79-84.

doras de temporada del área agrícola pertenecientes a la Región de O'Higgins, por medio de la revisión de datos estadísticos obtenidos de investigaciones provenientes tanto de entes gubernamentales como de particulares. Junto con lo anterior, se realizó de manera particular por la autora, una serie de entrevistas a un grupo compuesto por 20 trabajadoras agrícolas de diferentes fundos, ubicados en las comunas de Doñihue, Rancagua, Requinoa, Olivar, Coinco y Coltauco, de cuyas respuestas se determinan algunas conclusiones contenidas en el presente trabajo.

II. ESTADO NORMATIVO ACTUAL RESPECTO DEL MANEJO DE PESTICIDAS Y AGROQUÍMICOS EN EL ÁREA DEL TRABAJO AGRÍCOLA

A lo largo de la historia de nuestro país, la industria agrícola ha tenido un importante papel en materia económica, tanto en su aporte monetario como en la cantidad de fuentes de trabajo que ofrece a un grupo de la población históricamente marginado como ha sido el mundo rural. Según cifras entregadas por la institución Pro Chile, correspondiente a la Dirección General de Promoción de Exportaciones de la Cancillería de Chile, durante el año 2023, el sector agroalimentario ha aportado cerca de un 4,7% al Producto Interno Bruto (PIB), convirtiéndose además en una importante fuente de puestos laborales, los cuales se estiman en 368.316 empleos directos[2].

Pese a los rápidos cambios ocurridos en esta área productiva durante los últimos 50 años, la regulación aplicable en materia de protección a los trabajadores agrícolas no ha experimentado mayores modificaciones, encontrándose actualmente regulada la protección ante el uso y exposición a agroquímicos en los siguientes cuerpos normativos:

---

2 PROCHILE, 2023.

II.1. El Código del Trabajo[3]

**Artículo 92 inciso 2°:* Se hace mención de la obligación del empleador de entregar información respecto del uso y manipulación de pesticidas, plaguicidas o productos fitosanitarios tóxicos a aquellos trabajadores cuya función sea la aplicación de los mismos. Junto con lo anterior, el empleador debe proporcionar aquellos implementos que sean necesarios para protegerse de los mismos y removerlos una vez terminada su jornada laboral. Aún en presencia de la norma antes expuesta, en la investigación realizada por la Facultad de Medicina de la Universidad de Chile "Estudio descriptivo de las condiciones de trabajo en sector agrícola en micro y pequeñas empresas de la Región de O'Higgins", el riesgo más informado tanto por parte de los trabajadores como por los actores principales de las labores agrícolas, corresponde al riesgo ambiental que implica la exposición a sustancias químicas[4].

Respecto de las adversidades enfrentadas en materia de salud física, existen estudios que dan cuenta de que sumadas a las enfermedades experimentadas por el general de quienes trabajan en el área agrícola, en lo referente a efectos genotóxicos y carcinógenos *"en mujeres temporeras de la región del Biobío que realizaban labores de raleo, poda, cosecha y empaque de frutas, sin ningún tipo de protección personal, se estableció un daño genético en linfocitos 3,7 veces mayor en comparación con un grupo control"*[5].

II.2. El Código Sanitario (Decreto 725 de 1968)[6]

**Artículo 87 inciso 3°:* Se hace mención del deber del Servicio Nacional de Salud de recopilar y analizar los datos estadísticos referidos a afecciones que puedan derivarse de intoxicaciones causadas por el uso de productos fitosanitarios o plaguicidas. En lo respectivo a los datos y análisis aludidos por la normativa, la exposición a riesgos en

---

3 Decreto con Fuerza de Ley N° 1 del Ministerio del Trabajo y Previsión Social, 2003.

4 Cerda y otros., 2020, p. 6.

5 Márquez y otros, 2005, pp. 1-7

6 Código Sanitario, 1968.

la agricultura con mayor nivel de documentación se asocia principalmente al desarrollo de trastornos músculo esqueléticos (TME) en extremidades inferiores y espalda, principalmente por exposición a factores de riesgo físicos, sin embargo, no es poco relevante la presencia de factores químico-biológico, ambientales, psicosociales y organizacionales[7]. Por otra parte, según datos estadísticos recabados por la Dirección del Trabajo en la Octava Encuesta Laboral (ENCLA 2014) y en relación a la presencia de factores de riesgo en el Sector agropecuario y silvicultura, un 82,9% de los empleadores señaló poseer condiciones inseguras, dentro de las cuales un 36,1% corresponden a riesgos químicos[8].

II.3. Decreto Ley 3.557 que establece disposiciones sobre protección agrícola[9]

**Título III Párrafo 1° (artículos 32 a 36):* Se puede observar que solamente se hace mención de la producción y almacenamiento de productos químicos (plaguicidas), junto con las eventuales directrices a seguir en caso de observarse un nivel sobre el permitido en la mercancía, sin hacer mención o referencia alguna a la afectación que las sustancias químicas puedan causar en las y los trabajadores que los manipulan o se ven expuestos a los mismos. No se observa regulación en torno a quienes trabajan en esta área productiva.

II.4. Ley 20.308 sobre protección a los trabajadores en el uso de productos fitosanitarios[10]

**Artículo 1 N° 3:* Introduce un reemplazo al artículo 34 del Decreto Ley 3.557, haciendo mención del necesario respeto del plazo fijado por el Servicio Agrícola y Ganadero para reiniciar las actividades en aquellos predios donde fueron aplicados plaguicidas. Si bien el establecimiento de un plazo entre la aplicación de plaguicidas y el ingreso de trabajadores al lugar de faenas puede considerarse un

---

7 Zorrilla y otros, 2019, pp. 86-87.

8 Dirección Del Trabajo, 2014, p. 242.

9 Decreto Ley 3.557, 1981.

10 Ley N° 20.308, 2008.

avance, si esta norma no se fiscaliza y cumple, las y los trabajadores finalmente quedan expuestos de igual manera a los diversos pesticidas, que incluso pueden ser aplicados de forma simultánea a la realización de labores como producción de almácigos, plantación, trasplante, labranza, poda, raleo y/o cosecha.

II.5. Decreto 158 que aprueba el Reglamento sobre condiciones para la seguridad sanitaria de las personas en la aplicación terrestre de plaguicidas agrícolas[11]

**Artículo 1:* En esta norma sí se hace referencia a la necesidad de resguardo de aquellas personas que se vean involucradas con la aplicación de plaguicidas de forma terrestre, ubicando como eje central la protección a las personas por sobre los bienes, a diferencia de lo observado en el Decreto Ley N° 3.557 de 1981.

**Artículo 10 inciso 2°:* Establece que la aplicación de plaguicidas deberá efectuarse en aquellos horarios donde no exista flujo ni tránsito de personas por el lugar.

**Artículo 13*: Manifiesta de forma expresa la obligación del propietario o responsable de los cultivos de velar por el cumplimiento del mandato contenido en el artículo 10 inciso 2° mencionado en el párrafo anterior.

III. NECESIDAD DE QUE EXISTAN MODIFICACIONES NORMATIVAS, CONJUNTAMENTE CON EL FORTALECIMIENTO DE REDES DE CUIDADO UTILIZADAS POR LAS TRABAJADORAS AGRÍCOLAS DE TEMPORADA EN LA REGIÓN DE O'HIGGINS

Como se puede extraer de la revisión normativa precedente, queda patente la ineficiencia de la regulación actual existente en materia de protección a la salud de aquellos trabajadores expuestos a plaguicidas y agroquímicos que se encuentren fuera del supuesto normativo de aplicadores de pesticidas, dejando en una notoria situación de

---

11 Decreto N° 158, publicado en Diario Oficial con fecha 23 de junio 2015.

desprotección a aquellos trabajadores que realizan labores de labranza, poda, raleo y cosecha.

Según cifras entregadas por el VIII Censo Agropecuario y Forestal (2020-2021), las funciones mencionadas anteriormente se realizan en su mayoría por trabajadores temporales, dentro de los cuales, 662.018 corresponden a trabajadoras. Del total mencionado, se contabiliza solamente a quienes fueron contratadas directamente por el productor, dejando fuera del estudio a un importante número de trabajadoras contratadas bajo régimen de subcontratación[12].

Si bien existen escasos estudios referidos a la incidencia de la exposición de pesticidas en la salud de las trabajadoras de temporada, se ha logrado establecer en ellos la relación entre los trabajos realizados por las madres en periodos previos al embarazo y durante los mismos y las eventuales enfermedades congénitas presentadas por sus hijos e hijas al nacer. Esto a causa de que en el área de la agricultura se utilizan diferentes productos químicos en regímenes secuenciales, lo que termina en una exposición mixta y variable por parte de las trabajadoras[13].

Además, el régimen de contratación temporal hace aún más difícil poder realizar un seguimiento del estado de salud de las temporeras, el cual si bien presenta flexibilidad laboral, permitiendo a las trabajadoras acceder a puestos de empleo en periodos de alta demanda del área agropecuaria, es un trabajo altamente precarizado, concentrándose principalmente en labores como recolección, raleo, poda y packing. En estos últimos señalados, usualmente son contratadas por obra o faena, lo que obliga a ritmos de trabajo acelerados, permaneciendo largas horas de pie, expuestas al sol o al frío, realizando movimientos repetitivos o manejando cargas pesadas[14].

Según datos entregados en el sondeo recopilado por Ojeda y Moreno en el Hospital Regional de Rancagua en el periodo 1997 a 2013, en una tasa por cada 10.000 nacidos vivos, en la región de O'Higgins, se observó un mayor riesgo en relación al promedio nacional en nacimientos con malformaciones congénitas tales como: microce-

12 Instituto Nacional de Estadísticas, 2020-2021.

13 Ojeda y otros, 2000, pp. 399-404.

14 Namdar-Irani y Aracena, 2014, p. 84.

falias (11,44%), paladar hendido (8,68%), cardiopatías (28,94%), hipospadias (15,16%), hidronefrosis (25,49%), talipes talovalgus (16,12%) y trisomía en el cromosoma 21 (40,54%)[15]. Es innegable que el nacimiento de hijos e hijas con tales condiciones de salud conlleva una mayor necesidad de conciliar los tiempos de trabajo con los diversos cuidados que se deben entregar, especialmente en torno a los requerimientos médicos mencionados[16].

Atendiendo a las cifras entregadas por la 1° Encuesta de Bienestar Social (2021), de quienes pasan 8 horas o más dedicadas a labores de cuidado, un 85% corresponde a mujeres[17]. Junto con lo anterior, según las cifras obtenidas por Valero, Vergara, Rojas y Quiceno, de un total de 396 trabajadoras temporales de la Región de O'Higgins entrevistadas, un 93,2% considera que su tiempo libre corresponde a realizar las labores del hogar. Esto termina resultando en una superposición entre la jornada laboral y el tiempo destinado a trabajos de cuidado no remunerados. Dentro del mismo grupo de entrevistadas, un 86,36% declaró que mientras se encuentra en su lugar de trabajo, está preocupada por exigencias domésticas y familiares. Finalmente, de aquellas trabajadoras con hijos, un 100% indicó que vive con mucha culpa por su ausencia en los cuidados con el fin de poder salir a trabajar de forma remunerada[18].

IV. CONCLUSIONES

En observancia de los datos anteriormente expuestos, es que se hace urgente, por un lado, realizar modificaciones normativas que protejan a las trabajadoras temporales del área agrícola que desempeñan funciones donde se mantienen en constante contacto con las plantaciones que presentan agroquímicos y productos fitosanitarios, con el fin de evitar las diferentes afectaciones que dicha exposición trae consigo a su salud.

---

15 OJEDA y MORENO, 2017, pp. 79-84.

16 Entre los días 20 de diciembre de 2022 y 26 de febrero de 2023 se formuló un número de 20 entrevistas a trabajadoras agrícolas de temporada, de cuyas respuestas se determina dicha conclusión.

17 Ministerio De Desarrollo Social y Familia, 2021, p. 25.

18 Valero y otros, 2015, p. 110.

En segundo lugar, es de vital importancia la realización de estudios por parte de los entes gubernamentales sobre el respeto de la normativa actual y las cifras de enfermedades que el grupo antes mencionado presenta, con la finalidad de plantear políticas públicas que mejoren sus condiciones de trabajo y salud.

Finalmente, la creación de un sistema nacional de cuidados y el fortalecimiento de los programas ya existentes que dan apoyo a las trabajadoras de temporada con el cuidado de sus hijos e hijas, se hace necesario para evitar su salida del mercado laboral y la pérdida de independencia económica que ello conlleva, exponiéndolas a diversas formas de violencia y obstaculizando su desarrollo personal integral como parte de la sociedad.

V. BIBLIOGRAFÍA

1. Cerda, Leonidas, Villalobos, Victoria, Rodríguez, Carolina, Cerda, Eduardo, Olivares, Giovanni, Román, Liz, Arredondo, Félix y Dussert, Juan Pablo, 2020: *Estudio descriptivo de las condiciones de trabajo en Sector Agrícola en micro y pequeñas empresas de la Región de O'Higgins, con enfoque de género para establecer estrategias y recomendaciones de prevención de enfermedades profesionales.* Proyecto de Investigación e Innovación Tecnológica en Prevención de Accidentes del Trabajo y Enfermedades Profesionales, Santiago de Chile. Disponible en: https://www.isl.gob.cl/wp-content/uploads/2024/08/2018-2020_Investigacion-Estudio-Descriptivo-de-las-Condiciones-de-Trabajo-Sector-Agricultura.pdf [Fecha de consulta: 27.11.2024].
2. Departamento de Estudios de la Dirección del Trabajo, 2014: *Informe de Resultados Octava Encuesta Laboral,* (Segunda Edición), Santiago de Chile. Disponible en: https://www.dt.gob.cl/portal/1629/articles-108317_recurso_1.pdf [Fecha de consulta: 27.11.2024].
3. Instituto Nacional de Estadísticas, 2020-2021: *VIII Censo Nacional Agropecuario y Forestal.* Santiago de Chile. Disponible en: https://www.ine.gob.cl/censoagropecuario/resultados-finales/graficas-nacionales [Fecha de consulta: 27.11.2024].
4. Márquez, Carolina, Villalobos, Cecilia, Poblete, Susana, Villalobos, Eva, García, María de los Ángeles y Duk, Soledad, 2005: Daño citogenético en trabajadoras agrícolas chilenas expuestas a mezclas de plaguicidas, *en: Environmental and Molecular Mutagenesis, Vol. 45, N° 1,* pp. 1-7.
5. Ministerio de Desarrollo Social y Familia, 2021: "*1° Encuesta de Bienestar Social*", Chile. Disponible en: https://observatorio.ministeriodesarro-

llosocial.gob.cl/storage/docs/bienestar-social/1ra_Medicion_del_Bienestar_Social_en_Chile_MDSF_.pdf [Fecha de consulta: 27.11.2024].

6. NAMDAR-IRANI, MINA Y ARACENA, JARA, 2014: *Mujer agrícola y políticas públicas en Chile. Informe Final. Qualitas Agroconsultores.* Santiago de Chile. Disponible en: https://www.odepa.gob.cl/wp-content/uploads/2014/01/MujerAgricola2014.pdf [Fecha de consulta: 27.11.2024].

7. OJEDA, MARÍA, ROJAS, ALEJANDRA, BARRAZA, XIMENA, 2000: Malformaciones congénitas y exposición a pesticidas, en *Revista Médica de Chile Vol. 128, N° 4,* pp. 399-404.

8. OJEDA, MARÍA, MORENO, RODRIGO, 2017: Frecuencia *malformaciones congénitas en Hospital Regional Rancagua. Periodo 1997 a 2013,* en *Revista Sociedad Médica Sexta Región, (Rancagua), Vol. V, N° 4,* pp. 79-84.

9. PROCHILE, MINISTERIO DE RELACIONES EXTERIORES, 2023: "Sectores exportadores/agro alimentos". Disponible en: https://www.prochile.gob.cl/sectores-exportadores/agro-y-alimentos#:~:text=El%20sector%20agroalimentario%20chileno%20es,alrededor%20del%204%2C7%25 [Fecha de consulta: 27.11.2024].

10. VALERO, MARÍA ANGÉLICA, VERGARA, JORGE, ROJAS, CRISTIAN, QUICENO, LINA, 2015: Condicionantes de Género, empleo y trabajo y su posible vínculo con afecciones y dolencias musculo esqueléticas y psicosociales de temporeras frutícolas de packing agroindustrial de la Región del Libertador Bernardo O'Higgins, en *Revista Ciencia & Trabajo (Santiago de Chile), Vol. 17, N° 53,* pp. 107-114.

11. ZORRILLA, VANESA, GARCÍA, SEDANO Y AGULLÓ, MARÍA., 2019: Análisis socio-ergonómico en la agricultura. Evaluación del sector oleico desde una perspectiva de género y envejecimiento, en: *Instituto Universitario de Estudios de Género de la Universidad Carlos III de Madrid, Vol. 115, N° 1,* pp. 83-104.

Corresponsabilidad, género y trabajo. Experiencia en Uruguay

Nataly Rodríguez Bessio*

I. INTRODUCCIÓN

La realidad de las mujeres en el mundo ha cambiado drásticamente con su incursión casi masiva al mercado laboral, con la tensión latente que significa conciliar la esfera personal y laboral. Los organismos internacionales, han sido grandes impulsores de que los Estados adopten medidas para promover la corresponsabilidad en los cuidados, por su eficacia para que las mujeres puedan sostener su permanencia en el trabajo.

Asimismo, los sindicatos han sido grandes impulsores, de las medidas de corresponsabilidad, ya que los cuidados, han alejado de la participación política a sus afiliadas.

Mediante este análisis, intentaremos reflexionar acerca de la importancia de estas medidas, y nos acercaremos a la realidad en Uruguay, ya que ha sido el primer de país de Latinoamérica que instauró un Sistema Nacional Integrado de Cuidados, que ha sido una respuesta del Estado a los cambios en la sociedad. Lo cual tuvo en su génesis, la redistribución entre el mercado, el Estado y las familias de los cuidados, y además, un reconocimiento de la evolución de la igualdad entre hombres y mujeres, para que la misma no solo exista en el plano formal, sino que las condiciones estructurales cambien a los efectos de que esa igualdad sea garantizada.

---

* Abogada y Asesora del Ministerio de Trabajo y Seguridad Social. Profesora ayudante del Derecho del Trabajo y la Seguridad Social de la Facultad de Derecho, Universidad de la República. Mis comentarios y opiniones son a título personal, no comprometiendo en absoluto a las instituciones que represento. Correo electrónico: nrodriguezbessio@gmail.com

II. LOS CUIDADOS COMO DERECHOS

El derecho universal a los cuidados de las personas en situación de dependencia, es un derecho humano fundamental, y un derecho social.

A nivel internacional, la noción de responsabilidades familiares está presente en varios documentos normativos de la Organización Internacional del Trabajo[1](en adelante OIT), así, el Convenio sobre los trabajadores con responsabilidades familiares, 1981 (núm. 156), en su artículo 1 inciso 2, incluye dentro del concepto de trabajadores con responsabilidades familiares, a los trabajadores y trabajadoras con responsabilidades hacia otros miembros de su familia directa.

Asimismo, la Recomendación sobre los trabajadores con responsabilidades familiares, 1981 (núm. 165), complementa las disposiciones del convenio, y recomienda una serie de medidas de política para que la calidad de vida de los trabajadores con cargas familiares mejores, y menciona a título de ejemplo; políticas en materia de licencias, servicios de asistencia social, seguridad social, horarios laborales y modalidades de organización del trabajo flexible[2].

Con posterioridad en la 101ª reunión de la Conferencia Internacional del Trabajo del año 2012 se aprobó la Recomendación obre los pisos de protección social, 2012, (núm. 202), donde se establece que estos deberían comprender determinadas garantías básicas de seguridad social, entre "ellas, el fomento de los servicios sociales de cuidados para personas cuidado-dependientes, debido a su edad, incapacidad o estado de salud, desde la corresponsabilidad pública y social"[3].

De la mano de lo anterior, se arriba a la concepción de que "la atención del cuidado mediante la protección social comprende la tríada de tiempo, dinero y servicios para cuidar, es decir que supone permisos laborales para que quienes trabajan de forma remunerada puedan cuidar a sus familias, transferencias monetarias para ayudar

---

1 Panizza, 2014, p. 98.
2 Panizza, 2014, p. 99.
3 Lupica, 2014, p. 11.

económicamente a las familias de las personas que requieren cuidados y servicios de atención directa de los cuidados"[4].

Cuando pensamos en "cuidado" no podemos omitir: que el cuidado es tanto un derecho como una función social e implica la promoción de la autonomía personal, la atención y la asistencia a las personas en situación de dependencia. Constituye el conjunto de acciones que la sociedad lleva a cabo para procurar el desarrollo integral y el bienestar cotidiano de quienes se encuentran en situación de dependencia y necesitan la ayuda de otras personas para realizar actividades de la vida diaria[5].

La necesidad de cuidado no es un tema nuevo, en palabras de LUPICA en todas las sociedades siempre hubo personas que han requerido la ayuda de terceros para realizar las actividades cotidianas. Sin embargo, en la actualidad, los modos tradicionales de atender las necesidades de cuidado están en crisis, debido a la variación en la magnitud y complejidad del fenómeno. El desequilibrio entre la oferta y la demanda de cuidados, como producto del mayor número de personas que los requieren y, al mismo tiempo, debido a la menor proporción de personas en condiciones de proveerlos, se ha denominado "crisis de los cuidados"[6].

A nivel europeo, a partir de la investigación que realiza Eurofound[7], hace casi una década, se observa que existen "datos empíricos que acreditan que las tareas de provisión de cuidado son asumidas a menudo por los miembros de la familia con los menores costes de oportunidad, es decir, por aquéllos que no han de renunciar a

---

4 LUPICA, 2014, p. 11.

5 MIDES, 2015, p. 6.

6 LUPICA, 2014, pp. 13-14.

7 La Fundación Europea para la Mejora de las Condiciones de Vida y de Trabajo (Eurofound) es una organización tripartita de la Unión Europea, cuyo cometido es ofrecer conocimientos para contribuir a la articulación de mejores políticas sociales y en materia de empleo y trabajo. Eurofound se creó en 1975, en virtud del Reglamento del Consejo (CEE) n° 1365/75, para contribuir a la planificación y el diseño de mejores condiciones de vida y de trabajo en Europa. Información disponible en: https://www.eurofound.europa.eu/es/about-eurofound/who-we-are.

otras actividades valiosas. Tradicionalmente, más mujeres se han responsabilizado de dichas tareas"[8].

Según estimaciones de la OIT (2019), las mujeres realizan entre el 71% y el 86% del total de trabajo no remunerado que demandan los hogares, lo cual tiene variaciones según el país[9].

En este contexto "las políticas de cuidados juegan un rol clave para garantizar una distribución más justa del cuidado. Medidas como las licencias, los servicios de guardería, arreglos laborales flexibles y asignaciones familiares, entre otras, contribuyen en reducir las tasas de rotación y el ausentismo, a la vez que aumentan la participación de las y los trabajadores, su motivación y su productividad. La negociación colectiva es un mecanismo eficaz para lograr una mejor distribución del cuidado y una mayor igualdad de género como pisos mínimos de derechos laborales más altos a los asignados por la Ley de Contrato de Trabajo"[10].

III. CONCEPTO DE CORRESPONSABILIDAD

En términos generales la corresponsabilidad es definida como "el reparto equilibrado de las tareas domésticas y de las responsabilidades familiares, tales como su organización, el cuidado, la educación y el afecto de personas dependientes dentro del hogar, con el fin de distribuir de manera justa los tiempos de vida de mujeres y hombres "[11].

III.1. Corresponsabilidad de Género

La corresponsabilidad de género refiere a que también los varones, participen de igual forma que las mujeres en el trabajo no remunerado, para evitar la desigual distribución de oportunidades, que ha sido la consecuencia de la división sexual del trabajo. Este concepto,

---

8 Jungblut, 2016, p. 15.

9 Oit, 2019, "El trabajo de cuidados y los trabajadores del cuidado para un futuro con trabajo decente".

10 Oit, 2022, p. 8.

11 Instituto de la de la mujer, 2019, p. 6.

si bien, surge de la conciliación entre la vida familiar y el trabajo, lo transciende, debido a que, en las políticas de conciliación "se pone foco en las tensiones que se producen entre las responsabilidades familiares y laborales, buscando alivianarlas en dos grandes líneas: la provisión de servicios de cuidado para niños y personas dependientes (...) y las medidas laborables de ampliación de los tiempos disponibles de los trabajadores y trabajadoras, a través de las licencias y permisos para el cuidado de familiares dependientes"[12].

Además, se entiende que la corresponsabilidad de género tiene como objetivo clave la igualdad de género dado que pretende transformar "el papel que juega la división sexual del trabajo en la subordinación social, económica y política de las mujeres"[13].

Con la corresponsabilidad de género se pretende generar transformaciones en lo que tiene que ver con los mandatos sociales, estereotipos e identidades de género[14]. Así, como también, visibilizar "cómo esas construcciones generan desigualdades entre mujeres y varones teniendo en cuenta otras diferencias como la dimensión de clase, la ética racial, la edad y la territorial"[15].

En este marco, son las familias tienen mucho para construir en la corresponsabilidad, por ejemplo, educando a sus hijos con conciencia de género, insistiendo en que todas las personas integrantes del hogar sean partícipes de las múltiples responsabilidades que se asignan a las mujeres por el hecho de serlo, evitando así que se reproduzcan los estereotipos de género.

En un estudio se observó que en el caso de aquellas mujeres cuyas parejas muestran alto grado de sensibilidad hacia su tarea profesional (comportamientos de apoyo a su trabajo), disminuyó la fatiga mental en un 19% y disminuyó el estrés en un 21%, así como también en el caso de aquellas mujeres cuyos líderes muestran sensibilidad hacia los empleados, disminuyó la fatiga mental y el estrés en un 5%[16].

---

12 Proveste, 2012, p. 157.
13 Mides, 2016, p. 9.
14 Pereira, 2019, p. 29.
15 Mides, 2016, ídem.
16 Barraza, Las Heras, 2020, p. 3.

En casi todos los países del mundo, los hombres dedican menos horas al trabajo no remunerado o tareas domésticas, mientras que las mujeres dedican 30 horas semanales, independientemente que trabajen a tiempo parcial o a tiempo completo.

Es por eso, que el papel de los empleadores es trascendental, ya que deben reconocer y admitir que el tiempo de una trabajadora con cargas familiares, no es el mismo que el tiempo del que dispone otra mujer sin cargas familiares. No obstante, es el Estado quién deberá promover políticas dirigidas a la inversión en infraestructura y servicios de cuidado de niños y niñas y personas dependientes.

Sin colaboración en las tareas de cuidado, las mujeres no podrán desempeñar correctamente su trabajo y vida profesional, sin consecuencias negativas para su salud y vida personal.

III.2. Corresponsabilidad Social

La corresponsabilidad social se construye entre las familias, el mercado, el Estado y la comunidad. También, los sindicatos, cuando brindan servicios cuyo costo se socializa entre sus miembros, están siendo corresponsables con las familias. Como señalamos, la corresponsabilidad de género refiere a la redistribución del trabajo no remunerado entre varones y mujeres que debe darse al interior de las familias y los hogares.

Es importante entender que la corresponsabilidad social también tiende a favorecer la corresponsabilidad de género, porque en la medida en que se redistribuyen los cuidados entre el Mercado, la Comunidad y el Estado la carga de trabajo que es socialmente atribuida a las mujeres tiende a disminuir.

En el artículo 3, de la reciente Ley Modelo Interamericana de Cuidados, se destaca que: La corresponsabilidad social de los cuidados es la responsabilidad compartida de todos los actores de la sociedad de crear las condiciones para que todas las personas se inserten en redes de cuidados y de sostenibilidad de la vida suficientes, adecuadas y libremente elegidas, que les permitan alcanzar su mayor realización espiritual y material posible. La corresponsabilidad social de los cuidados impone al Estado, los gobiernos locales, el sector privado, la comunidad, a los hombres y mujeres al interior de las familias y a las generaciones entre sí, proveer y contribuir equitativa y solidariamente a la provisión de cuidados, de manera que permitan proteger a la familia y las personas, fomentar su desarrollo integral y promover la autonomía de todos sus miembros, y en especial, de las mujeres[17].

Son necesarias varias acciones por parte del Estado, como, por ejemplo: ampliar los servicios, con políticas de asignación de más tiempo de cuidados en instituciones formales. Es decir, ofrecer centros de cuidados con más horas de permanencia del personal en situación de dependencia, para que, en definitiva, tanto hombres y mujeres puedan llegar a su máximo desarrollo laboral y profesional[18].

Sobre estas ideas, Elson, propone el marco de las tres "R", que refiera a los cambios de las políticas de cuidados a través de: el reconocimiento del trabajo de cuidados no remunerado, la reducción de dicho trabajo (licencias y medidas de corresponsabilidad en las empresas), la redistribución del trabajo de cuidados no remunerado entre varones y mujeres. En este marco, destaca que "la corresponsabilidad social refiere básicamente a la R de reducir el trabajo no remunerado de cuidados en los hogares mediante la provisión de servicios y prestaciones. La corresponsabilidad social se da entre las familias, el mercado, el Estado y la comunidad. También, los sindicatos, cuando brindan servicios cuyo costo se socializa entre los miembros del sindicato, están siendo corresponsables con las familias"[19].

En la actualidad se hace referencia a que las medidas de corresponsabilidad social y de género, deben implementarse conjuntamente para diseñar e implementar acciones más eficaces.

IV. PROTECCIÓN DE LOS INTERESES FAMILIARES Y CORRESPONSABILIDAD EN LA LEGISLACIÓN DE URUGUAY

En noviembre de 2013 surgió un avance desde el Estado en cuanto a la corresponsabilidad social y de género, con la aprobación de

---

17 CIM Y EUROSOCIAL (2022): *Ley Modelo Interamericana de Cuidados*. p. 19.

18 PEREIRA, 2019, p. 27.

19 ONU MUJERES, MIDES, INMUJERES, 2021, p. 14

la ley de licencias por maternidad, paternidad y el subsidio de medio horario para cuidados, con la aprobación de la Ley N.° 19.161. Se formaliza que serán beneficiarios los trabajadores no dependientes que desarrollen actividades amparadas por el Banco de Previsión Social, siempre que no tuvieran más de un trabajo subordinado.

En particular, la licencia por paternidad que era financiada por el sector empresarial, se extiende significativamente y esa ampliación la financia la seguridad social. Además, se amplía la cobertura, incorporando a los trabajadores y las trabajadoras no asalariados, con determinado tamaño de empresa y que aporten a la seguridad social.

En noviembre de 2015, como un gran hito histórico, se aprueba la Ley N ° 19.353 que crea el "Sistema Nacional Integrado de Cuidados". El Sistema de Cuidados propone transformar las bases de la desigualdad mediante la redistribución de responsabilidades entre Mercado, Familia, Comunidad y Estado, promoviendo la corresponsabilidad social y pretendiendo la redistribución de las tareas de cuidados entre varones y mujeres, denominada corresponsabilidad de género.

Por su parte, en el catálogo de servicios, programas y prestaciones del Sistema Nacional Integrado de Cuidados, Decreto N° 439, de diciembre de 2016) en el artículo 29, se establece que las medidas de corresponsabilidad comprenden:

Medidas de asignación de tiempo: acciones para facilitar al trabajador o trabajadora la disponibilidad de tiempo para el cuidado, que son: a) Licencias parentales (para madres y padres), b) Licencias para cuidado de familiares en situación de dependencia; c) Flexibilidad horaria. Medidas de acceso a servicios, que consisten en acciones destinadas a facilitar al trabajador o estudiante el acceso a servicios de cuidados, por medio de apoyos materiales o económicos, beneficios en convenios con prestadores de servicios, entre otros. En ambas disposiciones, las medidas sugeridas están orientadas a ofrecer tiempo (a través de las licencias, los permisos o la flexibilidad en la organización de las jornadas de trabajo), servicios para resolver las necesidades de cuidados, o, en su defecto, una prestación económica que preferentemente debería estar dirigida al prestador del servicio.

En agosto de 2017 se aprueba la Ley N° 19.530, para regular la instalación de salas de lactancia. La ley establece que "edificios o locales de los organismos, órganos e instituciones del sector público y privado en las que trabajen o estudien veinte o más mujeres o trabajen cincuenta o más empleados, se deberá contar con una sala destinada a la lactancia". Este beneficio no resuelve el cuidado de los bebés, pero contribuye con su desarrollo personal y con la continuidad de las mujeres en el empleo.

Por otra parte, contamos con licencias extraordinarias sin goce de sueldo para el caso de madres y padres biológicos o adoptivos de niños con Síndrome de Down, parálisis cerebral u otras discapacidades sensoriales, físicas o intelectuales severas, consagrada en la Ley N° 18.651 de protección a las personas con discapacidad. Al ser una licencia sin goce de sueldo, los trabajadores no se ven estimulados a usufructuarla. La duración de esta licencia de seis meses, adicional al correspondiente a la licencia por maternidad o paternidad.

Asimismo, contamos con Licencias especiales para hijos o familiares con discapacidad o familiares con enfermedad terminal. La Ley 19.729, incorporó los artículos 10 y 11 a la Ley N° 18.345. Estas disposiciones consagraron los beneficios para los trabajadores: a) licencia por hijo con discapacidad, b) licencia para familiares con discapacidad o enfermedad terminal.

Ambas licencias considerarán que el trabajador mantendrá su remuneración y su financiamiento será de cargo del empleador, salvo la mencionada en el literal b, que se será con goce de sueldo en forma parcial.

Una de las leyes más recientes en su incorporación es la Ley N° 20.129, de fecha 5 de mayo del año 2023, que regula el derecho de toda trabajadora, tanto de la actividad privada como de la pública, a ausentarse del trabajo para asistir a los controles de embarazo.

En su artículo 1° señala que:

Toda trabajadora embarazada, tanto en la actividad privada como en la pública, cualquiera fuere la naturaleza jurídica de su relación laboral o funcional, tendrá derecho a ausentarse de su lugar de trabajo, hasta cuatro horas al mes, con la finalidad de concurrir a los controles de embarazo u otras consultas relacionadas. Dichas horas se computarán como trabajadas a todos los efectos legales y reglamentarios, no pudiendo ser descontadas del salario o remuneración.

V. SISTEMA NACIONAL INTEGRADO DE CUIDADOS (SNIC). LEY 19. 353

La política de cuidados en Uruguay tiene como objetivo la construcción un modelo corresponsable de cuidados, entre familias, Estado, comunidad y mercado.

La Ley N° 19.353, tiene como finalidad la promoción del desarrollo de la autonomía de las personas en situación de dependencia, su atención, su asistencia, mediante la creación del sistema Nacional Integrado de Cuidados, que conjuga acciones y medidas orientadas, con el diseño e implementación de políticas públicas que constituyan un modelo solidario, corresponsable y sostenible a largo plazo.

La instalación del Sistema de Cuidados, en Uruguay, fue una oportunidad para impulsar el desarrollo de estas medidas. Desde su implementación se desarrollan servicios para cubrir a la población infantil (con énfasis en 0 a 3 años por ser quienes tenían menor cobertura), y a la población en situación de dependencia por discapacidad o vejez. Los servicios para la población infantil refieren a la expansión de los centros CAIF y los jardines públicos, la instalación de las Casas Comunitarias de Cuidados que atienden a bebés menores del año, y los centros que se instalan por acuerdo entre sindicatos y empresas. En el Plan de Cuidados 2016-2020 se propuso la generación de modelos de corresponsabilidad para los diversos ámbitos de trabajo[20].

En particular, para el cuidado a las personas en situación de dependencia, se desarrolló el servicio de asistentes personales que da una cobertura de 80 horas mensuales a la población con dependencia severa: menores de 30 o mayores de 80 años. Asimismo, se otorga, un subsidio total o parcial, dependiendo el ingreso per cápita y la carga de cuidados del hogar. Para las personas con dependencia leve y moderada se desarrolla el servicio de teleasistencia y los centros diurnos. En el caso de la teleasistencia se brinda también un subsidio total o parcial, dependiendo el ingreso per cápita y la carga de cuidados del hogar.

---

20 MIDES, JUNTA NACIONAL DE CUIDADOS, 2015, p. 20.

Entre los años 2020, y 2024, a raíz de la pandemia y el cambio de gobierno, el desarrollo del Sistema Nacional de Cuidados se vio afectado, sobre todo en lo que respecta en los avances en el servicio de asistentes personales, lo que sin duda deberá seguir desarrollándose, para que ninguna persona en situación de dependencia carezca del apoyo necesario para desarrollar su vida en condiciones normales.

VI. CLÁUSULAS DE CORRESPONSABILIDAD DE EN LA NEGOCIACIÓN COLECTIVA EN URUGUAY

En la construcción de los modelos de corresponsabilidad que propone el Sistema de Cuidados hay que dialogar con los sindicatos y las empresas, de esta manera, el Estado debe velar por que las medidas que se adopten sean efectivas en la promoción de la igualdad de género en el mundo laboral.

Por lo tanto, las medidas que defina el Estado, los sindicatos y las empresas deben estar acompañadas de acciones para promover la apropiación del derecho a cuidar[21].

El impulso de las cláusulas de corresponsabilidad se dio a partir de la Cuarta Ronda de Negociación Colectiva (2010), lo que coincide con la gestación de la idea de un Sistema Nacional Integrado de Cuidado, es así que a "partir de la Cuarta Ronda empiezan a adquirir mayor relevancia las licencias especiales para cuidados de hijos o personas en situación de dependencia o enfermedad, así como algunas referidas a la flexibilización de la jornada laboral o permiso de ausentismo para atender responsabilidades familiares"[22].

Existió un gran impulso negociador de las cláusulas de corresponsabilidad "entre la Cuarta y la Séptima Ronda de Consejos de Salarios se aprobaron 351 cláusulas de corresponsabilidad en los cuidados, de las cuales 314 están vigentes. Cerca de la mitad se aprobaron en la Séptima Ronda. Siguiendo la clasificación del SNIC, el 62% son medidas de asignación de tiempo y un tercio son meramente "declarativas" donde se ratifica el convenio N.° 156 de OIT o la ley 18.345

---

21 Onu mujeres, mides, inmujeres, 2015, p. 8.

22 Onu Mujeres, Mides, inmujeres, 2015, p. 19.

que ya rigen para todos los trabajadores y las trabajadoras. Del total de grupos de la negociación colectiva, solo cuatro no han incorporado ninguna cláusula de cuidados"[23].

VII. REFLEXIONES FINALES

Los Organismos Internacionales han impulsado la necesidad de transformar las relaciones de género por medio de políticas que promuevan la corresponsabilidad en los cuidados entre varones y mujeres, hace más de una década, para ello, era necesario, que el Estado y las empresas contribuyeran a facilitar la conciliación entre la vida laboral y las responsabilidades familiares, pero además que se transformaran los roles de género[24].

En líneas generales en Uruguay, las condiciones están dadas a nivel de institucionalidad, para avanzar en la corresponsabilidad desde hace varios años.

La creación del Sistema de Cuidados ha logrado visibilizar que la desigual distribución de responsabilidades de cuidado entre varones y mujeres conlleva a grandes inequidades de género. Por esta razón, con la creación del Sistema, se buscó un cambio en la realidad de las mujeres que históricamente han asumido un rol primordial como cuidadoras, postergando su desarrollo personal y laboral.

El Sistema Nacional de Cuidados aparece como una respuesta a la necesidades de cuidados, no obstante, es fundamental que se le brinde sustentabilidad a largo plazo. Sin lugar a dudas, el camino es largo y la profundización del sistema, su mejora y permanencia, está sujeto a las decisiones políticas de los gobiernos de turno, con su correspondiente trasfondo ideológico, lo que afecta a los avances planeados y esperados para logar una sociedad más justa e igualitaria.

---

23 Onu Mujeres, Mides, inmujeres, 2015, p. 19.

24 Onu Mujeres, Mides, inmujeres, 2015, p. 12.

VIII. BIBLIOGRAFÍA

1. CIM Y EUROSOCIAL, 2022: "*Ley Modelo Interamericana de Cuidados*", pp. 1-35. Disponible en https://www.oas.org/es/cim/docs/LeyModeloCuidados-ES.pdf [fecha de consulta: 18-02-205].

2. BARRAZA, MARÍA, LAS HERAS, MIREIA, 2020: "*Mujer y Trabajo en Remoto durante COVID-19" IESE Business School*, pp. 1-6. Disponible en: https://mediaroom.iese.edu/wp-content/uploads/2020/07/DEF-infografias-teletrabajo-COVID19-14.pdf [fecha de consulta: 18-02-205].

3. INSTITUTO DE LA MUJER, Ministerio de Sanidad, Servicios Sociales e Igualdad, 2013: *Guía de Corresponsabilidad,* Madrid, pp. 1-59.

4. JUNGBLUT, MARIE-JEAN, 2016: Conciliar trabajo y las obligaciones de provisión de cuidado de adultos mayores en Equilibrio entre el trabajo y la vida personal: crear soluciones para todos, en *Eurofound - Fundation Focus, número 19, diciembre de 2016*, p. 1-20. Disponible en: https://www.eurofound.europa.eu/sites/default/files/ef_publication/field f_document/ef1649es.pdf [fecha de consulta: 18-02-205].

5. LUPICA, CARLA, 2014: *Recibir y dar cuidados en condiciones de equidad: Desafíos de la protección social y políticas de empleo en Argentina,* Documento de Trabajo nº 5 Oficina de la OIT en Argentina, 1era. Edición, pp. 11-14.

6. ONU MUJERES, MIDES, INMUJERES, 2021: Informe: "*Avances en las medidas de corresponsabilidad y género en el mundo del Trabajo*", pp. 1-46. Disponible en: https://lac.unwomen.org/sites/default/files/Field%20Office%20Americas/Documentos/Publicaciones/2021/03/Avances%20en%20Medidas%20de%20Corresponsabilidad%20Social%20y%20De%20Gnero%20En%20El%20Mundo%20Del%20Trabajo%20WEB.pdf [fecha de consulta: 18-02-205].

7. MIDES, 2015: "*La construcción del cuarto pilar de Construcción Social en Uruguay, Plan Nacional de Cuidados 2015-2020*", pp. 1-278. Disponible en*: https://www.gub.uy/sistema-cuidados/comunicacion/publicaciones/memoria-quinquenal-2015-2020.* [fecha de consulta: 18-02-205].

8. MIDES, JUNTA NACIONAL DE CUIDADOS, 2015: "*Plan Nacional de Cuidados 2016-2020*". ISBN 978-9974-715-48, pp. 1-41. Disponible en: https://www.gub.uy/sistema-cuidados/sites/sistema-cuidados/files/2020-01/plan-nacional-de-cuidados-2016-2020_0.pdf [fecha de consulta: 18-02-205].

9. MIDES, 2016: "*Corresponsabilidad de Genero y Sistema Nacional Integrado de Cuidados. Cartilla de apoyo al trabajo en el territorio*", pp. 1-12. Disponible en: https://museozorrilla.gub.uy/innovaportal/file/102682/1/cartilla-corresponsabilidad-de-genero-y-cuidados-para-trabajar-territorialmente.pdf [fecha de consulta: 18-02-2025].

10. ORGANIZACIÓN INTERNACIONAL DEL TRABAJO, 2022: "*La agenda del cuidado en los convenios colectivos de trabajo en Argentina*", pp. 1-59. Buenos Aires; Ofi-

cina de país de la OIT para la Argentina, ISBN 9789220369555 (impreso) ISBN 9789220369562 (pdf web).

11. Organización Internacional del Trabajo, 2019: "*El trabajo de cuidados y los trabajadores del cuidado para un futuro con trabajo decente*", Ginebra, ISBN 978-92-2-133482-8 (impreso) ISBN 978-92-2-133483-5 (pdf web), pp. 1-514.

12. Organización Internacional del Trabajo, (2011): Consejo de Administración 312ª reunión, Ginebra, GB.312/POL/4.ob.

13. Panizza, Carolina, 2014: Tiempo de Trabajo y familia. La conciliación de la vida laboral y familiar, en *Revista Derecho Laboral, t. LIVII, N° 253,* FCU, pp. 95-119.

14. Pereira, Agustina, 2019: "*Reflexiones sobre la corresponsabilidad de género en el Sistema de Cuidados en Uruguay*", pp. 1-58. Tesis de Licenciatura. Universidad de la República, https://www.colibri.udelar.edu.uy/jspui/bitstream/20.500.12008/24454/1/TTS_PereiraAgustina.pdf [fecha de consulta: 18-02-205].

15. Provoste, Patricia, 2013: *"Protección social y redistribución del cuidado en A. L. y el Caribe: el ancho de las políticas"* En: Coral Calderón Magaña."*Redistribuir el cuidado. El desafío de las políticas*". Naciones Unidas. Santiago de Chile: CEPAL., pp. 1-462.